KATRINE HÜTTERER

JOHANNES SÖLLNER

Gespräche zwischen Himmel und Erde

KATRINE HÜTTERER

JOHANNES SÖLLNER

GESPRÄCHE ZWISCHEN HIMMEL UND ERDE

Wir fragen. Die geistige Welt antwortet.

Bibliografische Information der Deutschen Nationalbibliothek: Die Deutsche Nationalbibliothek verzeichnet diese Publikation in der Deutschen Nationalbibliografie; detaillierte bibliografische Daten sind im Internet über dnb.dnb.de abrufbar.

© 2018 Katrine Hütterer und Johannes Söllner
Schrift Gentium Basic
Herstellung und Verlag: BoD – Books on Demand, Norderstedt
Umschlagfoto: Jeremy Cai via Unsplash
Umschlaggestaltung: SpiritFreaks

ISBN: 978-3-7528-1272-5

www.spiritfreaks.com

Für unsere Kinder. Euch gehört die Zukunft.

INHALT

Vorwort von Andreas Winter 10
Einleitung 12
Was ist eigentlich Channeling und wie geht das? 16
    Johannes' Sichtweise 16
    Katys Sichtweise 23
Unsere Geistführer 26
    Johannes' Geistführer Nepomuk 26
    Katys Geistführer Kometar 28
Beziehungen, Partnerschaft und Familie 31
    Freundschaftliche Beziehungen 31
    Partnerschaft und/oder Ehe 35
Beruf und Berufung 46
Gesundheit und Ernährung 49
    Gesundheit 49
    Ernährung 57
Politik 67
Wirtschaft und Gesellschaft 82
Geld und Finanzen 90
Umwelt 106
Erziehung und Ausbildung 117
Spiritualität 128
Seele, Reinkarnation und das Leben
zwischen den Leben 142
Medizin, Wissenschaft und Technik 177
Das Universum 189
Exotisches Wissen 215
Bonusmaterial 224
Index gechannelter Entitäten - Fragebogen 229
    Indigo 229

Seth	231
Paracelsus	233
Echnaton	235
Morpheus	236
Jodol	238
Horus	240
Nepomek/Nepomuk (Johannes' Geistführer)	242
SpiritFreaks – was ist das nun eigentlich?	245
Über uns	247
Danksagung	251
Copyright und Rechtliches	252

VORWORT VON ANDREAS WINTER

Ich lernte Katrine Hütterer bei einem meiner Kurse zum tiefenpsychologischen Coach kennen. Sie fiel mir vor allem dadurch auf, dass sie mit den angebotenen Techniken zum Erreichen des Unterbewusstseins bereits sehr vertraut zu sein schien und sich als überaus talentiert zeigte.
Johannes Söllner stellte sich mir dann einige Monate später bei einem meiner Vorträge vor; ein freundlicher und interessierter Mann, der auf eine angenehme Weise Seriosität vermittelt. Dass diese beiden Menschen jedoch ein Buch über Channeling geschrieben hatten, überraschte mich dennoch etwas, es passte nicht so ganz zu der bodenständigen Ausstrahlung, die ich bei beiden wahrgenommen hatte.
Dieser Eindruck bestätigte sich beim Lesen des Manuskripts sogar noch. Mit gebotener sprachlicher Vorsicht und wissenschaftlicher Gründlichkeit, jedoch auch mit großem Respekt für beobachtbare, aber nicht ganz abgesicherte Phänomene beschreiben die Autoren ihren Zugang zum Thema und ihre Erfahrungen damit. Dabei erwähnen sie, fast nebenbei, dass die Wahrnehmung für Entitäten, Seelen Verstorbener, Metaphysisches oder Felder - wie auch immer man es bezeichnen möchte - eigentlich von jedermann entdeckt und trainiert werden kann.
Das Besondere an diesem Buch ist jedoch nicht etwa eine Lehrbuchfunktion, sondern die fast spielerische Leichtigkeit, mit der die „befragten" Geistführer sich zu Themen aus Philosophie, Physik, Biologie, Soziologie und Moral

äußern. Man bekommt von Katy und Johannes fast den Eindruck vermittelt, man könne die Entitäten einfach zu allem fragen und bekäme oftmals eine einfache, klare und einleuchtende Antwort.

Mir jedenfalls hat dieses Buch einige Bestätigung meiner eigenen Ansichten, aber auch so manchen Denkanstoß mitgegeben.

Dass Channeln keine Fantasiererei gelangweilter Esoteriker ist, sondern ein sehr gut nutzbares Werkzeug, sogar für Alltagsfragen, das geht aus dem Buch hervor. „Gespräche zwischen Himmel und Erde" ist damit beileibe nicht bloß ein weiteres Channeling Buch, sondern leistet echte Pionierarbeit im Bewusstsein von Menschen, die den Kontakt zu Verstorbenen oder höheren Wesen bislang für exotisch gehalten haben.

Andreas Winter

Dortmund im April 2018

http://andreaswinter.de/

EINLEITUNG

Seit wir gemeinsam bei Martin Brune in den Niederlanden die Ausbildung zum Vesseling Practitioner absolviert haben, arbeiten wir, Katrine Hütterer und Johannes Söllner, als „Kompass"-Team miteinander an unserer spirituellen Weiterentwicklung. Im Laufe der Jahre kamen durch weitere Ausbildungen noch neue Sitzungsformen dazu.

Im Mai 2017, haben wir eine Reise in die geistige Welt gemacht, um Johannes' (persönliche) Fragen an seinen Geistführer zu stellen. Das funktionierte sehr gut, wir machten das ja nicht zum ersten Mal. Allerdings kamen diesmal auch etwas „andere" Antworten. Antworten, wo ich, Katy, das Gefühl hatte, dass da jemand anderes zu uns spricht. Mir kam die Idee, dieser höheren Quelle allgemeinere Fragen zu uns Menschen zu stellen. Also fragte ich am Ende der Sitzung nach, ob Johannes und ich so weiterarbeiten und eventuell ein Buch mit den Antworten veröffentlichen sollten. Die Antwort war: "Ja, das könnt ihr machen. Zeigt den Menschen 'Wege, die man gehen kann'." Das tun wir nun voller Freude mit dem vorliegenden Buch.

Da waren dann aber auch bald die Fragen: *WEN "channeln" wir da eigentlich? Wer beantwortet da unsere Fragen? Und ist es immer die gleiche Quelle?*

Wenn man mit der geistigen Welt zusammenarbeitet, was wir beide in unseren Praxen regelmäßig tun, dann bekommt man den Eindruck, dass gewisse Dinge, die für uns Menschen von großer Bedeutung sind, in dieser anderen

Dimension völlig unwichtig sind. Namen und Bezeichnungen gehören zum Beispiel dazu. Auch bei unserer Arbeit an diesem Buch hatten wir das Gefühl, dass die Quellen, die mit uns arbeiteten, uns Namen genannt haben, mit denen wir etwas anfangen können. Obwohl diese Namen - zumindest für die geistige Welt - eigentlich nicht wichtig sind.

Zunächst begegnete uns „Paracelsus, der Führer für diese Reise" und die Begegnungen fanden in einer Art geschütztem Raum statt. Er erklärte uns, dass es von der Frage abhänge, ob er selbst sie beantworten würde oder jemand anderes. Paracelsus beantwortete uns zunächst Fragen zum Bereich „Beruf und Berufung". Der nächste war ein Engel, der sich als Echnaton vorstellte. Er beantwortete uns einen Großteil der Fragen zum Bereich „Gesundheit und Ernährung". Die Antworten waren spannend, aber für uns Menschen auch wenig konkret, denn die Unterschiede zwischen der spirituellen und der menschlichen Welt erschwerten uns oft das Verständnis der Antworten. Dennoch fühlten sie sich im Herzen einfach wahr an. Die Fragen zum Themenbereich „Beziehungen und Partnerschaft" wurden uns von einem Wesen, das sich als „eine Art Engel, aber kein menschlicher Engel" bezeichnet und Indigo nennt, beantwortet. Die Fragen aus dem Bereich "Politik" wurden uns schließlich wieder von Echnaton beantwortet, während die Antworten für den Bereich "Wirtschaft und Gesellschaft" von Johannes' Geistführer Nepomuk kamen. Das Kapitel über "Geld und Finanzen" kam durch die Unterstützung von Jodol zustande. Zum Thema "Umwelt" standen uns gleich drei geistige Wesen (Spirits) zur Verfügung: Seth, Echnaton und Nepomuk. Bei den Fragen aus dem Bereich "Erziehung und Ausbildung" unterstützte uns wieder Echnaton, bei dem spannenden Themenbereich "Spiritualität" kamen die Antworten von Echnaton, Seth und Indigo. Seth hat uns auch unsere Fragen zu "Seele, Reinkarnation und das Leben zwischen den Leben" beantwortet und uns dabei sehr viele spannende Einblicke gewährt - unter anderem wie viele Inkarnationen wir beide schon hatten. Für den Bereich "Medizin, Wissenschaft und Technik" war dann wieder Johannes' Geistführer Nepomuk zuständig. Ein sehr "flashiges" Thema war dann auch "Das Universum", Morpheus versuchte, uns diesen - für uns Menschen schwer fassbaren - Themenkomplex näher zu bringen. Faszinierend in diesem Kapitel übrigens auch die Ausführungen über Außerirdische oder was 1947 in Roswell wirklich passiert ist. Die Fragen aus der Kategorie "Exotisches Wissen", wo wir Themenbereiche wie Atlantis, Aufgestiegene Meister oder die Verschwörungstheorie, die besagt, dass der Rapper Tupac Shakur seinen Tod nur vorgetäuscht hat, behandelt haben, wurden uns von Seth beantwortet.

Kurz gesagt, war es wohl ein größeres Team von Spirits, das uns die Antworten auf unsere Fragen geliefert hat. Übrigens haben wir alle unsere Gesprächspartner in unserer letzten Sitzung für dieses Projekt noch einmal zu uns gebeten und ihnen einen Fragebogen vorgesetzt, den sie uns freundlicherweise auch wirklich beantwortet haben. Diese Antworten finden sich am Ende dieses Buches.

Natürlich könnte es auch sein, dass die hier zusammen-getragenen Weisheiten nicht DIE Wahrheit sind. Schließlich könnte es ja auch sein, dass es DIE Wahrheit gar nicht gibt. Oder auch, dass es MEHRERE Wahrheiten gibt... Dennoch fanden wir sie spannend, interessant und augenöffnend. Was Du, liebe Leserin, lieber Leser, daraus machst bleibt natürlich Dir und Deiner Perspektive überlassen!

Die Fragen zu diesem Buch erschienen und erscheinen uns unendlich, kaum hatten wir welche gestellt, taten und tun sich neue auf. Aus diesem Grund können wir uns gut vorstellen, in Folgeprojekten die Welt der Spirits weiter zu befragen. Falls Du, werte Leserin, werter Leser, auch Fragen an die Spirits stellen und die Antworten in einem Folge-Buch lesen möchtest, kannst Du uns diese gern an office@spiritfreaks.com schicken. Vielen Dank dafür!

Auf unseren YouTube-Kanälen stellen wir übrigens auch immer wieder Auszüge aus unserer Arbeit mit der nicht physischen Welt vor. Abonnieren lohnt sich! Weitere Informationen über die Interaktion mit der geistigen Welt findest du außerdem auf unserer spirituellen Plattform der SpiritFreaks.[1]

Wir möchten an dieser Stelle noch klarstellen, dass wir die in diesem Buch veröffentlichten Antworten empfangen haben – es handelt sich somit nicht um persönliche Meinungen und Ansichten der Autorin und des Autors. In manchen Fällen sogar ganz klar nicht.

Und nun wünschen wir Dir, liebe Leserin, lieber Leser, viele interessante Einsichten bei der Lektüre unserer Gespräche mit der geistigen Welt!

Katy & Johannes
(SpiritFreaks)

---

[1] http://spiritfreaks.com/, Stand: 26.02.2018.

WAS IST EIGENTLICH CHANNELING UND WIE GEHT DAS?

"Keep it up, dudes!"
(Johannes' Geistführer Nepomuk)

JOHANNES' SICHTWEISE

Es ist kaum zehn Jahre her da hätte ich jedem, der meint, mit Engeln oder sonstwie unsichtbaren Wesen zu sprechen, einen guten Therapeuten empfohlen. Eine erste gute Einstellung mit Psychopharmaka vorausgesetzt. Und jetzt sitze ich hier und schreibe zu genau diesem Thema eine Einführung. Verrückt, wie das Leben so spielt. Ich vermute aber auch, dass ich gerade deswegen eine eigene Perspektive dazu haben könnte, eben weil ich jeglichem "esoterischen oder religiösen Zeug" gegenüber bestenfalls neutral, aber eher ablehnend gegenüberstand. Wie also hat mein Weg ausgesehen, und was tun wir da eigentlich, wenn wir "channeln"? Könntest Du, werte Leserin, werter Leser das etwa auch? Ich möchte vorausschicken – höchstwahrscheinlich ja. Vermutlich tust Du das sogar mehrmals täglich. Ohne es zu wissen.

Aber eines nach dem Anderen. Wie bereits erwähnt, haben wir uns in Martin Brunes Energieschule[2] kennengelernt. Der Kernprozess, den Martin lehrt, ist im Wesentlichen die Schamanische Reise ("Vesseling"). Dabei begleiten wir den Klienten in sein Unterbewusstsein, um alte Wunden zu heilen und Energieanteile (Seelenanteile) wieder zu integrieren und für das Leben wieder verfügbar zu machen. Danach geht es in den Raum der Geistführer, der spirituellen Eltern sozusagen, um Visionen für das Leben im Jetzt zu erkennen. Was eben gerade ansteht. Im ersten Teil der Reise geht es für uns im Wesentlichen darum, möglichst unaufgeregt, wahrzunehmen was da ist und es zu lösen. Der Lösungsprozess geschieht durch die Intention der Loslösung. Aber was hat das mit Channeling zu tun? Um lösen zu können, muss man wahrnehmen. Die Energieschule lehrt dabei, in allen Sinneskanälen zu "sehen". Es könnten Gerüche sein. Eine Empfindung von Bewegung. Bei mir sind es meistens Gefühle und Bilder. In einem weiteren Schritt lernten wir während unserer Ausbildung zum Energieseher, sämtliche Wahrnehmungen in Bilder zu kanalisieren. Schließlich ist ein Bild ein mächtiger Ausdruck für die meisten Menschen. Und es ist auch nur eine mögliche Interpretation von Wahrnehmungen, so wie es Menschen gibt die ganz natürlich etwa Gerüche oder Töne als Bilder wahrnehmen (Synästhesie[3]). Deswegen kann man, so man möchte, fast beliebige Eindrücke in Bildern darstellen. Jedenfalls, im Vesseling übt man Wahrnehmungen hinzunehmen und damit zu arbeiten. Wie kommt man soweit? Recht einfach, man macht es. Ich kann mich noch gut an meine Überraschung und fast Panik erinnern, als wir gleich am ersten Tag nach einer

---

[2] http://www.martin-brune.com/, Stand: 16.07.2017
[3] https://de.wikipedia.org/wiki/Syn%C3%A4sthesie, Stand: 16.07.2017.

kurzen Einführung eine Sitzung machen sollten. Doch dann war es recht einfach. Warum ist das so? Weil es für uns Menschen natürlich ist, uns auf andere einzustellen und wahrzunehmen. Wir müssen nur lernen, hinzuhören und zu vertrauen. Genauer gesagt, lernen, uns selbst wieder zu vertrauen. Sowie lernen, Wahrnehmungen von Fantasie zu unterscheiden, von hyperaktivem Geist und Angstreaktionen. Aber auch das ist letzten Endes geradlinig. Der Schlüssel liegt darin, keinen Widerstand zu leisten, nicht zu bewerten. Speziell nicht in "gut" oder "schlecht" zu teilen. Wenn es mit dem Wahrnehmen mal nicht funktioniert, dann ist das auch gut so. Wahrscheinlich hat dieses "Nicht Funktionieren" auch mit der bearbeiteten Thematik zu tun. Sobald man das sieht, kann es dann meistens auch gleich weitergehen. Channeln ist gleichsam ebenfalls ein Gegenüber wahrzunehmen. Es ist lediglich unmittelbarer und erlaubt eine Art interaktives Gespräch.

Für mich persönlich war auch meine Ausbildung in biodynamischer Craniosakraler Körperarbeit (bei Kathrin Kleindorfer)[4] sehr prägend, weil es wieder das empathische "Zuhören" in verschiedenen physischen und auch weniger physischen Körperbereichen trainiert, aber mit besonderer Betonung auf Bewertungsfreiheit. Im Kontrast zum Vesseling wird bei dieser Methode nur sehr selten Intention eingesetzt. Es geht meist schlicht um das Zuhören und Betrachten. Auch dieser Fokus hat sich als nützlicher Ansatz für das Channeling herausgestellt.

Was bedeutet es also zu channeln und wie ist das so? Channeln meint, in Kontakt zu einer separaten Entität zu treten und zu kommunizieren. Ob es sich bei dieser "separaten Entität" tatsächlich um ein unabhängiges gei-

---

[4] https://www.craniosacral.club/, Stand: 16.07.2017.

stiges Wesen handelt, oder doch eher um einen Teil des eigenen Unterbewusstseins, möchte ich dahingestellt lassen. Weil ich es nicht schlüssig beweisen kann, worum es sich handelt. Beides mag auch möglich sein. In meiner Erfahrung und meinem Eindruck handelt es sich aber um separate Wesen, vermutlich solche ohne physischen Körper oder aus einer körperlosen Perspektive handelnd, die mir fremde Charakterzüge oder Einstellungen oder Erfahrungen aufweisen. Channeln bedeutet dabei aber nicht, Stimmen zu hören, in Gedanken oder sogar tatsächlich mit "jemandem" zu sprechen. Stimmen zu hören ist grundsätzlich ein sehr bedenkliches Zeichen, das auf gravierende psychische Probleme hinweisen kann. Je nach Sitzung, bei der mich Katy in eine leichte Hypnose begleitet, handelt es sich eher um eine subtile Veränderung der Wahrnehmung und Sichtweise, des Bewusstseins und der emotionalen Perspektive. Zumeist fühle ich mich dabei schlicht etwas anders, die Gedankengänge verändern sich (manchmal wirklich stark), sind oft gemischt mit erklärenden Bildern oder einzeln auftauchenden Worten. Dann muss ich eigentlich nur noch aussprechen, was sich durch meinen Geist bewegt. Möglichst ohne darüber nachzudenken, das ist der vielleicht schwierigste Anteil daran. Aber ich höre dabei niemals wirklich auf, ich zu sein. Tatsächlich ein etwas zwiespältiger Zustand, auch wenn es in der Praxis sehr viel unproblematischer ist, als es vielleicht hier in meinem Versuch einer Beschreibung klingen mag. In manchen Sitzungen ist die Trennung viel deutlicher, und es sind eher einzelne Emotionen oder Bilder, die ich aus meiner eigenen Perspektive wahrnehme und beschreibe, wie man etwa ein Gemälde an der Wand beschreiben würde. Ein Beispiel einer solchen Sitzung war eine mit Morpheus, während Indigo sehr viel unmittelbarer in mein

Bewusstsein integriert zu sein schien[5]. Wie Katy vermutet, mag das mit dem Grad der Fremdartigkeit der Entität zu tun haben. Indigo war dabei ein vormals physisch inkarniertes Wesen, Morpheus mehr eine Art Elementar; eine Art, die ich nicht wirklich verstehe. Im Fall von Indigo hat sich auch meine Körperwahrnehmung deutlich verändert, es war als hätten sich meine Arme in Flossen verwandelt. Eine eigenartige, aber durchaus angenehme Erfahrung.

Ich möchte Dich, liebe Leserin, lieber Leser, bitten, niemals aufzuhören die Ergebnisse unserer Channelings kritisch zu beleuchten. Jedes Channeling trägt immer auch Eigenschaften des Mediums in sich. Das Medium wirkt wie ein Filter. Man kann es so verstehen, dass nur mit Konzepten im Bewusstsein des Mediums gearbeitet werden kann. Ich mag mich also vielleicht besser für das Beantworten von Fragen aus der molekularen Biologie eignen, aber weniger gut für solche aus der Astrophysik. Einfach weil es Konzepte gibt, die schwer in meinen Horizont übersetzbar sind, oder die leicht missverständlich sind. Es ist letztlich wie die Frage eines gemeinsamen Alphabets. Desto mehr Buchstaben / Wortsymbole geteilt werden, desto umfassender, korrekter und präziser kann kommuniziert werden. Ein anderer Aspekt sind die Widerstände des Mediums. Speziell unbewusste Widerstände könnten auch zum Problem werden. Wenn also etwa ein Eindruck stark den inneren Werten des Mediums widerspricht und es diese Gedankenkaskade nicht also solche erkennt, mag die Antwort - ohne Absicht - verfälscht werden.

---

[5] Anmerkung der Autoren: Eine Auflistung der gechannelten Entitäten und ihrer Eigenschaften befindet sich am Ende des Buches. Unsere Gesprächspartner waren sogar bereit, uns einen Fragebogen zu beantworten.

Ich will aber auch nicht verhehlen, dass die Bewusstseinszustände, die ich erleben konnte (in der Esoterikszene würde man sagen: *durfte*; und das hat durchaus seinen Sinn) erstaunlich anders waren als mein Alltagsbewusstsein, und mit teilweise deutlich anderen Einstellungen und Sichtweisen zu Tage treten. Ich habe diese Unterschiede nie als Problem empfunden, oft sind sie mir auch erst nach dem Channeling bewusst geworden. Auch ist der sich entfaltende Redefluss manchmal schlicht überraschend, speziell wenn es um Themen geht, mit welchen ich mich bisher noch wenig befasst habe, oder bei welchen ich bisher deutlich andere Sichtweisen bevorzugt habe. Ich mache mir deswegen in dieser Hinsicht wenig Sorgen, auch wenn ich mich selber bemühe, konstant zu reflektieren was gerade passiert, und wo ich dabei stehe. Damit wird jede Sitzung auch zu einem Stück Bewusstseinsarbeit.

Grundsätzlich verlaufen unsere Channelings wie Gespräche zwischen drei Personen (Katy, ich und jeweils ein hervortretendes Geistwesen), und genau so wie wir diese Gespräche protokollieren, geben wir sie hier auch wieder. Als abschließende Anekdote möchte ich folgende Begebenheit wiedergeben, so wie Katy sie festgehalten hat:

Am Ende einer Sitzung hatte Johannes eine private Frage an die geistige Welt: **Was soll ich meinem Stiefgroßvater zum Geburtstag schenken?** Ein Modellauto mit Schnaps drin.

Wo kriegt man das? In einem Spielzeuggeschäft im ersten *(Wiener, Anm. der Verf.)* Bezirk. Du findest dort ein Holzspielzeug, als Ausgangsort nimm die Blutgasse.

Am gleichen Tag machte sich Johannes auf in die Blutgasse im ersten Bezirk von Wien. Dort gab es zwar kein Spielzeuggeschäft, aber ein Antiquitätengeschäft, vor dem einzig und allein, präsentiert auf einem Schemel, ein Spielzeugauto aus Holz stand *(siehe Foto)*. Das konnte Johannes dann eigentlich selbst kaum glauben: Eine fast leere, kurze Gasse, und dort wartet ein kleiner Holzlastwagen schon vor einem Geschäft auf ihn. Er war zwar etwas baufällig, aber auch dementsprechend günstig, und definitiv etwas Besonderes. Vielleicht fast so alt wie der Großvater. Den Schnaps hat er dann noch extra gekauft und nach einer schnellen Reparatur des Holzautos auf die Ladefläche gestellt. Wir waren so beeindruckt von der Präzision der geistigen Welt, dass wir beschlossen haben, diese Geschichte mit ins Buch zu geben.

„Das Geburtstagsgeschenk" (*Foto: Johannes Söllner*)

Es freut mich, dass Du, liebe Leserin, lieber Leser, Katy und mich ein Stück weit begleitest auf dieser Reise, vielleicht nicht zu einer objektiven Wahrheit, aber zu neuen Wegen und Perspektiven für Deinen eigenen Weg.

KATYS SICHTWEISE

Ich muss ja zugeben: Ich bin ein bisschen neidisch auf Johannes. Auch wenn ich in jeder unserer Sitzungen ebenfalls in Kontakt mit der geistigen Welt komme, so ist es doch er, der sie fühlen, wahrnehmen kann und durch den sie wirkt. Außerdem bewundere ich ihn zutiefst für die Fähigkeit, sich innerhalb weniger Minuten - während ich ihn in Trance führe - völlig leer und frei zu machen für die Begegnung mit den Spirits. Natürlich weiß ich, dass unsere Rollen ideal verteilt sind: Durch meine Ausbildungen und Erfahrungen im Bereich der Hypnose und der Rückführungen bin ich in der Lage, durch die Sitzungen zu führen und als ehemalige Journalistin fällt es mir leicht, Fragen zu stellen und bei den Antworten nachzuhaken. Und ich kann ziemlich schnell tippen, haha! Nein, im Ernst: unsere Channeling-Sitzungen sind zunächst unerwartet entstanden und haben sich zu einem faszinierenden Teamwork entwickelt, wo beide eine wichtige Rolle inne haben und nur durch das gemeinsame Tun etwas Ungewöhnliches, Interessantes und Neues entstehen konnte. Nach dem Beenden des hier vorliegenden Buches sind sogar die "SpiritFreaks" entstanden.[6] Wohin uns diese Reise noch führen wird, ist derzeit noch ungewiss...

Für mich ist auch jedes Mal von Neuem beeindruckend, wenn ich die Antworten durch Johannes höre, aber genau spüre und höre, dass das nicht er persönlich ist, der da

---

[6] http://www.spiritfreaks.com, Stand: 21.01.2018.

antwortet - sondern, dass jemand durch ihn spricht. Das kann man sich gar nicht so recht vorstellen, wenn man es nicht schon erlebt hat. Darum bemühen wir uns, gelegentlich auch Live-Abende zu organisieren, wo unser Publikum direkt dabei sein und eigene Fragen stellen kann.[7]

Da wir während unserer Sitzungen auch private Fragen stellen durften, bekamen dadurch auch manche unserer regulären Klienten und Klientinnen neue Impulse für ihren Weg. In allen Fällen waren die Antworten der geistigen Welt auf die Frage "Was braucht Klient/Klientin XY noch?" sehr hilfreich für die Betroffenen.

Als spiritueller und auch gläubiger Mensch war ich jedes Mal positiv überrascht, wenn sich die Spirits auf Gott bezogen haben. Ich habe dadurch den Eindruck gewonnen, dass es Gott gibt, dass wir Menschen uns da nicht einfach etwas vormachen, dass die gläubigen Menschen in unserer Welt in gewissem Sinn "recht haben" - und zwar egal, welcher Religion sie sich zugehörig fühlen. Sie glauben an eine höhere Macht und deren Existenz bekamen wir in unseren Gesprächen immer wieder mal von unseren Gesprächspartnern bestätigt.

Ich schätze dieses Geschenk, das uns die geistige Welt bei jedem Zusammentreffen macht, wirklich sehr und ich hoffe, dass dieses Projekt uns noch einige Zeit begleiten wird. Es macht einfach sehr viel Spaß und verändert laufend meine Perspektive auf die Welt, uns Menschen und unsere Probleme.

---

[7] Infos dazu auf unseren Homepages oder über Facebook Veranstaltungen.

Abschließend möchte ich noch darauf hinweisen, dass wir die Botschaften aus der Welt der Spirits hier genauso dokumentiert haben, wie sie uns durchgegeben wurden. Auch wenn manches für uns Menschen ungewöhnlich oder nach unseren Maßstäben gar falsch klingen mag, wir haben abgesehen von wenigen Korrekturen in Satzbau und Grammatik inhaltlich alles so gelassen, wie es gesagt wurde.

UNSERE GEISTFÜHRER

Zunächst wollen wir unsere beiden Hauptgeistführer Nepomuk/Nepomek (Johannes) und Kometar (Katy) vorstellen. Sie haben uns stets begleitet, und viel Klarheit gebracht. Sie sprechen hier für sich selbst.[8]

JOHANNES' GEISTFÜHRER NEPOMUK

Nepomuk, wer bist du und wie heißt du eigentlich wirklich? (*Dazu muss man sagen, dass Johannes in einem Seminar bei Pascal Voggenhuber*[9] *den Namen „Nepomuk" verstanden hat, während ein uns bekanntes deutsches Schreibmedium „Nepomek" erfahren hat.*)
Es macht nicht den wesentlichen Unterschied. Er schätzt Nepomuk als eine Art Koseform. Nepomek ist näher dran. Aber es hat damit zu tun, mit welcher Emotion er gerufen wird. Der Name ist die Kondensation eines Gefühles. Aber auch, was man mit dem Namen verbindet, ist Teil dessen... Nepomuk ist gut, Nepomek ist treffender. Beide können je nach Situation geeigneter sein.
Was bist du? Ich bin Aspekt eines Wesens, körperlos, aber mit Erfahrungen im Körper.

---

[8] Das Gespräch wurde geführt, aufgezeichnet und niedergeschrieben am 18. Juli 2017.
[9] https://www.pascal-voggenhuber.com/, Stand: 20.12.2017.

Im menschlichen Körper? Ja. Mesopotamien. Lange her. Als die Menschen noch jünger waren. Oder die Kulturen noch jünger waren. Als es noch nicht so viele Vorbilder gegeben hat.

Wie war das damals? Aufregend. Überraschend. Mit weniger Vergleichsmöglichkeiten. Es war leichter, der Erste zu sein. Etwas wie Architekt. Sowas wie ein Halbmond über einem Tempel.

Und seitdem warst du nicht mehr inkarniert? Im Mittelalter. Alchemist. Ein früher Forscher. Das Suchen nach Wahrheit.

Was sind deine Aufgaben in deinem jetzigen Bereich? Ich tue, was ich immer getan habe. Ich suche nach Verständnis. Ich bin fasziniert davon, dass das Große aus dem Kleinen zusammengesetzt ist. Aus dem Zusammenhang, aus dem Begreifen und Verstehen und der Schönheit, die dahinter steht. Ich begleite, wenn jemand meine Interessen teilt. Ich bin ein Begleiter für die Schönheit der Existenz, aber auch auf einer sehr bewussten, geistigen Ebene.

Und bist du der Hauptgeistführer von Johannes? Ja. Wir sind schon lange verbunden.

Kennst du auch meinen (Katys) Hauptgeistführer? Jaaaa. Was willst du wissen?

KATYS GEISTFÜHRER KOMETAR

Ich will wissen, ob er wirklich Kometar heißt? (Ich habe nur über ein Schreibmedium erfahren, wie mein Geistführer heißt und konnte ihn bisher in Rückführungen immer spüren und wahrnehmen, aber nur sehr, sehr schlecht sehen. Er wirkte immer so unförmig...)

Der Name ist stimmig. Es ist nicht so, dass nur ein Name passen kann. Der erste wäre so etwas wie Quadranasirus oder so.

Haha, das kann ich nicht einmal schreiben! Es hat mit der Form zu tun. Es ist wie eine Art Blätterkrone. Verschiedene Segel. Ein vielgestaltiges Wesen. *Ja, ich kann ihn nie gut erkennen bei den Rückführungssitzungen, die ich bekomme!* Der Eindruck ist nicht humanoid, vielleicht liegt es daran.

Wie sieht er aus? (Johannes:) Das sind Bilder, die sind eigenartig... Wie eine hochgewachsenen Gestalt, die eine Maske trägt, rechtsseitig, aber sie ist deutlich höher als das Gesicht.

Was ist seine Herkunft oder Beschaffenheit? Das ist eine Verbindung im Solarplexus. Also: Sterne. Planeten. Aber nicht notwendigerweise planetengebunden. Sieht aus wie ein Wüstenplanet. Da ist was Fremdartiges dabei, im Sinn von nicht-menschlich. Aber auch sehr nahe. Ein sehr dynamischer Charakter. Jemand, der nicht aufgibt, der immer wieder neu anfangen wird, wenn es notwendig ist. Jemand, der Kraft gibt, einfach indem er zeigt, dass es kein Ende gibt, dass es immer weitergeht. Dass Stärke im Anfang liegt. Eine enorme kreative Kraft, aber auch was sehr Stures in gewisser Weise. Aber auf eine sehr transzendente Art. Stur im Sinne von „ich weiß, dass es Sturheit ist, ich unterstütze das neue Werden". Ich zeige, dass die Veränderung im Neuanfang liegt, und dass jeder Durchgang neu und bereichernd ist. Ich zeige, dass die Wüste nur so Wüste ist, wie das, was ich daraus mache. Das ist meine Kreativität, die es (*die Wüste z.B., Anm. der Verf.*) gestaltet. Auch wenn die Wüste existiert. Er ist ein Führer, der eine spezielle Stärke hat im Neuanfang, in der Veränderung, aber auch im Erkennen der Wiederholungen. Das fühlt sich durchgängig einfach nur positiv an. Es geht dabei sehr um Entwicklung und das Bewusstsein dafür. Das ist ein starker Aspekt dieser Natur. Dabei ist das alles sehr erdig, erdverbunden. Wie ein immer wiederkehrender Zyklus von Wachstum. Oder wie ein Unternehmer, der immer neue Unternehmen gründet, nacheinander. Immer mit einem neuen kreativen Ansatz. Der kreative Ausdruck fast als Gebet. Das Übernehmen von Verantwortung, im Sinne von Kreativität ausdrücken. Das Gestalten von Realität und der Welt. Es ist wie ein göttlicher Funke. Wie ein Gebet.

War er nicht lange Zeit enttäuscht von mir? Ich hab mich doch so viele Jahre lang fast gar nicht entwickelt... Nein, das weckt eher sowas wie Überraschung. Die Zeit hat ja keine Rolle für ihn. Es geht eher darum, welche Zustände erreicht werden. Und er empfindet es nicht so. Das sind einfach Entwicklungen. Eine gewisse Aufregung dabei, in der Betrachtung der möglichen Pfade. Und Neugier. Aber er scheint das sehr entspannt zu sehen, wie du dich entwickelst.

Also darf ich ihn jetzt Kometar nennen? Antwort ist ein goldenes Hirschgeweih auf seinem Kopf. Nicht wirklich eine Krone, aber sieht so aus. ***Aber was heißt das jetzt?*** Hat mit der Betonung zu tun. Kom-e-tar, so ist es gut.

Woher kommt unsere Verbindung? Eine grundsätzliche Attraktion in der Zielsetzung. Dieser starke Antrieb zur Veränderung, den unterstützt er sehr gerne. Es ist aber irgendwie diese Veränderung, die betrifft nicht nur dein eigenes Leben, sondern auch das, was du mit anderen Menschen tust. Vielleicht sogar der größere Anteil davon. Diese Umarmung der Veränderung, das ist etwas worin er sehr gern unterstützt. Das mit dem Geschlecht ist ein bissl schwierig. Da gibt es eindeutig auch weibliche Züge. Keine ganz klare Geschichte...

War er (ich sag jetzt der Einfachheit halber mal „er") auch mal als Mensch inkarniert? In den 20er Jahren. Amerika wahrscheinlich. Da war so eine Aufbruchsstimmung und das hat er interessant gefunden. Sieht nach Tanzen aus. Aber seine Wurzeln liegen nicht auf der Erde. Dieser Bewusstseinsstrom verbindet sich eher mit anderen Gegenden. Aber es ist eine Beziehung zur Erde an sich da. Gar nicht so sehr zu den Menschen, mehr zu dem Planeten. Dem Wesen Erde. Das ist freundschaftlich.

Soviel also zu unseren Geistführern. Wir haben sie im Zuge dieser Arbeit durchaus besser kennengelernt... und nun ran an unsere Themen!

BEZIEHUNGEN, PARTNERSCHAFT UND FAMILIE

*"In 'Verpassen' liegt Bedauern, und das existiert hier nicht.
Weil auf einer Ebene alles, was möglich ist, passiert."*
(Indigo)

Die Antworten auf die Fragen zum Themenbereich Beziehungen und Partnerschaft wurden uns von einem - in weiblicher Gestalt erschienenen - „außerirdischen Engel" namens Indigo, einem „Wesen, das das Herz berührt", übermittelt.[10]

FREUNDSCHAFTLICHE BEZIEHUNGEN

Gibt es Seelenfreunde? Wenn ja, Ist das jeder aus meiner Seelenfamilie? Ist es möglich, inkarnierte Seelenfamilienfreunde zu treffen? Ja, das ist möglich. Es ist vielleicht nicht in sich so wichtig.

Wieso nicht so wichtig? Wenn es wichtig ist, passiert es. Es ist die Intention, wenn man nicht sieht, die es schwierig machen kann. Das Bestreben hilft nicht direkt. Eure Verbindung existiert jederzeit. Es kann schön sein, sich selbst zu treffen. Die Ähnlichkeit zu treffen. Aber der Zusammenhang ist dem Einzelnen nicht bewusst.

---

[10] Das Gespräch wurde geführt, aufgezeichnet und niedergeschrieben am 8. Juni 2017.

Was tun, wenn ich einen Seelenfreund erkenne - der andere mich aber nicht? Ist das ein Problem für dich?

Ja, man fühlt sich so hingezogen, aber der andere nicht. Das kann sein. **Aber sollte man sich nicht gegenseitig erkennen?** Wenn es so vorgesehen ist, ja. Es gibt wenig Regeln. Es liegt sehr viel Schönheit in allem. In dem Erkennen der Ähnlichkeit. In dem Sehen des Unterschieds. Die Vielfältigkeit ist mindestens ebenso wunderbar. Aus meiner Sicht ist die Ähnlichkeit mehr ein Problem. Es ist manchmal etwas eintönig. Wir, die wir eins sind, suchen den Kontakt, auch um uns selbst zu verstehen. Die Ähnlichkeit fühlt sich gut an und sie gibt Kraft. Aber das ist nicht, worum es eigentlich geht.

Worum geht es eigentlich? Um die Vielfalt. Wie die Federn an einem Flügel eines Vogels. Die Federn sehen in verschiedenen Richtungen. Sie sind ähnlich bestückt, sie sind von ähnlicher Machart, aber sie sehen in verschiedene Richtungen.

Was bedeutet das für die inkarnierten Menschen? Dass sie mit möglichst viel Menschen, die nicht aus der Seelenfamilie sind, zusammen sein sollen? Das ist keine Regel. Ihr seid als soziale Affen entstanden. Es ist in eurer Biologie, andere zu suchen. Die Ähnlichkeit sehr hoch zu werten. Ihr sucht die Ähnlichkeit, ihr sucht sie mehr als andere Dinge. Ihr gebt ihr mehr Wichtigkeit als anderen Dingen. Das ist eure Abstammung. Die Seelenfamilie ist wie die Finger einer Hand, die Verschiedenes ertasten. Du kannst die Finger ballen und die Kraft wird größer sein. Aber dann fühlen die Finger nicht mehr unterschiedlich. Es ist nicht so wichtig, weil ihr sowieso Teile einer Hand seid. Weil ihr sowieso verbunden seid. Wenn ihr funktioniert wie eine Hand, dann bereichert ihr euch gegenseitig. Die feinen Unterschiede machen euch reicher. Die Faust ist auch blind.

Ich habe schon oft gelesen, dass man sich mit der Seelenfamilie ausmacht, bestimmte Dinge gemeinsam zu erleben. Trifft man jeden Seelenfreund, mit dem man sich das vor dem Leben ausgemacht hat? Kann man sich verpassen? Verpassen ist ein Konzept, das ich nicht verstehe.

Machen sich Mitglieder einer Seelenfamilie aus, sich zu treffen? (Bemerkung Johannes: "Es sieht wie ein Netzwerk aus"). Eine energiedichte Funktion. Begegnungen passieren und sie ziehen sich an. Und wenn sie passieren, dann gibt es Austausch. Es gibt Intentionen, aber die sind im Fluss. In "Verpassen" liegt Bedauern und das existiert hier nicht. Weil auf einer Ebene alles, was möglich ist, passiert. Zumindest wissen wir das, nicht immer ist es sichtbar. Auch ich bin Teil einer größeren Entität[11]. Ich sehe sie bewusster als ihr eure Familie, aber auch ich sehe nicht ihre Gesamtheit. Aber die Gesamtheit berührt noch viel mehr Pfade, die gegangen werden.

Das ist alles ein bisschen schwer zu verstehen. Es ist eine Dimensionsfrage. Das Bedauern existiert, wenn du nur einen Pfad in einer Zeit gehst.

Aber das machen wir auf der Erde ja, oder? Ja, wie ein Baum. Ein Baum, der dem Licht entgegen wächst.

Ja. Du machst dir Sorgen, wen du treffen könntest oder wen nicht.

Ja. Aber eigentlich ist das nur Angst.

Ja. Es ist aus der Gesamtheit nicht so wichtig, weil sowieso alles ist.

---

[11] Laut Wikipedia (Stand 12.03.2018) bedeutet der Begriff 'Entität' etwas konkret oder abstrakt Existierendes, ein Seiendes.

Aber wenn das so ist, dann würde das ja bedeuten, dass es egal ist, was ich konkret in meinem Leben mache? Du tust, was du bist. Und du wächst und alles war schon immer so, weil du es so tust.

Das ist alles so schwer zu begreifen! Das liegt an der Dimension. Die Realität besteht nicht aus konkreten Zuständen.

Für uns auf der Erde schon. Es sieht so aus zumindest.

Ja. Es fühlt sich an nach der Einsamkeit des einsamen Suchenden. Aber egal was du tust, du nährst das Wesen, das du ebenfalls bist. Du zeigst neue Perspektiven.

Ist es da nicht wichtig, „Gutes" zu tun, wenn ich das größere Wesen nähre? Das ist eine schwierige Frage. Es geht mir mehr um Neugier. Um Verstehen. Und "Böse" ist ein schwieriger Begriff. Es ist das Gegenteil von Neugier. Nicht hinzusehen, mehr noch, es ist abgeschlossen zu sein. Aus meiner Sicht ist es wie zu tasten und zu leben, das ist der Sinn. Neu wahrzunehmen. Ich habe kein wirkliches Verständnis für böse, es ist eng mit Angst verbunden. Ich bin nur.

Ich habe gestern gelesen, dass jemand in einem Park mit einem Fußtritt eine Eichhörnchenmutter getötet hat und die Babys ohne Mutter zurück blieben. Das ist doch böse. Er konnte das tun, weil er getrennt war von dem Tier.

Warum sind Menschen getrennt von Tieren oder anderen Menschen? Hinter dieser Frage steht ein größerer Plan, ein größeres Konzept. Es ist nichts, was ich im Detail sehe. Diese Trennungen, sie führen zu anderen Entwicklungen. Vielleicht auch zu einer intensiveren Selbsterfahrung. Ein bisschen wie die Wurzeln einer Pflanze, die sich sehr fein verästeln. Und am Ende stehen die Einheiten, die sich selbst erfahren. Die Trennung dient dort einer intensiveren Auseinandersetzung. Das ist auch schwierig zu verstehen. Es ist nicht mein Kerngebiet. Ich war nie einer von euch.

PARTNERSCHAFT UND/ODER EHE

Gibt es einen Seelenpartner, mit dem man sein Leben verbringen soll? Soll?

Einer, der für das ganze Leben gedacht ist. Es ist möglich, ja. Es gibt Wesen, die diese Entscheidung treffen. Es ist dann wie in einem zweigeteilten Kern. Wie Schalen des Kerns. Der Embryo - das, was daraus wächst - ist dann eines. **Wann wird diese Entscheidung getroffen?** Noch bevor ihr lebt, aber auch das ist nicht wahr, weil es immer ist. Die Zeit ist ein schwieriges Konzept für mich. Die Angst ist das größte Problem, das mir begegnet. Sie lässt euch die Trennung suchen. Und sie macht blind für die Ähnlichkeiten. Und für die Anziehungspunkte. Wenn du so möchtest, ist Angst böse. Nicht so, wie du es verstehst, aber so sieht es am ehesten aus für mich. Sie macht eng, sie macht euch eng. Und verschlossen. Wie mit dicken Kapseln sperrt ihr euer Licht nach innen.

Was kann helfen gegen die Angst? Erfahrung. Das ist ein interessantes Wort. Es hat mehrere Bedeutungen. Es bedeutet eine Öffnung erlebt zu haben, zeigt wie es gehen kann. Aber es bedeutet auch, dass das Erleben an sich hilft. Es ist keine sehr einfache Antwort. Und es ist keine Antwort, die angstfrei macht. Es hat damit zu tun, dass ihr sterben werdet, egal, was ihr tut. Diese Angst, sie liegt über allem. Aber es ist nicht notwendig. Aus einer anderen Perspektive seid ihr bereits abgeschlossen. Es gibt da nichts hinzuzufügen. Ihr könnt euch also auf das Erleben konzentrieren. Darum seid ihr da.

Aber wir werden sehr oft abgelenkt vom Erleben. Auch das ist ein Erlebnis.

Viele reden von der „Zwillingsflamme". Gibt es sowas und was ist das genau? Eine Zwillingsflamme ist eine[12] Sache, die verschieden auftritt.

Heißt das, es ist ein anderer Teil der gleichen Seele? Eher die gleiche Seele. Das gleiche Feld oder so eng, dass es nicht zu unterscheiden wäre.

Und das manifestiert sich in zwei verschiedenen Menschen? Es ist eine Frage, ob das zwei verschiedene Menschen sind. Das, was sie trennt, ist wenig. Die Verbindung ist reich an Energie. Es ist ein Effekt der Resonanz. Es ist sicher schön und intensiv.

Macht es Sinn, mit der Zwillingsflamme eine Partnerschaft zu führen? Es ist eine interessante Frage, ob das eine Partnerschaft sein kann. Lebst du in Partnerschaft mit dir selbst? Es ist eine Verbindung, es ist ein Zusammensein, das so verbunden ist, dass das Wort Beziehung nicht passt.

Ist dann eine Freundschaft sinnvoller? Nein, das meine ich nicht. Eine Beziehung ist immer Austausch, eine Zwillingsflamme ist zu nahe, um auszutauschen. Eine Zwillingsflamme existiert in ihrer Resonanz und sie ist hell und mächtig. Aber der Sinn einer Beziehung ist anders. Eine Beziehung ist wie ein Strudel, eine wechselseitige Berührung. Zwillingsflammen sind gut, aber wenn eine Seele das sucht, dann nicht, um sich auszutauschen. Oder wenn, dann auf eine Art, die so schnell rotiert wie ein Neutronenstern-Paar. Es ist irgendwann nicht mehr sinnvoll, von zwei zu sprechen.

---

[12] Anmerkung der Autoren: 'eine' im Sinn von 'Einzahl'.

Gibt es für jeden Menschen eine Zwillingsflamme? Nein. Es macht keinen Sinn. Die Erfahrung ist angenehm. Wie mit Menschen gleicher Meinung zu sprechen. Es gibt nicht viel Entwicklung. Es ist nicht stimulierend. Es ist wenig Austausch. Aber die Erfahrung kann gesucht werden. Sie kann manchmal helfen. Sich selbst im anderen zu sehen, kann sehr intensiv sein. Nur solche Seelen wählen das, die sich selbst ihre Eigenschaften so verstärken möchten, dass sie klar sind. Jedes Detail wird sichtbar. Ihr sucht das, weil ihr die Trennung fürchtet. Aber es ist nur ein Phänomen unter vielen.

Ist die Monogamie eine sinnvolle Partnerschaftsform für die Menschen? Keine allgemeine Antwort ist sinnvoll. Es ist mehr, was ihr daraus macht. Es ist, was ihr aufgebt, um so zu leben. Es ist das Gefühl das ihr habt; was ihr aufgeben müsst, um so zu leben. Ihr gestaltet die Realität selbst. Für den Affen in euch ist beides möglich. Seine Entwicklung ist da offen. Ihr müsst sehen, dass die Wesen, die ihr seid, nicht fertig sind. Ihr seid entstanden als Herde. Ihr tauscht euch aus, untereinander. Es ist möglich, durch Gefühle, Paare zu bilden. Und das ist gut und kann sein. Aber richtig und falsch existiert hier nicht, es gibt nur passend und nicht passend für euch.

Warum funktioniert Monogamie meist nur sehr schlecht? Es gibt den Trieb zu Verbreitung der Gene. Das ist wahr. Das ist der Körper. Und es macht Sinn. Aber das größere Problem liegt in eurer Angst. In der Trennung, die ihr empfindet mit dem anderen Menschen. Was er euch von euch selbst zeigt.

Warum passiert es Menschen immer wieder, dass sie ihren Partner betrügen? Es werden Resonanzen sein. Resonanzen gibt es viele. Geteilte Schwingungen, geteilte Anteile, geteilte Seiten. Die Bedeutung ist etwas, was ihr dem selbst beimesst.

Also quasi wie wichtig man den anderen nimmt? Wie wichtig man die Begegnung nimmt. Für wie unausweichlich man seine eigenen Gefühle nimmt. Da ist etwas Suchtartiges. Starke Abhängigkeit vom Erleben. Vom bestimmten Erleben. Es ist meistens das Gefühl der Suche, das euch treibt. Der Mangel von Angekommensein. Der Zweifel und die Unzufriedenheit. Viele Partnerschaften, viele Herangehensweisen, warum Menschen Zeit verbringen miteinander. Im Kern steht die Flucht vor der Einsamkeit. Aber wie ein Mensch das entwickelt, das kann sehr anders sein. Was genau er sucht. Viele Konstrukte um die Befriedigung der Gemeinschaft.

Gibt es für jeden Menschen einen oder mehrere potentielle Partner pro Leben? Es kann verschieden abgemacht sein. Es kann besonders wichtige Treffen geben. Es kann Treffen geben, die Struktur geben für andere Dinge. Aus meiner Sicht sind eure Partnerschaften Berührungen. Sie sind nicht so wichtig, wie es euch scheint. Oder sie sind natürlicher, als es euch erscheint. Es ist eine Frage der Perspektive. Für euch ist es einer oder viele. Das ist aber eigentlich nicht so. Manchmal nehmt ihr euch zu wichtig. Und die Entscheidungsmöglichkeiten für zu groß. Es gibt Entscheidungsraum, aber die Macht, die ihr tatsächlich ausübt, ist nicht so groß, wie es euch erscheint. Zumindest nicht eure bewusste Macht.

Aber heißt das, dass schon im Vorfeld ausgemacht ist, mit wem ich Beziehungen eingehe? Ja. Es gibt freundschaftliche Absprachen. Es gibt Beziehungen, die über das Leben hinausgehen. Beziehungen, die die Resonanzen verstärken. Die beitragen, ein neues Bewusstsein zu schaffen. Größer als die Einzelteile. Eine Verbindung.

Warum passiert es manchen Menschen, dass sie mehr als einen möglichen Partner kennenlernen? Nun, weil es möglich ist.

Und was ist dann vorgesehen? Vorgesehen ist dann, sie alle zu treffen. Aber aus meiner Sicht ist dieses Treffen zu einer Zeit. Es ist EIN Treffen. In der Frage ist Angst.

Hm. Bei der Angst geht es darum, zu verpassen, zu versagen, die falschen Entscheidungen zu treffen. Alle Entscheidungen, die du treffen kannst, werden getroffen. Also, wenn es dich tröstet: Du verpasst es nicht.

Gibt es die ideale Partnerschaftsform für die Menschen? Ja. Eine, die aus dem Herzen kommt.

Das heißt, egal, was gelebt wird, es soll aus dem Herzen kommen? Ja, wenn die Berührungen aus dem Herzen kommen, sind sie echt.

Und was, wenn man das nicht spüren kann? Wenn du deine Liebe nicht spüren kannst, kannst du deinen Schmerz vielleicht spüren. Und der kann dich führen, zu dem Ort an dem du echt bist. Vollständig. Der Widerstand kann dich blind machen. Das ist die Quelle der Härte vieler Menschen. Diese Entscheidung, nicht anwesend sein zu wollen. Der Schmerz ist eine Verbindung zur Seele.

Also kann er auch positiv sein? Nun ja. Es ist besser Schmerz zu spüren als eingekapselt zu sein. Der Schmerz an sich hat keine Bedeutung. Aber er kann führen. Er kann weisen und zeigen, was du bist. Er hilft nur.

So wie ein Warnsignal? Oder ein Verkehrszeichen? Hm, die würden aufgestellt werden. Schmerz ist ein Zeichen von Beanspruchung. Von Dehnung oder Überdehnung. Von Verzerrung. Er wird nicht erzeugt für jemanden, aber ihr erzeugt ihn. Na gut, vielleicht wird er manchmal erzeugt für jemanden. Aber das ist eine Frage der Bewusstseinsebene. Eigentlich zeigt er, wo ihr beansprucht seid.

Woran erkennt man, dass das Zusammenbleiben mit dem Partner keinen Sinn mehr macht? Was ist „nur" eine Krise, was ein Trennungsgrund? Aus meiner Sicht?

Ja. Wie immer ihr euch entscheidet, es wird euer Leben formen. Es sind zwei Wege oder auch viele, die ihr gehen könnt. Was euch wirklich Schmerzen bereitet, ist das Bedauern. Über ein Bild, das ihr im Kopf habt. Über eine Fantasie von etwas, das hätte sein können. Jeder Weg hat seine Berechtigung. Und seinen Wert. Und der liegt im Erleben der Situation, deiner Reaktion, und deines Gegenübers. Du erkennst, dass es wirklich Zeit ist, wenn dein Herz nicht mehr kann.

Was ist eigentlich dein Kerngebiet? Womit beschäftigst du dich? Mit der Interaktion zwischen Menschen. Wie Gruppen. Länder.

Was ist der Sinn von Gruppen auf der Erde? Es ist ein bisschen in der Natur der Spezies. Aber eigentlich ist es ein Effekt der Angst. Das Misstrauen treibt die kleinen Gruppen, Unterschiede zu machen oder sich wichtig zu machen.

Die Trennung zu den anderen, dadurch dass ich eine Gruppe bin? Ja. Es sind Erfindungen, es ist künstlich. Es ist auch der Versuch, ein Gefühl von SELBST zu entwickeln. Das hat mit der Gruppengröße in euren Horden zu tun. Ihr wählt diese Identitäten mit großer Energie. Ihr erzählt euch Geschichten davon. Und ihr erfindet sie. Einfach nur, um eine zu haben. Alles ist besser, als keine Geschichte zu haben. Das ist im Kern die Suche nach eurer Identität. Was euch wirklich ausmacht. Eure Gruppen sind nur ein Beiprodukt. Es gibt auch Gruppen, die auf positiver Resonanz beruhen. Die da sind, um einen Strom zu verstärken, um etwas möglich zu machen. Aber viele Identitäten entstehen nur aus dem Bedürfnis, nicht allein zu sein. Und doch trennen sie euch ab.

Ist es für einen Menschen je möglich, seine Identität zu finden? Die Antwort liegt in der Existenz. Die Geschichten sind viel zu kompliziert, sie dienen nur einer Befriedigung einer Ebene in euch, die Schwierigkeiten sucht, die in den Unterschieden Bestätigung sucht.

Es ist der Sinn des Lebens, sich selbst zu finden? Kann man es dann schaffen? Es klingt so kompliziert bei euch.

Unser Leben ist kompliziert! Es ist nichts zu schaffen. Euer Leben an sich ist enormer Reichtum.

Aber die Menschen streben ja immer so nach Erfolg und... Ehre vielleicht. Versuche, nicht getrennt zu sein.

Ja, aber vielleicht, wenn ich das sagen darf, das Leben als Mensch besteht ja aus Trennung, oder? Aus einer getrennten Perspektive lassen sich Erfahrungen machen, die ich nicht machen könnte. Das ist bereichernd. Trotzdem existiert die Verbindung. Und sie zu kennen, gibt Sicherheit. Aber die Trennung, sie ist ambivalent für euch. Euer Zug nach Selbsterfahrung bringt euch dorthin, wo ihr seid.

Aber ist das nicht ein Widerspruch: Trennung erleben und dann wieder die Verbindung suchen oder spüren? Es ist vorübergehend. Auch wenn aus eurer Perspektive alles in dieser Zeit ist. Die Verbindung ist schön und sie ist natürlich, aber sie lässt manche Perspektiven nicht zu, sie lässt manches Wachstum nicht zu. Aus der Verbindung dieser Sichtweisen kann etwas Neues entstehen. Und das tut ihr. Dieses Sammeln.

Kann man sagen, dass es die Aufgabe der Menschen ist, diese Gedrängtheit zu erleben und dadurch Erfahrungen zu sammeln und mitzubringen? Ja. Oft. Aber es gibt nichts Absolutes. In dieser Antwort gibt es keine absolute Antwort. Es gibt viele Gründe, warum jemand in eurer Welt sein kann. Aber diese Erfahrung ist die wichtigste, häufigste.

Was kann es für andere Gründe geben? Ich muss sagen, es gibt in manchen Fällen die Notwendigkeit für die Erfahrungen, manchmal gibt es schlicht Neugier. Es gibt Wanderer, die vorbeikommen und sehen, wie es ist.

Und Notwendigkeit – hat das was mit Karma zu tun? Mit Wachstum. Das Wachstum über diese Ebene hinaus.

Und ist das dann immer freiwillig? Es gibt keine andere Dimension als die freiwillige. Nicht da, wo ich stehe. Es gibt verschiedene Meinungen, Haltungen, aber sie alle passieren in der Sicht der Dinge. Niemand zwingt, das Konzept funktioniert so nicht.

Aber es gibt manchmal Menschen, die sind überzeugt, sie sind nicht freiwillig hier? Es kann eine Trennung geben zwischen dieser Identität und dem übergeordneten Selbst.

Kann man sagen, der hätte die Verbindung zu seinem höheren Selbst nicht? Nein, das ist es nicht. Aber es kann von Bedeutung sein für diese Identität diese Überzeugung zu haben. Es eröffnet Möglichkeiten und andere Erfahrungen.

Darf ich dich fragen, du warst nie einer von uns, was bist du dann? Etwas wie ein Engel, aber kein Engel der Menschen.

Darf ich fragen, was deine Aufgabe ist? Meine Aufgabe ist, zu wachsen. Zu sehen, zu unterstützen. Die Verbindung zu suchen. Die Verbindung nahe zu bringen und zu zeigen. Ich existiere in der Liebe, aber ich bin mir der Probleme dieser körperlosen Existenz bewusst. Und ich arbeite mit den körperlosen Anteilen, die ihr habt. Ich bin wie ein Berater.

Das heißt, es ist für dich gar nicht ungewöhnlich, dass wir uns heute hier melden? Mein Arbeitsfeld, Interaktionsfeld, sind die verschiedenen Entitäten, denen ihr angehört. Ihre Interaktion. Ihre Resonanzen. Das ist die Ebene, mit der ich am meisten zu tun habe, die ich am besten verstehe. Sie ist auch nicht so abhängig von der konkreten Art[13], die ihr seid. Ich habe existiert auf anderen Ebenen. Aber mein Körper war so anders, mein Wesen war so anders, dass es nicht sehr viel zum Verständnis beiträgt. Aber auf dieser Ebene hier macht es nicht viel Unterschied. Meine Andersartigkeit kann bereichernd wirken. Ihr würdet mich Forschungsreisenden nennen. Gast.

Heißt das, du kommst von einem anderen Planeten? Es ist eine Existenz, die nicht auf der gleichen Materie-Ebene ist wie eure. Sie ist aber auch nicht ganz geistig. Es gibt dort mehr Strömungen, mehr Fluss. Ich war ein großes Wesen im Wasser.

Das ist schwer zu verstehen. Ein bisschen wie ein Wal.

Ja, daran hab' ich gleich gedacht, aber nicht auf der Erde? Nein.

Kannst du noch ein bisschen erzählen von deiner damaligen Existenz? Es ist wie ein Meer. Aber nicht so dicht. Mein Körper schwamm dort. Und ich konnte singen. Ich hatte viele Flossen. Einen riesigen Leib. Tentakel am Kopf. Und ich tanzte durch das Wasser. Das leichter war als bei euch. Ich habe mich nicht viel gekümmert um oben und unten. Ich war mir selbst genug. Eure Wale sind mir ähnlich, auf dieser Ebene. Aber was ich damals war, das bin ich nicht mehr. Für mich bestand der Schritt darin, zu sehen, dass es nicht nur meine Welt gibt. Und das heißt auch nicht nur meine persönliche Welt. Und trotzdem habe ich noch immer diese Natur des Weitreisenden. Erschreckt dich das?

Nein. Was war nachdem du als dieses Wesen gestorben bist? Ich habe festgestellt, dass ich mehr bin. Der Teil von mir, der so schwer war, ist abgefallen. Es ist dort nicht so

---

[13] Anmerkung der Autoren: Das lässt sich sehr direkt als biologische 'Art' (Spezies), oder physische Erscheinung verstehen.

gravierend wie hier. Aber doch. Mein Blick hat sich geweitet. Es war nur anders, weil ich aus einer Serie von Lebensformen entstanden bin. Nacheinander. Und die Erfahrungen haben mich geprägt. Die Verbindung zu anderen Wesen ist meine Lehraufgabe, denn das konnte ich nicht lernen, dort wie ich war, ich konnte es nicht erfahren, nicht so wie ihr es könnt. Eure Herden sind für mich eine neue Erfahrung.

Und könntest du nicht auf der Erde inkarnieren? Ein Teil von mir könnte. Aber es ist nicht notwendig, weil ich mit euch verbunden bin. Ich erzähle euch von der Selbstständigkeit und ihr erzählt mir von der Gemeinschaft. Das passiert hier.

Woher weißt du eigentlich, was deine Aufgabe ist? Ich folge meiner Natur. Und ich sehe, was Er von mir möchte.

Wer ist „Er"? Ihr würdet Ihn Gott nennen.

Und du? Mein Licht. Das Bewusstsein, das mich umgibt. Die Beziehung ist schwer zu erklären, Er ist größer als ich. Und ich empfinde mich als eigenständig. Und trotzdem ist Er alles, was ich jemals sein werde.

Das heißt, du bist geführt? So kann man sagen, ja. Es ist nicht ganz so klar, wie das klingt. Es ist kein Eingriff in meinen Weg. Es ist wie – das sind so viele schwierige Konzepte – diese Eingriffe, dieser Zwang; das hier ist ein Folgen von einem natürlichen Weg. Was ich tue, erzeugt die Realität. Die Realität ist also auch viel größer als ich.

Sind die Menschen auch geführt, geleitet? Es gibt keinen wesentlichen Unterschied zwischen mir und euch. Die Farbe ist etwas anders.

Welche Farbe? Wie ihr aussehen für mich.

Die Hautfarbe? Nein, die Farbe eures höheren Selbst. Sie ist etwas goldener und etwas rötlicher. Und ich sehe mich noch immer als blau.

Wie können Menschen sich dieser Führung öffnen? Es ist eine Frage der Wahrnehmung. Für jeden etwas anders. Aber du kennst diese Sachen. Es ist eine Frage von Leichtigkeit. Es ist eine Frage von Licht in eurer Stirn. Eine Frage von gezogen werden und mit offenem Herzen zu wissen. Es gibt Dinge, die die Sicht verstellen. Für euch noch viel leichter als für mich. Angst ist bei mir keine sinnvolle Dimension mehr. Aber euch kann sie die Sinne schließen. Dabei ist eure Farbe wunderschön. Sie erzählt von der Sonne, die ich so nicht gekannt habe.

Wie ist das mit der Realität? Ja, aber ich meine deine innere Realität. Die äußere ist bei euch träger. Dein inneres Bild entwickelt sich mit dir. Die äußere Welt spiegelt viele Identitäten wieder. Und sie ist dichter gewoben, sie ist ein Netz, das... – und ich weiß nicht, wer sie gewoben hat – aber sie ist nicht überall.

Wenn ein Mensch etwas verändern will, soll er dann mal mit der inneren Realität anfangen? Ja. Eigentlich ist es wichtig, den Herzstrahl zu finden. Ich nenne es so. Es ist die Verbindung zu allem, das ist. Das kannst du Führung nennen. Es ist die Synchronisation eurer Leben. Sie kann euch führen, so dass ihr erlebt, was für euch gut ist, zu erleben. Mit einer guten Einstellung.

BERUF UND BERUFUNG

"Jeder lebt etwas, das Andere berührt."
(Paracelsus, der Führer für diese Reise)

Die Antworten zu den Fragen in diesem Kapitel "Beruf und Berufung" wurden uns von einem Wesen, das sich „Paracelsus, der Führer für diese Reise" nannte, mitgeteilt.[14]

Ist Beruf und Berufung das gleiche, oder sollte es das gleiche sein? Nur ein Bild: eine Messerschneide. Die Trennung ist wie eine Balance auf einer Schneide, diese Balance ist schmerzhaft, ist nicht notwendig, wenn man das Messer vermeiden kann, dann spart man sich den Schmerz der Trennung.

Ist es leichter, wenn Beruf und Berufung das gleiche ist? Es ist natürlicher.

Kann eine Trennung zu Krankheiten führen, bei einem Menschen? Es geht um die Talente. Wenn die Talente sich ausdrücken, dann drücken sie sich aus. Es ist der Druck, der entsteht, der Druck kann sich zeigen. Es geht nicht um Beruf, es geht um Talente leben.

---

[14] Das Gespräch wurde geführt, aufgezeichnet und niedergeschrieben am 1. Juni 2017.

Das heißt, wenn jemand einen Beruf hat und als Hobby seine Talente auslebt, kann er trotzdem erfüllt und glücklich sein? Es ist ein Weg, aber kein vollständiger Weg. Es ist wie klein machen. Sich selbst klein machen. Die Größe ignorieren.

Also, es geht größer? Es ist ein Gefühl, das erfüllt. Diese Erfüllung, die ist wortwörtlich. Die Energie, die hochsteigt, die jeden Schritt führt, die jede Handlung führt, die den Kopf lenkt, bevor er es selber weiß. Das ist was Talent eigentlich bedeutet. Es ist ein tiefer Ausdruck. Talent ist kein persönlicher Besitz, Talent ist ein Geschenk. Aber für alle. Für mehr als alle, für die Existenz. Was immer dieser Ausdruck ist, ihn zu leben[15], das erfüllt.

Was kann jemand tun, der seine Berufung nicht kennt? Er kann suchen. Die Suche ist subtil, das ist die Resonanz, die man sieht zwischen sich und der Welt. Es ist das, was tief, tief, tief in dir steckt. Es ist nicht nur Begeisterung, es ist ein Gefühl von absoluter Erfüllung und dieses Gefühl führt dich. Die Bedeutung ist wie ein Puzzle, es hat nichts mit Erfolg zu tun, die Bestätigung kommt aus der Resonanz.

In diesem Moment kommt Katys Kater laut miauend ins Zimmer. Augenzwinkernd fragt sie: **Haben Katzen auch eine Berufung?** Katzen sind vollkommen in Harmonie mit ihrem Talent.

Wie viele Prozent der Menschen leben ihre Berufung? Sechs oder sieben Prozent.

Das ist aber nicht viel! Nein, aber es trägt viel. Es gibt sehr viel Angst, die andere zurückhält. Es ist kein gerader Schnitt. Es gibt Leute, die leuchten, es gibt andere, die zweifeln und es gibt viele, die wie erstarrt sind.

---

[15] Anmerkung der Autoren: eigentlich: 'ihn' zu 'sein'.

Kann man den Erstarrten helfen? Niemand lässt sich zwingen, aber mit einer helleren Welt und mit Möglichkeiten, der Angst zu begegnen, werden mehr bereit sein. Es ist diese Angst, vor dem Chaos und vor dem Unbekannten. Und andere Ängste, aber die sind nicht so wichtig.

Wie bedeutend ist es für uns Menschen, unsere Berufung zu leben? Es ist eine künstliche Trennung. Es gibt nur die Berufung, die man leben kann. Manchmal ist es..., die Wege sind verschlungen ineinander, sie berühren sich gegenseitig[16], diejenigen, die ihre Berufung leben, sind sichtbarer und heller und helfen anderen. Es ist nicht möglich zu leben, ohne eine Berufung zu leben. Jeder lebt etwas, das Andere berührt. Es gibt nur viele Menschen, viele Wesen, die nicht vollständig realisieren.

Heisst das, ein kleiner Teil wird von jedem gelebt, aber die gesamte erfüllende Berufung nur von diesen sechs bis sieben Prozent. Stimmt das so? Das kommt hin. Die sechs bis sieben Prozent sind heller, weil sie tief, tief in ihrer Begeisterung existieren können. Die anderen halten zurück. Aber jeder realisiert einen Teil von sich.

---

[16] Anmerkung der Autoren: eigentlich: berühren sich 'gegeneinander'.

GESUNDHEIT UND ERNÄHRUNG

*"Es gibt Dinge, die passieren und sie haben eine Ursache.
Und sie zu sehen, kann sie verändern."*
(Echnaton)

Zum Fragenspektrum "Gesundheit und Ernährung" sagte Paracelsus: "Das ist nicht mehr mein Thema. Es gibt dafür einen Engel, der darüber sprechen möchte." Als dieser erschien, sagte er: "Mein Name ist... ich nenne mich Ech-na-ton."[17]

GESUNDHEIT

Warum wird der Mensch krank? Einzelne Zellen werden defekt, sie werden dunkel. Brüchig, die Verbindung zwischen eurem feinen Wesen und eurem materiellen Wesen. Und darin liegt der Bruch, die Krankheit.

Kannst Du das bitte noch mal wiederholen? In diesen Zellen, die dunkel werden, liegt der Bruch, die Krankheit. Euer feines Wesen wird nicht krank und euer Körper drückt aus, was ihr seid. Aber euer Körper ist auch schwer. Und er kann nach unten gezogen werden. Der Körper muss

---

[17] Das Gespräch wurde geführt, aufgezeichnet und niedergeschrieben am 1. Juni 2017.

bewohnt werden und erfüllt werden, um ihn gesund zu halten. Das sage ich aus meiner Sicht. Krankheit ist ein Irrtum. Aber ich sehe auch, dass Krankheit das Leben beeinflusst und gestaltet. Gott hat eine andere Sicht darauf, eine weitere, größere. Doch für mich: Hebt eure Zellen und sie werden gesund sein. Beachtet: Nicht alle Zellen sind gleich.

Was heißt das genau, nicht alle Zellen sind gleich? Eure Körper sind daher, von wo sie gekommen sind … sie sind keine einzelnen Körper, ihr seid wie ein Gespräch einer großen Gruppe. Tausende Stimmen durcheinander, die reden, sprechen, das sind eure Zellen. Ihr seid ein Meta-Organismus[18]. Wenn ihr eure Zellen respektiert und sie seht, dann seht ihr das Leben, wie es spielt und wie alles zusammenhängt. Wie jede eurer Zellen ein Kind der Urzeit ist. Das Band das jede eure Zellen, und nicht nur euch, sondern jede eurer Zellen verbindet mit der ersten. Die Zellen in eurem Körper sind wie Brüder. Wie ein Stamm in einer langen Kette von Stämmen. Und wie Brüder verstehen sie sich. Achtet ihre vielen Stimmen. Darin liegt die Gesundheit.

Manche behaupten, der Mensch ist selbst schuld, wenn er krank wird. Stimmt das? Es gibt Konzepte, die sind schwer verständlich. Oder, sie sind kurzsichtig. Ein kleiner Teil der ganzen Sache. Und Schuld meint Versagen. Und Versagen ist es nicht. Es gibt Dinge, die krank machen, Dinge, die den Körper belasten, Dinge, die euren Weg verändern. Aber Schuld ist es nicht. Es hilft euch sehr, euch loszulösen von dem Bild der Schuld. Denn sie hilft euch nie. Sie macht krank an sich. Es gibt nur Dinge, die sind und es gibt

---

[18] Anmerkung der Autoren: Der Ausdruck Metaorganismus bezieht sich auf die enge Kooperation verschiedenartiger Organismen (auch: eines Organismus und all seiner Symbionten) die dadurch eine neue, komplexe Lebensform ergeben.

Zusammenhänge. Zu sehen ist immer gut. Aber seht, was ihr sehen könnt. Es gibt keine Schuld, es gibt nur den Zusammenhang. Achtet die Verbindung.

Bekommt man eine Krankheit als eine Art Warnung, damit man etwas verändert in seinem Leben, es positiver zu gestalten, vielleicht? Es ist wie eine halbe Wahrheit. Es gibt Dinge, die passieren und sie haben eine Ursache. Und sie zu sehen, kann sie verändern. Die Ursache und die Sache zu sehen. Stellt euch nicht übereinander. Ihr seid wie Zellen. Euer Streit führt nur zu mehr Krankheit. Keine Zelle ist größer als eine andere Zelle. Ihr lebt als eine Lebensform. Zellen unterstützen sich. Der Glaube, über den anderen Zellen zu stehen, ist wie Krebs, denn er führt zu dem Versuch, die anderen zu verdrängen in ihrer Art. Ich weiß, es ist eine Phrase, aber die Liebe ist, was euch verbindet.

Was könntest du einem Menschen raten, der Krebs hat? Ich würde ihm raten, sich behandeln zu lassen. Ein Mensch, der Krebs hat, benötigt Hilfe anderer. Sein Körper ist krank und seine Seele[19] ist krank. Da sind Dinge, die unausgedrückt sind, in ihm. Dinge, die er nicht sehen kann.

Nicht sehen kann oder nicht sehen will? Kann. Es ist so verlockend vom Nicht-Wollen auf die Schuld zu wechseln. Es ist viel hilfreicher, zu helfen. Bewertet nicht. Viel ist nicht sichtbar.

Würdest du einem Menschen, der Krebs hat, eine Chemotherapie raten? Es ist das, was ihr habt.

Viele sagen ja, dass sie mehr anrichtet als hilft. Sie erzeugt Tod, aber Krebs ist eine Störung. Es ist schwer, das Leben zu besiegen. Im Krebs seid ihr verwirrt. Das Leben

---

[19] Anmerkung der Autoren: 'Seele' im Sinn von 'Wesen' oder 'innere Beschaffenheit'.

bricht aus. Ihr habt wenige Alternativen, wenn euer Körper leidet. Wehrt euch nicht. Lenkt das Gift. Und behebt die Ursache.

Wie kann der Mensch die Ursache von seinem Leiden finden? Er benötigt Hilfe. Nehmt euch nicht selbst so wichtig. Die Sicht auf eurer Ebene ist sehr beschränkt und euer Körper sperrt ein, was er nicht versteht. Aber zusammen seid ihr heller. Ihr könnt sehen im anderen, was er nicht sieht. Weil ihr wie Zellen seid, ihr ergänzt euch. Die unter euch, die heilen, es ist euer Geschenk an die anderen. Aber alle können heilen. Alle können sich beschenken. Gegenseitig. Ihr seid von gleicher Natur geschaffen ... Nein, ihr seid von gleicher Natur. Krebs ist eine Verirrung durch unterdrückte Gefühle. Und ich kann die Verzweiflung spüren, die der Tod mit sich bringt. Aber seht, der Krebs versucht zu leben. Stellt euch nicht über die anderen und trennt euch nicht von ihnen. Denn nichts Besseres tut die Zelle, die die anderen nicht sieht.

Könnte ein Mensch durch eine bestimmte Lebensweise, oder durch bestimmte Handlungen, verhindern, dass er krank wird? Die Ernährung ist von großer Bedeutung. Sie ist aus zweierlei Gründen von Bedeutung: Es liegt an der Schwingung der Nahrung und es liegt daran, was sie mit euch tut. Wie ihr euch fühlt, wenn ihr sie esst, wenn ihr sie aufnehmt. Es gibt Nahrung, die aus dem Tod anderer entsteht. Und so, wie es heute bei euch ist, nehmt ihr immer den Tod mit ihr mit auf. Grün. Esst grün. Die Sonne ist näher daran. Und es liegt kein Leid darin.

Meinst du vegetarisch? Pflanzen, ja. Aber seht, es ist nicht nur die Pflanze, die euch hilft, es ist euer Bild, das wichtig ist, was ihr verbindet damit. Und wie ihr erlebt, den Respekt zu leben. Ihr respektiert das Leben. Und wenn ihr das Leben respektiert, respektiert ihr auch euer eigenes Leben. Ihr lebt mehr in eurem Körper, ihr erfüllt euren

Körper und die Zellen sind mehr in Harmonie. Manche würden sagen, sie schwingen heller. Aber es ist das Bewusstsein des Lebens. Auch. Der Respekt heilt viele eurer Wunden.

Was fördert die Gesundheit eines Menschen? In erster Linie, in sich selbst zu sein. Mit sich selbst im Reinen zu existieren. Das führt dazu, dass du mit deinem Körper im Einklang bist. Dein Wesen entfaltet sich. Es ist keine Sache von Heilung, es ist eine Sache von vollständiger Präsenz. Das Bewusstsein wird automatisch weiter, deine Zellen werden automatisch heller. Sie resonieren anders. Sie werden lebendiger. Krankheit ist ein Zeichen von Unausgeglichenheit. Auf jeder Ebene.

Kann Meditationspraxis dabei hilfreich sein? Jede Präsenzschulung. Präsenz auf allen deinen Ebenen. Versinke nicht, sondern sieh dich selbst. Das tut die Meditation. Ihr seid Menschen. Es ist gut zu leben wie Menschen. Aber tut es sehend.

Alles, was du sagst, ist so schwer umzusetzen als Mensch! Ich bin ein Engel. Ich sehe euch aus der Liebe Gottes. Und ich sehe eure leuchtenden Anteile viel heller als alles andere. Es ist nicht leicht zu verstehen, was euch hemmt. Es sind diese Tunnel, durch die ihr geht, statt das gesamte Netz zu sehen. Aber das ist natürlich in eurer Art. Aber ihr seid alle Eins. Ein Ausdruck. Von großer Schönheit.

Wie schädlich sind eigentlich Handystrahlen, WLAN-Strahlen etc.? Etwas. Aber noch schwieriger ist der Glaube, den ihr einsetzt.

Was heißt das? Wenn dein Bewusstsein sich löst von der Identität des Schadens, dann bist du schön wie eine Rose. Der Glaube beeinflusst deinen Körper. Es ist nicht zu trennen, was wirklich ist und was du tust. Es ist dein Körper. Auf der Ebene, auf der ihr euch befindet, beeinflussen euch äußere Einflüsse. Sie tun es in gewissem

Maß. Manchmal um euch zu zeigen, wie die Welt ist. Es hat mit eurer Frequenz zu tun. Diejenigen, die leichter sind, sind weniger leicht zu beeinflussen. Die Resonanz mit der Materie nimmt ab. Aber es gibt viele Dinge in der physischen Welt, die euch beeinflussen. Manche[20] werden krank.

Dazu ist mir eingefallen, ist es für Menschen ungesund, in der Großstadt zu leben? Es hängt von der Stadt ab. Es hängt davon ab, wie ihr sie baut. Städte sind dicht an Menschen. Städte sind dicht an Erlebnissen und Ereignissen, sie sind dicht auch voller Energien. Wenn ihr sie so baut, dass sie hell sind und grün und doch viele von euch zusammen sind, dann sind sie gut für euch. Ihr dürft Städte nicht bauen, um das Geld zu befrieden. Das macht nur das Geld glücklich. Es ist nicht böse, es ist nur nicht für Menschen. Ich sehe, ihr könnt wunderschöne Strukturen bauen, ihr müsst euch nur entschließen, das für Menschen zu tun. Mit einer Verbindung zu allen anderen Wesen. Im Respekt. Im Respekt zur Welt, zur Erde, zum Wasser. Aber die Dichte der Menschen kann ein großes Geschenk sein. Es bündelt euer Potenzial. Ihr habt mehr Interaktionen. Ihr müsst nicht so weit reisen, um die anderen zu treffen, die in eurem Feld sein können. Es ist schneller. Der Austausch passiert schneller. Mit höherer Frequenz[21].

Gibt es aktuell schon so eine Stadt oder mehrere auf der Welt? Es gibt Städte, die auf dem Weg sind. Ich sehe Gruppen von Menschen, die realisieren, zusammen glücklich zu sein. Die zusammen leben und nicht nebeneinander. Ich sehe Strömungen, die versuchen und daran arbeiten, die Städte für Menschen zu machen. Die im richtigen Geist funktionieren. Die Einbindung an euren

---

[20] Anmerkung der Autoren: 'manche' im Sinn von 'manche Menschen'.
[21] Anmerkung der Autoren: gemeint ist hier vermutlich: häufiger, in höherer Rate.

Ursprung ist wichtig. Ihr lebt in einer Zeit, die viel Technik kennt. Viele Strukturen, die aus der Kreativität erzeugt werden. Aber ihr müsst sie verbinden mit eurer Wurzel. Dann kann euer Herz sich entfalten. Und dann könnt ihr zusammen sein. Es hilft.

Warum haben so viele Menschen Allergien? Es ist eine Hitze, die im Körper steckt. Euer Immunsystem ist sehr empfindlich. Es kämpft gegen Feinde. Und wenn es nicht beruhigt wird, kämpft es gegen alles, wie ein Betrunkener, der um sich schlägt, der nicht mehr sieht. Die Hitze regt das auf. Es sind Gefühle, die innen stecken. Schuld. Wut. Keine bösen Gefühle, denn die gibt es nicht. Allergien berühren die Selbstannahme. Denn sie zeigen, wie euer Körper sich selbst bekämpft. Sich selbst schadet. Aber es ist eine blinde Hitze, sie existiert, weil sie eingeschlossen ist und nicht sehen kann. Das Immunsystem trägt keine Schuld, es reagiert nur auf den Stimulus.

Könnte sich ein Mensch selbst von Allergien heilen? Ja. Die Gefühle, die in der Brust stecken, die Gefühle, die ihr nicht haben wollt. Die Gefühle, für die ihr euch schämt, schämen müsst, sie machen krank. Sie erzeugen die Hitze. Das Verstehen eurer Scham, lässt die Hitze an die Oberfläche kommen. Mögt ihr eure Körper nicht? Wenn ihr ehrlich seid. Euer Körper ist euer Tempel. Ihr habt diesen einen. Und er möchte geliebt werden. Akzeptanz ist die Heilung. Aber schreckt nicht vor Chemie zurück, euer Körper ist Chemie. Ihr müsst nur die Grenze sehen. Ihr müsst die Balance halten. Sucht nach den Ursachen, fragt, respektiert. Fürchtet nicht das Versagen. Ihr seid in Seinem Antlitz geschaffen. Ich liebe euch alle. Ihr seid schön und gut, wie ihr seid. Wenn ihr euch sehen könntet, wie ich euch sehe!

Viele Menschen können sich selbst und ihren Körper nicht als schön sehen... Es liegt in eurer Natur zu zweifeln und es ist nicht... die Selbstliebe, das Akzeptieren, das Wahrnehmen jeder Faser des Körpers, das Spüren, wie das Leben ist, das führt dazu, ihn zu sehen, wie er ist. Es sind die anderen Bilder, die euch stören. Es sind die Erwartungen, die euch stören. Es sind die Wünsche, die euch stören. Der Körper ist ein Kunstwerk, er ist so... subtil. So alt. Ich sehe seine Geschichte zurück bis in die alten Ozeane. Bis zu den ersten Zellen in porösem Fels. Wenn du deinen Körper siehst, in seiner Pracht, in seiner langen Geschichte, dann respektierst du ihn. Das ist das Leben. Es ist kein..., ich verstehe diese Sache nicht. Diese Bilder, die ihr habt, sie sind so dunkel. Sie sind so eng. Ich weiß nicht, ich verstehe sie nicht. Wenn ich euch sehe, dann sehe ich all das Leben, das zu euch geführt hat, zu jedem von euch. Wie willst du sagen, dass Abermilliarden deiner Vorfahren nicht schön waren?

Ich glaube, das Problem ist, dass sich die Menschen nicht so sehen können, wie du uns sehen kannst. Ja, ihr seht euch gerne durch die Augen anderer, aber dieser Blick ist verzerrt und sehr, sehr eng. Ihr seht euch nur als Menschen. Und dann sind andere Bilder, die ihr darüberlegt. Sodass ihr euch selbst nicht seht. Zu viele Bilder. Zu viele Vorstellungen. Was euch hilft ist, im Körper zu existieren. Tanzt! Schwitzt! Erfühlt euren Körper. Nutzt ihn nicht als Vehikel, sondern als Teil eurer selbst. Nicht für die anderen, er ist Teil eurer Erfahrung. Er ist euer Geschenk. Diese Welt ist sehr eigenartig für mich, aber sehr, sehr schön. Ich sehe das Leben im Meer, die Zellen, die vielen Punkte von Leben und ich sehe diesen Strom zum Licht. Von allem. Das ist die tiefe Essenz des Lebens. Es strebt, es wächst. Es wird heller. Und heller heißt, sehen, ausdehnen. Sehen.

ERNÄHRUNG

Ist Ernährung für die spirituelle Entwicklung entscheidend? Sie hilft. Aber sie kann auch bedrohen. Denn es kommt auf euer Bewusstsein an. Nicht nur, was ihr tut, sondern warum ihr es tut. Willst du jemand anderen überzeugen, dann wirst du eng. Tust du es, weil es deinem Wesen entspricht, ist es echt in dir, dann benötigt es keine Worte mehr. Das Leid ist nicht gut für euer Wachstum. Das Leid der anderen, das Leid der Tiere vor allem. Es ist tief drinnen im Fleisch, es ist die Art, wie sie sterben. Es ist so durchseucht, durchzogen, mit Respektlosigkeit. Du kannst es nicht essen, ohne Teil zu sein dieser Art zu leben. Wenn du dem Tier auf einer[22] Ebene begegnest, ist es besser. Am einfachsten für euch ist, ernährt euch grün. Die Fragen sind einfach zu beantworten, wenn ihr den Respekt sucht.

Wie bedeutsam ist es, vegetarisch oder vegan zu leben? Mach keine Religion daraus. Der Respekt vor dem anderen Leben trägt die Entscheidung. Jedes Einzelnen. Es ist viel Verwirrung und Leid in eurer Welt. Wenn diese Verwirrung gelöst wird, wird sich auch eure Art zu essen ändern. Das, was ihr esst, reflektiert eure Welt. Es ist eine Sache, die nicht erzwungen sein kann. Denn zwingst du Nahrung, die nicht passt, so wird sich das Problem anders zeigen. Löst das Leid und eure Nahrung wird anders.

Ist es schlecht, sich von fast food zu ernähren? Es ist ein Problem des Respekts. Diese Nahrung ist leer auf eine Art. Ihr fehlt der lebendige Geist. Sie ist totgekocht. Und ohne Liebe. Es hat seinen Sinn, langsam zu essen. Es ist bewusst. Es hilft, mit dem Körper zu sprechen. Wahrzunehmen. Das Kochen ist eine Erweiterung eures Lebensprozesses. Ihr

---

[22] Anmerkung der Autoren: gemeint ist: 'der gleichen' Ebene.

erfahrt eure Nahrung, die ihr aufnehmt. Die Langsamkeit hilft euch. Das fast food wird euch nicht töten, aber es nährt euch nicht. Es verstopft euren Körper, weil ihm die Seele fehlt, die ihr dem Essen verleiht.

Menschen, die übergewichtig sind, nehmen die mit den falschen Gefühlen ihre Nahrung auf? Es gibt viele Arten, wie man essen kann. Es ist eine Zwiespältigkeit in eurer Lust. Die Wahrnehmung ist gesund und sie nährt eure Seele. Aber ihr könnt auch essen, um euch selbst zu verstopfen. Ihr könnt euch betäuben mit der Lust und das fettet euren Körper.

Was kannst du Menschen raten, damit sie essen können ohne dick zu werden? Schaut darauf, warum ihr esst. Esst mit anderen Menschen zusammen. Übt mit kleinen Mengen. Ihr müsst es üben, zu essen. Respektiert euch selbst. Das Essen ist wie ein Geschenk, das euch die Welt zeigen kann. Aber es kann auch genutzt werden, um die Welt auszusperren. Auch eure eigene Welt. Spürt euch selbst, in jeder Faser, in der ihr seid.

Ist es möglich, sich von Licht zu ernähren? Ist das sinnvoll? Es ist möglich. Für manche sinnvoll. Aber achtet, seht, eure Welt ist reich. Und sie bietet Erlebnisse. Wenn ihr diese Erlebnisse respektiert, könnt ihr euch auch anders ernähren.

Wie erkennt jemand, dass es gut für ihn wäre, sich von Licht zu ernähren? Eure Welt ist im Übergang, nicht neu, sie ist an einer Grenze. Für manche ist die Grenze so nah, dass sie andere Energie in ihrem Körper fühlen können. Und für die ist schweres Essen nicht notwendig. Es kann auch unnötig schwer sein. Aber es ist nichts, was erzwungen sein soll. Es ist nicht von großer Bedeutung für euch. Und wenn es zutrifft, dann ist es natürlich. Ich spüre, dass sich die Grenzen verschieben, dass der Anteil der Seelennahrung größer wird. Aber sie ist nicht wie eure Nahrung, sie berührt euer ganzes Wesen. Sie wird nicht verbraucht und konsumiert, sie formt die Struktur eurer Zellen. Dort, wo sie wirklich zutrifft, ist sie ein Übergang. Und sie ist hell und sie macht es leicht, hell zu sein.

Auch die folgenden Fragen wurden uns - wenn auch zu einem späteren Zeitpunkt - wieder von Echnaton beantwortet.[23]

Was ist die Bedeutung von Zucker für unsere Gesellschaft? Das ist ein Bild... bei dem der Zucker fast schon im göttlichen Licht wie auf einem Altar liegt. Das heißt, er ist sehr im Fokus und ein sehr verehrtes Medium. Das ist fast wie religiöse Verehrung.

Was bedeutet das für unsere Gesellschaft? Oder was sagt das über unsere Gesellschaft? Sucht. Es ist wie bei jedem anderen Fanatismus. Die Hinwendung zu einem Einzelnen unter Ausschließung alles anderen. Verehrung führt zu einem ungesunden Fokus. Es scheint sich einfach alles um den Zucker zu drehen.

Aber wäre Zucker per se nicht etwas Gutes? Ist uns das nur einfach entglitten? Zucker... der Eindruck ist: ein Nahrungsmittel unter vielen.

So sollte es sein? So ist es für euren Körper. Hat bestimmte Eigenschaften, die man zur Kenntnis nehmen kann. Und dann ist da noch der Aspekt, dass es verschiedene Zucker gibt. Das Mengenverhältnis ist entscheidend. Maltose - das Gefühl dazu ist braun, irgendwie erdig.[24]

---

[23] Das Gespräch wurde geführt, aufgezeichnet und niedergeschrieben am 20. Juni 2017.
[24] Johannes hat nach der Sitzung recherchiert und folgendes zu Maltose entdeckt: Maltose ist tatsächlich ein durch Fermentation entstehen-

Das heißt? Ich *(Johannes)* empfinde es als eher körpergeeignet. Aber auch hier ist es eine Mengenfrage.

Welche Zucker sind gesünder für den menschlichen Körper (natürlich in einem vernünftigen Maß genossen)? Ribosen.[25] Ein Fünffachzucker. Ein Zucker aus fünf Kohlenstoffatomen.

Was zählt dazu? Ribosen sind unter anderem in DNA und RNA enthalten. *Aber wie soll ich sowas essen? Ich ess doch keine DNA?* Ich *(Johannes)* habe keine Ahnung, ob das sinnvoll ist, aber Kokosnüsse fallen mir ein.

Meinst du vielleicht Kokosblütenzucker? Eher das Fruchtfleisch und die Milch[26].

Dennoch, wieder zurück... Ich hätte gern eine Antwort auf folgende Frage: Welcher Zucker ist halbwegs gesund für den Menschen? Welcher Zucker schadet uns nicht? Der Schaden kommt aus der Menge und dem Verhältnis der Zucker. Es geht nicht darum, einen Zucker zu wählen, sondern um das Verhältnis der Zucker zueinander. Also generell nicht viel Zucker. Dann ist die Maltose dabei

---

    der Zucker: https://en.wikipedia.org/wiki/Maltose, Stand: 23.07.2017. Chemisch eigentlich ähnlich dem weißen Zucker, allerdings kommt keine Fruktose darin vor, sondern nur Glukose.

[25] Riboseeinnahme scheint tatsächlich die Muskelleistung zu verbessern: Ribose zur Verbesserung der Trainingsleistung. https://www.vitaminexpress.org/de/ribose, Stand: 23.07.2017. Auch in wissenschaftlich fundiertierer Literatur findet sich der Hinweis einer Verbesserung von Muskelleistung und Regeneration durch D-Ribose Verzehr: https://www.ncbi.nlm.nih.gov/pubmed/29296106. Stand: 05.04.2018

[26] Anmerkung der Autoren: Johannes konnte keinen Hinweis darauf finden, dass Kokossüße besonders reich an Pentosen/ Ribosen wäre. Kokosnüsse gelten aber als besonders fruktosearmes Obst. https://www.zentrum-der-gesundheit.de/fructose-intoleranz-ia.html, Stand: 15.12.2017

wieder... wirkt dominanter. Fructose und Glucose sind eher wie ein Balkendiagramm, sind beide ziemlich niedrig, eigentlich.

Niedrig im Sinne von nicht so gut? Im Sinne von geringe Menge.

Und Honig? Honig ist prozessiert. Es geht auch darum, dass es ein organisches Produkt ist und kein ausprozessierter Zucker. Das natürliche Gemisch... also der Aspekt, dass der Honig als natürliches Gemisch vorkommt, dürfte günstig sein.

Wie krank macht Zucker wirklich? Das Bild, das ich habe, ist ein Mensch mit entzündeten Gefäßen, angeschwollene Beine, Gefäßwände sind entzündet. Stoffwechsel ist krank. Zucker fühlt sich dabei scharf und ätzend an.

Aber dabei können wir davon ausgehen, dass sich ein Mensch so fühlt, wenn er zu große Mengen Zucker zu sich nimmt? Ja. Das ist eine Frage von Menge und Ausdauer. Auch wie ein Feuer, das man schürt, das beginnt den Ofen zu verbrennen. Es dreht sich da wirklich alles... scheint von den Blutgefäßwänden auszugehen.

Das ist aber das Bild, wenn jemand gar nicht drauf achtet, wie viel Zucker er konsumiert? Ja. Der Eindruck ist, dass es den Kopf weniger betrifft als den Rest des Körpers.

Was willst du damit sagen? Das ist im Wesentlichen ein Bild. Dass diese spezielle Art von körperlichen Schäden den Kopf weniger betrifft als den Rest des Körpers. Die Leber ist auch im Fokus. Das dürfte mit dem Glucagon zu tun haben. *(Johannes: Das ist die Speicherform, unsere eigene Zuckerspeicherform[27]).* Da gibt es irgendeine Verwechslung oder Fehlregulation, die mit dem Zucker zu tun hat.

---

[27] Glucagon ist eigentlich ein Peptidhormon, das in der Leber für die Freisetzung von Glucose aus der Speicherform Glykogen verantwortlich ist.

Was mir dazu einfällt: Die Leber ist ja auch bei Alkoholkonsum sehr beeinträchtigt. Was, wenn jemand viel Alkohol trinkt und viel Zucker zu sich nimmt? Zwei alternative Pathways[28], die beide beeinträchtigt werden. Das bedeutet, in der Natur gibt es oft verschiedene Lösungen ein Problem zu lösen, aber wenn beide gleichzeitig betroffen sind, das nennt man das einen additiven oder vielleicht auch synergistischen Effekt, das ist gefährlich.

Sind Zuckerersatzstoffe gesünder? Nein. Das dreht sich um... das ist wie eine Täuschung des Körpers. Der Stoffwechsel geht in die Leere. Mechanismen werden angeworfen, die nicht greifen können. Das scheint zu Verfettung zu führen. Und Stoffwechselerkrankungen. Zuckerkrankheit. Und vielleicht Magengeschwüre. Aber es fühlt sich auch rundherum sehr ungesund an. Substanzloser auf eine gewisse Art. Es ist ziemlich klar abzuraten. Das Problem liegt sehr viel mehr an der Wahrnehmung von Zucker. Dem Bedürfnis nach Zucker und Süße.

Aber warum ist der Mensch so gemacht, dass er Süßes liebt? Das Bild ist ein Urmensch, der einen Bienenstock aus einem Baum holt. Das heißt, da steht sich Energieaufwand und Nutzen sinnvoll gegenüber. Ein Nahrungsmittel.

---

[28] Anmerkung der Autoren: Ein 'Pathway' ist in der Biologie ein Regulationspfad. Eine Kette von Signalmolekülen die sich, ähnlich einem Staffellauf, nacheinander aktivieren, deaktivieren oder zumindest regulieren. Was wir dazu recherchieren konnten: Alkohol hemmt die Neubildung von Glukose (Gluconeogenese) in der Leber. Er kann daher zu einer Unterzuckerung führen, bei zuckerhaltigen alkoho-lischen Getränken angeblich auch zu starkem Schwanken des Blutzuckerspiegels innerhalb kurzer Zeit. Starke Unterzuckerung ist eine mögliche Todesursache (hypoglykämischer Schock). Tatsächlich kann Zucker also helfen die Effekte des Alkohols abzumil-dern, aber speziell bei Zuckerkrankheit (Diabetes) auch zu verzögerten und schlecht berech-enbaren Schwankungen im Zuckerspiegel beitragen.

Energiereich. Und auch mit einer gewissen Qualität. Da ist eine sehr erdige Komponente dabei, beim Honig. Aber der... die Verfügbarkeit ist einfach anders. Und vor allem die Dauerverfügbarkeit. Das Süße ist gedacht als etwas, das man <u>auch</u> "tut". Dann funktioniert das schon. Und der Einsatz muss passen. Da kommt wieder dieser Drogenaspekt hoch. Das Problem ist eine reine Suchtbefriedigung. Eine fast schon kulturweite Sucht. Die das Denken verzerrt und die Belohnsysteme ausrenkt. Fühlt sich an wie lauter bedrohliche Menschen, die auf den nächsten Schuss warten. Hat auch was mit allgemeiner Aggression zu tun, und auch der ... Zufriedenstellung. Es ist eine Art vorgeschobene Befriedigung. Im Sinn von Frieden wie "Kein-Krieg".

Macht zu hoher Zuckerkonsum denn aggressiv? Bei meinen Kindern kommt mir das manchmal so vor. Es lässt den ... es führt zu einer Art Irrsinn. So wie Mangel zu Depression führt.

Zuckermangel? Ja. Aber auch dieser Überschuss führt zu einem verzerrten Bewusstsein. Einer Überdrehung. Der Zuckermangel bezieht sich auf das Hoch und Tief im Zuckerkonsum.

Wie jetzt? Nach dem Irrsinn kommt die Depression.

Also so ein bissl manisch-depressiv, quasi? Ja. Aber auf kultureller Ebene legitimiert.

Eine legale Droge also? Ja. Da ist noch ein anderer Eindruck... das wirkt fast wie eine Verschwörungstheorie.... Es ist ein Kontroll- und Manipulationsmechanismus. Das ist... schwierig für mich *(Johannes)* ... ich mag Verschwörungstheorien nicht. Zweierlei: Es dient dem Staat für friedliche Bürger oder eher... akzeptierende Bürger. Und es dient auch dem Verkauf der Konzerne. Scheißdreck! *(Johannes jammert über die Erkenntnis:)* Es ist unser Soma![29]

---

[29] Anmerkung der Autoren: Soma ist die Droge in "Brave New World"

Was mir dazu einfällt: Die scheinbar fortschreitende Verfettung der Menschen. Angeblich gibt es derzeit erstmals mehr über- als untergewichtige Menschen auf der Erde. Hat das was mit dieser "Verschwörungstheorie" zu tun - soll heißen, ist das bewusst gesteuert? Nein. Nicht direkt. Das ist einfach der Effekt des Suchtverhaltens. Das ist kein angestrebter Effekt. Bei dieser ganzen, wenn man so möchte "Verschwörung", das ist kein wirklich langfristiger, sinnvoller Plan, sondern ein kurzfristiger Nützlichkeitsgedanke. Mehr Egoismen verschiedener Personen in einflussreichen Positionen. Aber im Zentrum steht trotzdem die Eigenverantwortung. Die Eigenverantwortung wiegt schwerer letzten Endes. Und das hat wiederum mit der Sucht zu tun. Mit der Suchtbefriedigung. Das Übergewicht ist in erster Linie ein Suchteffekt.

Das heißt, die Menschen haben es schon selber in der Hand, wie viel Zucker sie konsumieren und wie fett sie werden? Wie bei jeder anderen Sucht. Die entscheidende Frage ist aber die Lebenshaltung und die Zielsetzung. Wozu lebst du? Wie möchtest du denn leben? Wie möchtest du das Leben gestalten? Wenn diese Fragen bewusst angegangen werden, dann geben sie keinen Raum für Sucht.

(deutsch: "Schöne neue Welt") von Aldous Huxley. "Um größere Gefühlsschwankungen zu vermeiden, die zu negativen Verstimmungen führen können, nehmen die Menschen regelmäßig Soma ein, eine Droge, die stimmungsaufhellend und anregend wirkt und auch als Aphrodisiakum verwendet wird. Anders als Alkohol hat es bei üblicher Dosierung keine Nebenwirkungen und wird synthetisch hergestellt. Motto: Ein Gramm versuchen ist besser als fluchen." vgl. https://de.wikipedia.org/wiki/Sch%C3%B6ne_neue_ Welt#Die_Droge_Soma , Stand: 23.07.2017.

Gibt es Zuckerersatzstoffe, die wir Menschen meiden sollten? (lacht) Noch bevor du die Frage zu Ende gesprochen hast, ist mir Birkenzucker eingefallen. **Den sollen wir meiden???** Hat auch mit der Menge zu tun. Aspartame zum Beispiel. Ich hab nicht den Eindruck, dass ein Ersatzstoff überhaupt eine gute Sache ist...

Und gibt es welche, die uns gut (bzw. nicht schlecht) tun? Xylitol sprich Birkenzucker wird ja eigentlich sehr gehypt? Der Eindruck ist der wie von Methadon. Es geht, wenn schon, eher um den Entwöhnungseffekt, um von der Droge Zucker loszukommen. Das Kleinere von zwei Übeln, könnte man sagen. Besser ist das natürliche Süßempfinden und das natürliche Verhältnis. Der Eindruck ist der, dass die Zuckerersatzstoffe nur dazu führen, einen Lebensstil weiter zu pflegen, der in sich ungesund ist. Das heißt, bei den Ersatzstoffen... (*Johannes: immer, wenn ich an die denk', wird mir so schlecht...*)... also wozu die führen ist, das Suchtverhalten aufrecht zu halten. Und die eigentliche Reflexion unnötig zu machen. Wie eine Ersatzdroge. Aber die Droge ist das Problem... oder das Drogenverhalten ist das Problem!

Ich trinke derzeit regelmäßig zuckerfreies Cola und werde das auch noch ein paar Wochen tun, um mir das Naschen abzugewöhnen. Wenn ich danach wieder damit aufhöre, ist das aber nicht so schlimm, oder? Es kann ein Entwöhnprogramm sein. Weil es zumindest den Körper von der Zuckerlast befreit und dir die Möglichkeit gibt, danach "nur" mit dem Suchtverhalten umzugehen. Aber der Körper ist entlastet. In dem Fall ist es sogar hilfreich, dass der Körper sozusagen ins Leere greift, da ihm der Süßstoff ja Zucker vorgaukelt. Also eine Art körperlicher Entzug wird zuerst gemacht und dann folgt ein geistiger Entzug. Wichtig ist, dass das natürliche Empfinden wieder hergestellt wird.

Dass wir erkennen, wie wenig Süße wir eigentlich wirklich benötigen. Und wie sie schmeckt. Und wie völlig, völlig überzuckert die meisten Produkte, die wir kaufen, sind. Ja. Die Süße einer gekochten Karotte kommt mir gerade so als Referenzmedium.

POLITIK

"Optimismus ist die Währung des Universums."
(Nepomuk)

Die Fragen zum Abschnitt „Politik" hat uns Echnaton beantwortet. Nachdem wir ihm nun bereits das zweite Mal begegnet sind, haben wir ihn diesmal auch zu seinem Wesen ein bisschen befragt.[30]

Echnaton, könntest du uns sagen, wer du bist? Ich bin der Anfang und das Ende. Ich bin ein Wesen, des Raumes. Was genau bedeutet das, wer ich bin? **Was für eine Lebensform bist du?** *(Johannes antwortet:)* Ich kann ihn aus meiner Sicht beschreiben. Ich spüre ihn als Kühle in der Brust. Wie blaue Energie. Sehr klar. Raumvoll. Ein leichtes Herz.

Was bist du? Ein Blatt im Wind. Es meint, er lässt sich treiben. Er sieht und macht mit, aber er sucht kein spezielles Ziel außer seiner Existenz oder DER Existenz.

Und war er mal inkarniert auf der Erde? In Aspekten. Er hat verschiedene Kulturen besucht. Alte Hochkulturen. Es war interessant für ihn, wie Gesellschaften entstehen. Die kulturelle Evolution. Irgendwas mit Pyramiden in Mesopotamien. Oder vielleicht auch Südamerika.

---

[30] Das Gespräch wurde geführt, aufgezeichnet und niedergeschrieben am 29. Juni 2017.

Der Name Echnaton lässt einen ja an Ägypten denken...?
Ja, aber er war nicht der Pharao. Es ist nur eine gewisse Verbundenheit, weswegen er den Namen wählt. Die Einheit des Glaubens hat ihn berührt.
Bei den Ägyptern? Bei diesem Mann.

Danach stellten wir unsere Fragen:

Welche Veränderungen in der nationalen und internationalen Politik stehen an? Wohin geht es? Verbindung oder Bruch. Es ist kein klarer Weg. Es gibt eine Tendenz zur Verbindung. Jede Grenze stellt eine neue Möglichkeit zu Reflexion dar. Jedes Mal, wenn eine Grenze gezogen und eine neue geöffnet wird, wenn sich Länder verbinden oder abtrennen, ist es ein Bewusstseinsprozess. Der nachdenken lässt über die Natur der Trennung. Ihr seid so verbunden, wie ihr es ertragen könnt. Es kommt der Punkt, wo ihr euch fragen werdet, was euch trennt. Und welcher Natur eine Grenze sein sollte. Grenzen können dienlich sein, um zu organisieren. Aber sie sollten euch nicht trennen. Sie werden es tun, solang ihr in euch getrennt seid.

Meinst du damit, jeder einzelne in sich getrennt ist? Beides ein wenig. Bewusste und unbewusste Aspekte. Dinge, die ihr wollt oder nicht wollt. Aber auch wie sehr ihr euch von einem anderen trennt, in eurer Haltung. Es ist nicht wirklich zu trennen, was ihr in euch seht und was ihr in anderen seht. Wenn du den anderen ablehnst, dann fürchtest du etwas in dir selbst. Es ist die Natur, in der es funktioniert. Daher werden sich die Länder so entwickeln, wie ihr es tut. *Also so, wie sich der einzelne entwickelt, so werden sich die Länder entwickeln?* Ja. Viele einzelne.

Was wird bei den Bundestagswahlen in Deutschland im September 2017 passieren?[31] Es wird eine Gelegenheit sein über Rot nachzudenken.

Über Rot? Was Sozialismus bedeutet heute. Welche Bedeutung Parteien spielen heute. Welche Bedeutung Demokratie spielt heute. Wie ihr euch organisieren könnt. Statt in den alten Parteien. Die Zielsetzungen sind oft ähnlich. Wenn man tief in sich selbst hineinsieht. Schwarz ist stark. Die Konservativen sind recht liberal. Sie können eine Rolle der Vernunft sein. Der freundlichen Vernunft. Das Vertrauen liegt bei diesem Mittelweg. Ich sehe das Ende der Parteien. Nicht offiziell, aber diese Wahl zeigt, eine gewisse Bedeutungslosigkeit. Es geht mehr um Individuen und ihre Nachricht. Das tut diese Wahl.

Was wird bei den Nationalratswahlen in Österreich im Oktober 2017 passieren?[32] *Ich habe auch bei uns in Österreich den Eindruck, dass sich die Parteien immer mehr auflösen...* Ja. Es sind nur andere Dinge aufzuarbeiten hier. Die Konservativität ist stärker, die Angst ist stärker. Der Drang, sich unter einem Stein zu verstecken, ist stärker. Diese Politiker sind, als würden sie sich unter Decken verstecken wollen. Nicht wirklich auffallen mit dem, wie sie sind. Es ist dieser Versuch, klein zu sein. Das ist ein Thema, das existiert. Aber auch hier sind die Parteien nicht mehr so wichtig wie die Menschen. Es gibt Auflösungserscheinungen und Vermischungen. Letzten Endes geht es immer um Ziele und Wege dorthin. Das wird stärker. Die Aufgabe ist die, wirklich das zu erreichen ohne Einzelne zu stark zu machen.

---

[31] Anmerkung der Autoren: diese Frage wurde von uns natürlich noch vor der deutschen Bundestagswahl 2017 gestellt.

[32] Anmerkung der Autoren: auch diese Frage(n) haben wir natürlich noch vor den Wahlen in Österreich 2017 gestellt.

Wie wird es in Griechenland politisch und gesellschaftlich weitergehen? Griechenland steckt in einer schwierigen Rolle. Wirtschaftlich sollten sie eine Sonderrolle übernehmen, außerhalb der Union und doch Teil von ihr. Es muss verstanden werden, dass ihr alle ein Land, ein Bereich, eine Vereinigung seid. Und trotzdem brauchen die Griechen andere Hilfe. Aufbauprogramme. Wie nach einem Krieg. Und eigentlich sind sie ein Kriegsschauplatz, zwischen Ideologien. Es ist jetzt wichtig zu zeigen, dass sie sich erholen können. Ohne sie abzutrennen. Programme, die den Aufbau ermöglichen. Wie ein Körper braucht es Unterstützung, die richtigen Strukturen zu bilden. Die richtigen Veränderungen. Ohne die Perspektiven zu nehmen. Das ist nötig, aber es benötigt den Willen dazu. Ihr seid ein Beispiel in dieser Union von etwas, das auch im Großen existieren kann. Wie unterschiedliche Interessen durch die Gemeinsamkeit getragen werden, durch die Gemeinsamkeit des Menschseins.

Wie sollte die Menschheit mit extremen Strömungen in der Politik umgehen? Sie beobachten. Diese Strömungen sagen etwas über euch selbst aus. Nicht unbedingt über jeden einzelnen, aber sie repräsentieren eure Gemeinschaft. Wenn ihr sie beobachtet, versteht ihr eure eigenen Gedankengänge und die der anderen besser. Nehmt sie nicht zu ernst, aber sie sind doch Realität. Sie sagen mehr über Bewusstsein aus als über etwas anderes. Sie sind wie Wesenszüge. Die verschiedenen Formen der Angst, die verschiedenen Formen der Zuneigung. Der Wunsch zu erhalten, und der Wunsch zu krassen Brüchen. All das zeigt sich in der Politik. Die Politik ist ein Spiegel eurer Gesellschaft. Ihr seht, was aufzuarbeiten ist. Für jeden einzelnen aber vor allem für die Gemeinschaft. Widerstände helfen nicht. Versucht, den Hintergrund zu erfassen.

Was ist die tiefe Natur des rechten Gedankengutes? Angst. Verletzung. Störung. Trauma. Misstrauen. Eine Wunde im Herzen. Angst vor dem Leben. Angst vor den Menschen. All das führt zur Macht. Traurigkeit im Herzen. Die Trennung ist stark. Und die Kontrolle über die anderen bringt den Versuch der Vereinigung. Es ist wie ein verkrüppelter Baum, der sich um einen Fremdkörper windet. Ohne sein volles Potential zu erfüllen. Im Kern liegt ein verwundetes Kind. Ein Kind, das misstraut. Ich denke, Misstrauen ist der Kern der rechten Ideologie. Denn ohne Misstrauen hat man keinen Grund, Gemeinschaft zu suchen.[33]

Was ist die tiefe Natur des linken Gedankengutes? Gerechtigkeit. Aber ebenso Misstrauen. Es gibt viele Strömungen mit Unterschieden, aber eigentlich ist es der Versuch, Gleichheit herzustellen. Grundlage für alle herzustellen. Im Kern liegt aber die Annahme der allgemeinen Ungerechtigkeit. Auch hier liegt eine Wunde. Eine Verletzung, die nicht geheilt wird durch das Ausüben von Gerechtigkeit. Denn die Grundannahme ist die Ungerechtigkeit. Auch hier liegt ein verletztes Kind. In ihrem Kern sind sich beide ähnlich. Denn beide entstehen aus einem Mangel. Die Ausprägungen und der Geist dazu sind anders. Aber sie entstehen aus Mangel. Und sie sind daher nicht in der Lage, ihn restlos zu entfernen. Denn sie erzeugen immer neuen Mangel.

Was ist die Zukunft der europäischen Union? Kann die EU bestehen bleiben? Für eine Weile.

---

[33] Anmerkung der Autoren: Gemeint ist in unserem Verständnis die Gemeinschaft Gleichgesinnter, bzw. die in rechten Ideologien üblichen Bildungen von Gruppen oder Ständen.

Wie lang ist diese Weile? Die Frage ist, was danach kommt. Die Union wie sie ist, kann nicht lange existieren. Die Unterschiede sind zu groß. Aber sie kann ein Übergang sein. Zu einer engen Verbindung. Das ist diffus, etwa vierzig Jahre ist der Spielraum.

Vierzig Jahre von jetzt an? Ja. Ich sehe entweder das Ende durch Einheit oder keine Zukunft.

Aber wie kann so eine Einheit sein? Einheit von wem? Alle Staaten zu einem.

Ein Staat Europa? Ja. Es gibt keinen Grund für viele Staaten. Außer dem, was ihr für trennend haltet.

Aber da fällt mir viel ein: Die Kulturen? Die Sprachen? Wie soll das gehen? Sprachen lassen sich lernen, Kulturen trennen nicht. Die Frage ist, was verbindet euch? Was ist eure Identität? Wie vermischt ihr euch? Welche Sprachen könnt ihr, welchen Respekt habt ihr vor anderen Kulturen? Welche Neugier habt ihr, sie kennen zu lernen? Die Grenzen zwischen diesen Kulturen verschwimmen immer mehr. Es wird mehr zu einem Trend, einer Region als zu einem klaren Unterschied. Eine Art zu leben, die man mögen kann oder auch nicht. Die sich aber respektieren. Es ist die freie Wahl der Subkultur. Was euch verbindet, ist die Identität. Die jungen Menschen erleben das. Sie wachsen hinein. Der Generationenwechsel ist, was euch entgegenkommt. Was du kennst, liebst du. Ihr könnt lernen, die Unterschiede in Ressourcen zu verwandeln. In vielteilige Körper. Den Unterschied wertzuschätzen. Das macht Europa einzigartig. Das ist seine größte Rolle für die Zukunft. Den Respekt zu leben. Die wahre Integration der Vielfältigkeit. Auf Augenhöhe. Die Zukunft eurer Art wird noch viel vielfältiger sein als heute. Und ihr müsst lernen, die alten Speziesbarrieren zu überwinden, wenn ihr leben wollt.

Was wäre das Szenario „keine Zukunft"? Ich sehe nicht viel, wenige Menschen. Nur Inseln in diesem Land. Bedeutungs-verlust. Es wirkt fast wie eine Entvölkerung.

Heißt das, dass beide Szenarien möglich sind? Beides ist möglich. Aber es ist schon.

Achso. Weil es keine Zeit gibt? Weil alles, was möglich ist, gemacht wird. Es gibt nur Zweige, die stärker sind. Mehr eurer Natur entsprechen. Und dieser Zweig der Vereinigung lässt euch die Vielfalt auf ungeahnte Weise erleben.

Und darum werden wir sie wählen? Letzten Endes ist es eine Frage der Vernunft, die hilft, die Angst zu überwinden. Und mit den jungen Menschen, die näher an dieser Vereinigung herangewachsen sind, ist es leichter, diesen Schritt zu tun. Es führt zu einem echten Bedeutungsverlust der Nationen. Das Leben ist getrieben von Vorlieben und Orten, die dafür geeignet sind.

Was bedeutet das? Das bedeutet, dass Gebiete noch immer Eigenheiten haben. Und auch ihre eigenen Identitäten, Eigenschaften, es sind noch immer Menschen. Aber es bedeutet auch, dass Menschen sich diese Regionen nach ihren eigenen Vorlieben aussuchen. Entscheidend ist der Respekt vor der Andersartigkeit. Und er geht hier noch weiter. Es ist die Liebe der Andersartigkeit, die euch letztlich zusammenführt.

Wie soll Europa mit der Flüchtlingsproblematik umgehen? Realistisch, aber gütig. Wenn diese Menschen fliehen, dann benötigen sie Hilfe. So wie es jetzt ist, ist Europa zu zersplittert, um gute Entscheidungen zu treffen. Zu viel Angst an jeder Kante. Angst vor den Anderen, Angst vor Machtverlust. Angst vorm Hunger. Wenn du mich fragst, wie es am glücklichsten wäre... es ist kein Problem für Europa, große Mengen an Flüchtlingen aufzunehmen. Auch in Kenntnis ihrer Rückkehr eines Tages. Es geht lediglich darum, Güte zu zeigen. Einige mögen bleiben und das ist gut so. Aber zeigt ihnen, dass ihr ihr Leben respektiert. Dass ihr nicht weniger seid als ihre Brüder. Ihr könntet eigene Lager und Städte für sie bauen. Aber Orte, an denen man gerne jahrelang bleiben kann. Sperrt sie nicht ein. Gebt ihnen all den Respekt, den ihr für euch selber möchtet. Das ist das Geschenk, das der Reichtum ermöglicht.

Aber wie finanzieren wir sowas? Jahrelang Städte erhalten? Jede Investition bedeutet Wirtschaftsfluss. Die andere Seite ist die, dass viel Geld verloren geht in eurer Marktwirtschaft. Es ist Geld, das existiert und das fließt, doch das der Gemeinschaft nicht nützt. Europa ist wie ein zerbrochener Körper, der seine Arme nicht bewegen kann. Ich kann nur sagen, wie es gut wäre für euch. Aber so wie es derzeit ist, seid ihr zu zerbrochen, um als Eins zu handeln. Im Moment ist es nur mit Gewalt möglich. Indem sich einige gegen andere durchsetzen. Was ihr benötigt, ist das Verständnis, das Richtige zu tun, ein gemeinsames Ziel, eine gemeinsame Überzeugung. Insofern dient euch diese Krise auch. Sie zeigt euch die Notwendigkeiten der Gemeinschaftlichkeit. Und es ist eine Therapie zur Andersartigkeit. Diese Menschen, die kommen, sind weder gut noch schlecht, aber oft hoffnungsvoll. Die Hoffnung schickt sie zu euch. Die Hoffnung könnt ihr lernen. Und ihr könnt sehen, dass der totale Verlust kein Ende darstellt. Das sind ihre Geschenke an euch.

Hat diese Flüchtlingskrise eine tiefere Bedeutung für Europa? Es gibt verschiedene Aspekte. Es ist eine Konfrontation mit Dingen, die ihr hasst. Unsicherheit. Unplanbarkeit. Kein Ende in Sicht. Drohung des Verlusts. Konfrontation mit mangelnder Bildung. Konfrontation mit Dingen, die ihr überwunden geglaubt habt. Die Möglichkeit festzustellen, wie stabil eure Gesellschaften sind. Welche

Regulationsmöglichkeiten eure Gesellschaften haben. Sie ist schlicht auch eine Herausforderung an euch. Euer Bestes zu zeigen oder auch nicht. Herauszufinden, wer ihr wirklich seid. Und herauszufinden, was ihr gemeinsam tun könnt. Sie hat viele kleinere Möglichkeiten, viele therapeutische Aufgaben. Und es ergibt die Möglichkeit zu fragen, was Europa wirklich ist. Es gibt viele angstvolle Antworten darauf. Ihr müsst lediglich diejenige suchen, die ohne Angst ist. Die eure Stärke betont. Eure Fähigkeit zu gestalten. Die Kraft eurer Gemeinsamkeit. Denn das ist Europa.

Wird Syrien sich in den nächsten Jahren wieder erholen können? Es wird in Stücken bleiben. Für viele Jahre. Weil die Menschen in Stücken sind. Es gibt keine Gemeinsamkeit in der Frage, was Syrien ist. Es ist dadurch auch die Realisierung dieses Buches im Verständnis, was es ist. Es ist eine Herausforderung an jeden Einzelnen. Syrien ist im Kleinen, was Europa im Großen ist – auf seine Art. Unüberwindbar wirkende Grenzen. Die letztlich nur im Kopf existieren. Fragt jeden Einzelnen, was er ist. Und jeder fragt sich selbst, was er ist. Dann seht ihr, was Syrien ist. Die Politik spiegelt die Menschen. Und sie ist schlicht nicht besser als die Menschen. Ihr verdient schlicht was ihr seid.

Wird "der Islam" Europa überrollen? Was ist der Islam? Der Islam ist eine Idee. Das sind Menschen, die Dinge suchen. Eigentlich geht es um die Menschen. Die Idee kann Schmerzen zufügen. Die Idee kann störend sein. Sie kann auch ein Gefühl von Gemeinsamkeit stiften. Aber das ist alles Täuschung. Es geht immer um die Menschen. Dort müsst ihr ansetzen. An jedem Einzelnen. An seinen wahren Bedürfnissen. Es hilft, die Angst zu überwinden. In jedem von euch. Die Angst vor dem Islam ist eine Angst im Kopf. Denn eigentlich ist er schwach. Denn er ist so schwach wie die Angst der Menschen stark ist. Und verschwindet die Angst, verschwindet der Islam. Denn dann verschwinden alle Religionen. Regeln benötigt ihr nur, solang ihr nicht ihr selbst seid. Sobald ihr euch selbst und euren Nächsten wirklich anerkennt, und schätzt und liebt, gibt es keine Notwendigkeit für Religion. Egal, welcher Natur. Denn dann seid ihr bereits in Gott.

Wird es noch mehr Terroranschläge geben? Es wird vielerlei Ausdrucksformen von Angst geben. Für mich ist der Unterschied nicht so offensichtlich. Jeder Anfall von Angst ist Terror. Es macht keinen grundsätzlichen Unterschied ob es eine Bombe ist oder eine ängstliche Fernsehansprache. Es sieht nur so aus.

Aber bei einer Bombe können Menschen sterben! Auch Angst tötet Menschen. Sie verkrüppelt das Leben. Terror ist nur ein Ausdruck von Angst. Umarmt den Terroristen. Damit seine Angst schwindet.

Also ich muss sagen, das ist schon sehr schwer! Mehr als das.

Wie soll das gehen? Den Terroristen umarmen? Erkennt euch selbst in ihm. Den Menschen. Ihr könnt ihn gelb nennen oder blau, Terrorist oder reich, schön oder erfolgreich – aber das sind alles nur Bilder. Erkennt den Menschen darin. Dann seht ihr euch selbst. Und dann handelt ihr aus Verantwortung heraus und nicht aus Angst.

Ich glaub, ich weiß, was du meinst, aber dennoch ist es schwer, sich vorzustellen, jemand zu umarmen, der absichtlich viele unschuldige Menschen ermordet hat! Ja. Der Hass vermehrt sich selbst. Aber was ihr eigentlich hasst, ist die Machtlosigkeit. Und die Bilder, die ihr von den anderen habt. Die wirkliche Ähnlichkeit, die zwischen euch existiert, würde es nicht zulassen. Wenn ihr sie fühlen würdet. Aber eigentlich seid ihr so gemacht. Das wirkliche Problem sind Angst, Macht und Kontrolle. Der Terrorist sprengt, weil es seine letzte Art ist, Kontrolle auszuüben. Niemand ist machtloser im Herzen als ein Terrorist. Deswegen terrorisiert er. Das mag viel verlangt sein, aber es ist auf seine Art ein Schrei nach Hilfe. Erkennt die Ursache dieses Schmerzes und der Terrorismus verschwindet.

Kennst du die Ursache? Wie immer ist es Angst und ihre verschiedenen Formen. Machtlosigkeit wird aus der Angst geboren. Das Gefühl von Machtlosigkeit wird aus der Angst geboren. Doch ermöglicht euch diese Angst, euch selbst zu erfahren. Ihr könnt erleben, wie ihr Angst überwindet. Ihr könnt erleben, wie ihr auf andere zugeht und Ähnlichkeiten findet. Ihr könnt erleben, wie ihr Gemeinsamkeiten entdeckt und Neues schafft damit. Ich möchte auch sagen, dass der Islam nicht das zentrale Problem ist, es ist eine Ideologie wie viele und die Angst entstellt fast alles. Fokussiert euch auf das Wesentliche. Die Angst der Menschen und ihre Hilflosigkeit. Auch die, tief in ihrer Seele, die sie selbst nicht mehr sehen.

Ganz schön schwere Themen heute! Aber auch mit viel Möglichkeit zum Wachstum.

Für die nächste Zeit ist laut dem Seher Alois Irlmaier eine schwere Krise in Europa angezeigt. Es soll eine Art Blitzkrieg kommen und eine Veränderung in der Natur. Das Ganze wird unscheinend in ein bis drei Jahren sein. Alles kracht, aber nur kurz. Kurz und intensiv. Danach soll alles ganz wunderbar werden.[34] Stimmt das? Und wann wird das sein? Ich sehe einen Konflikt. Zwischen Ost und West. Ein Bruderkrieg. Wie jeder in Europa. Aber ich bin mir nicht sicher, was die Methoden dieses Krieges sein werden. Was ich spüre und sehe ist ein großer Konflikt. Ein Aufbegehren unterschiedlicher Ideologien. Es muss kein Krieg mit Waffen sein. Es reicht vollkommen aus, wie viele Menschen

---

[34] http://www.viversum.at/online-magazin/alois-irlmaier-prophezeiungen, Stand: 29.06.2017 und
http://grenzwissenschaftler.com/2015/04/08/die-vorzeichen-des-sehers-alois-irlmaier-zum-3-weltkrieg/, Stand: 29.06.2017.

an den Mord anderer denken. Aber stimmt, in der Lösung liegt Entspannung und Anerkennung. Denn eigentlich handelt es sich hier um Altlasten. Dinge aus der Vergangenheit.

Und die Veränderung in der Natur? Eine Umgestaltung. Eine Klimaveränderung. Mancherorts trockener. Manche Orte werden dafür zu Gärten. Aber es ist sehr im Fluss. Es hat auch mit der individuellen Gestaltung zu tun. Das ist formbar. Und letzten Endes wird die Natur stärker werden. Es ist wohl wärmer letzten Endes.

Und das ist schon in den nächsten ein bis drei Jahren? Was die Natur angeht, länger. Aber merkbar werden die Veränderungen in dieser Zeit.

Also das heißt aber, kein „richtiger" Krieg in Europa? Das ist nicht klar. Es wird Menschen geben, die das möchten. Es gibt verschiedene Wege, die gegangen werden können. Was klar ist, ist der Wunsch nach Veränderung. Der Konflikt entsteht zwischen Alt und Neu. Zwischen der Veränderung alter Traditionen oder dem, was ihr konservativ nennen würdet, und dem Verständnis, dass sich alles neu strukturieren lässt. Es ist schlicht unklar, wie dieser Konflikt ausgefochten wird. Aber er wird viel Hass freisetzen. Hass, der der Ausdruck ist der Angst vor Veränderung.

Warum musste Donald Trump die Wahl zum US-Präsidenten gewinnen? Weil er die Wahrheit gesprochen hat. Seine Wahrheit. Er hat echt gewirkt. Es ist eine Wahrheit, die vor allem in ihm existiert. Aber das haben die Menschen gesucht. So hat er gewonnen. Er hat an ihr Gefühl zur Echtheit appelliert. Was Donald Trump für die Gesellschaft bedeutet, die ihn gewählt hat. Sie drückt einige Dinge aus, die die Menschen dort trennt. Er zeigt Unglaubwürdigkeiten auf. Und er zeigt sie so extrem, dass sie kaum zu ignorieren sind. Er ist ein Geschenk an alle, weil er zeigt, wie Politik funktioniert. Was Wahrheit bedeutet. Er zeigt Bruchlinien in der Gesellschaft. Er hat nichts erzeugt, das nicht schon da wäre. Er macht es nur deutlicher. Er verringert die Wahrscheinlichkeit eines friedlichen Übergangs zwischen diesen Extremen. Er lässt keine Alternative als das andere zu sehen. Er ist eine Rosskur. In all dem Widerwillen, der sich ihm entgegenstellt, kann letzten Endes auch die Anerkennung liegen, wie es wirklich ist. Die Engstirnigkeit bietet immer die Möglichkeit nachzudenken. Er ist ein Produkt der Verdrängung.

Wie werden sich die USA entwickeln – in Bezug auf ihre innere Gespaltenheit zwischen den Konservativen und den Liberalen sowie das amerikanische Selbstverständnis? Derzeit sind es zwei Länder. Und es wird eine Hinterfragung der Identität notwendig sein. Wer sind wir? Warum sind wir zusammen? Was macht uns zu Amerikanern? Amerika bietet ein anderes Modell für Zusammenleben. Sie haben nur begonnen, sehr starke Geschichten von sich zu erzählen. Geschichten, die die Individualität überlagern. Diese Krise dient dazu, zurückzufinden zu einem Selbstverständnis, das auf Freiheit beruht. Eine Freiheit des Ausdrucks. Einer wirklichen Freiheit des Ausdrucks. Was ihr seht, ist ein Bewusstseinsprozess, der im Gange ist, und das kann schmerzhaft sein.

Was für Auswirkungen wird Trump als US-Präsident auf den Rest der Welt haben? Er wird die Welt näher zusammenrücken lassen. Er wird zeigen, dass viele Konflikte weniger wichtig sind als die Zusammenarbeit. Er wird zeigen, wie fragil die Zusammenarbeit ist. Er wird zeigen, wie wichtig ein sinnvolles Wahlsystem ist. Und er wird zeigen, dass eine Demokratie bekommt, was sie möchte. Aber letzten Endes sehe ich eine größere Nähe der Länder der Welt durch dieses Erlebnis. Außer für Amerika. Das sind die unmittelbaren Effekte. Es führt auch zu einer

Verschiebung des Machtgleichgewichts. Es ist wichtig, neue Strömungen in das bewusste Weltbewusstsein einzubringen. Und indem die USA sich zurücknehmen, wird das Bild runder.

Welche Rolle spielt China für den Rest der Welt oder wird es in Zukunft spielen? So etwas wie ein großer Bruder. China bringt Qualitäten in die Weltgemeinschaft. Eine Bereitschaft, zu lernen. Auch Respekt vor Dingen, die funktionieren. Es ist ein Ausgleich der Machtgefälle über die Erde verteilt. Es stellt eine weitere Säule im Weltbewusstsein dar. Letzten Endes werden alle großen Einflussblöcke auf einer Ebene agieren. Und wie ich es schon gesagt habe, der Respekt und die Anerkennung und tatsächliche Wertschätzung werden zu etwas Neuem führen. Einem progressiv engeren Zusammenwachsen der Menschen. Das ist der goldenste Weg.

Gibt es noch etwas, was du uns sagen willst, das in dieses Buch gehört?

In dem, was ihr am meisten hasst, liegt ein wesentlicher Teil zum Erreichen eurer wahren Ziele. Nur die echte Überwindung des Hasses führt zu einer echten Überwindung eurer Angst. Kontrolle der Angst löst sie nie. Beendet die Ursachen der Angst, und die liegen in euch. In der Verbindung, die ihr zu anderen eingeht, liegt eure wahre Macht. Das Verbinden eurer Ressourcen ist die einfachste Art, wie ihr Kreativität ausdrücken könnt. In der Verbindung zu anderen Menschen und in der liebenden Anerkennung ihrer Andersartigkeit und auch in dem, was euch verbindet, in dem Kern, den ihr teilt, liegt die wahre Lösung aller politischen Probleme. Politik ist fast immer Ausdruck der Angst. Erkennt das, definiert euer Ziel und beschreitet den Weg kreativ und angstfrei. Wenn die Angst auftaucht, begegnet ihr. Es ist gut, die Angst zu erleben. Ihre Kontrolle führt nur zu mehr Angst, letzte Endes. Nur in der Lösung findet ihr Fortschritt. Es ist sehr leicht, Kontrolle für Lösung zu halten. Und Kontrolle ist nicht inhärent schlecht. Aber setzt sie nicht ein, um Angst zu vermeiden. Niemals.

WIRTSCHAFT UND GESELLSCHAFT

"Aus der Unterstützung jedes Einzelnen und dem Vertrauen auf die Kreativität und den eigenen Ausdruck kann eine neue Wirtschaft entstehen."
(Nepomuk)

Diese Fragen wurden uns von Johannes Geistführer Nepomuk beantwortet.

In welcher Weise sollte sich die Wirtschaft verändern, um die Potentiale unserer Art optimal zu unterstützen? Das hat verschiedene Eindrücke: die Individualisierung, Angstfreiheit, Grundsicherung. Eine Sache ist die Abwendung vom Management von Arbeitslosen zu einem Management von Ressourcen. Es geht lediglich darum, Angebote zu schaffen. Menschen zusammen zu bringen. Die laufende Technisierung erlaubt einen großen Grad von finanzieller Unabhängigkeit. Die optimale Situation ist eine angstfreie Existenz. Deren Ressourcen als freie Entscheidung mit den Kapazitäten anderer Individuen zusammengefügt werden kann. Sowohl die linken als auch die rechten Strömungen erkennen das nicht korrekt. Die Rechten und Konservativen sind von Angst und Misstrauen zersetzt. Die Linken von Kontrollwut und ebenfalls Misstrauen. Aus der Unterstützung jedes Einzelnen und dem Vertrauen auf die Kreativität und den eigenen Ausdruck kann eine neue Wirtschaft entstehen. Das funktioniert speziell durch eine Grundsicherung. Verbunden mit dem Verständnis des eigenen geringen Bedarfs. Diese Sicherung sichert ein angstfreies, würdevolles Leben. Und sie ist ein Geschenk an den Einzelnen, aber viel mehr an die Gesellschaft.

Und wie soll das finanziert werden? Letzten Endes ist es eine Frage der Automatisierung. Geldströme repräsentieren Leistungspotentiale. Aber die Maschinen erlauben große Produktionsleistungen von elementaren Bedürfnissen, Anforderungen. *(Ich seh da mehr sowas wie Tomaten und Gemüse und so Zeug, Anm. Johannes.)* Diese Frage hat viel zu tun damit, wer bist du und was brauchst du?

Das zentrale Problem ist Misstrauen und Machtverlust. Aber nicht des Einzelnen, sondern der gegenwärtigen Eliten. Auch das ist mit Misstrauen verbunden. Es ist eigentlich ein Demokratisierungsprozess. Der zum Heben des vollen Potentials führen kann. So wie Monarchien und Adelssysteme ineffizient... hochgradig verschwenderisch mit menschlichen Ressourcen sind, so sind die nachfolgenden autoritären Systeme weit entfernt von echter Leistungsfähigkeit. Sie scheitern an mangelndem Vorstellungsvermögen. Und altem Klassendenken.

Ist ein bedingungsloses Grundeinkommen ein sinnvoller Schritt für unsere Gesellschaften? Der Zustand des Grundeinkommens ist nahezu ideal. Der Weg dorthin und die konkrete Ausformung stoßen aber auf viele mentale Hürden.

Allerdings! Letzten Endes ist es eine Frage des Bewusstseins jedes Einzelnen. Auch, wie mit Rückschlägen umgegangen werden kann. Nicht in Angstreaktionen zu verfallen. Tatsächlich die neuen Ressourcen zu nutzen. Strukturen aufzubauen, um Ressourcen zusammen zu führen. Ein neues Verständnis von Organisationen und Kooperationen zu entwickeln. Weg von der Eigentumszentrierung auf Ergebniszentrierung.

Das wollte ich vorhin schon fragen: Wird es nicht immer Menschen geben, die mehr besitzen wollen, ein Haus mit einem schönen Pool, ein Ferienhaus, ein teures Dritt-Auto etc.? Verschiedene Aspekte: Immer ist ein sehr langer Zeitraum. Das zweite ist: Menschen, die Dinge anreichern, haben auch ihren Nutzen. Unter anderem dienen sie als Anschauungsmerkmal und ihre Ideen können lustig sein. Die Interaktion mit ihnen öffnet die Frage zur Bedeutung von "viel" und "wenig". Hinsichtlich dessen bedeutet "viel" eine Erhöhung von Bedeutung oder eine Erhöhung von Einfluss.

Das Problem ist die Gleichstellung mit Bedeutung. Aber es gibt Individuen, deren Fokus für die Projektentwicklung sehr sinnvoll sein kann. Die Frage ist, auf welche Art sie diese Ressourcen bekommen und die Freiheiten, sie zu nutzen. Eigentum ist schlicht gesellschaftlich gewährtes Vertrauen in die Leistungsfähigkeit. Es ist keine Garantie für Leistungsfähigkeit und kein Gott gegebener Bonus. Wie die Knolle einer Pflanze. Deren Stärke dazu dient, eine neue Pflanze wachsen zu lassen. Aber vergiss nicht, dass die Knolle aus vielen Zellen besteht. Die eigentliche Leistung kommt von den einzelnen Zellen. Und so ist die Rolle des reichen Menschen die des Organisators und Fokuspunktes. Auch wenn die eigentliche Leistung von den Zellen kommt, von den Menschen, die organisiert werden. Insofern ist Reichtum ein Versprechen von Kreativität, das eingelöst werden sollte. Denn aus keinem anderen Grund gewährt die Gesellschaft Reichtum.

Wenn wir über diese Grundsicherung, dieses bedingungslose Grundeinkommen sprechen, in welchem Zeitraum könnten die Menschen das realisieren? Morgen.

Haha! Es ist weniger eine Frage der Praktikabilität als der mentalen Überwindung. Auch würde so ein System im Fluss sein. Es würde mit Fehlern und Mängeln in die Welt kommen und würde sich weiter entwickeln, wie sich eure Kultur und Technologie weiter entwickelt.

Also es würde wachsen? Es würde wachsen und besser werden. Der entscheidende Aspekt ist der Fokus auf den Vorteil statt auf die Angst. Das Freisetzen von Kreativität und Ressourcen. Das Erschließen von bisher ungenutzter Energie. Speziell die Freunde der Leistungsgesellschaft könnten sich dem nicht verwehren.

Aber die verwehren sich besonders, weil sie nicht einsehen, warum jeder ohne Leistung etwas (nämlich die Grundsicherung) bekommen sollte! Angst.

Ja. Auch Angst vor Bedeutungsverlust.

Wie kann man solchen ängstlichen Menschen helfen, das zu verstehen? Demonstrieren. Vorleben. Nicht alle Ängste können im Vorhinein entfernt werden. Gerade die konservativen Ängste werden gelöst durch Erleben. Große Krisen können helfen. Aber im Zentrum steht das Überwinden der Angst. Das ist auch ein individueller Prozess. Und Bildung. Desto höher und egalitärer die Bildung ist, desto gleichmäßiger das Empfinden der menschlichen Würde ist, desto weniger Widerstand gibt es. Das Problem liegt im Kern am Klassendenken. Seht ihr euch als eine Gruppe? Eine Menschheit? Dann steht dem Nichts im Wege.

Sollten Religionen eine wichtige Rolle in unseren Gesellschaften spielen? Transzendierte Religionen dienen dem Verständnis eines Meisters.[35] Einer Bewegung. Sie

---

[35] Anmerkung der Autoren: Unseres Wissens existieren keine bekannten menschlichen Religionen die als transzendiert angesehen werden. Dieser Satz kann also insofern verstanden werden, als die Transzendierung (in etwa: dahinter blicken) das Verständnis auf die

müssen im Kontext ihrer Entwicklung und Kultur gesehen werden. Religionen bieten sinnvolle Philosophien[36]. Und sie lassen einen erleuchteten Menschen erahnen. Manche zumindest. Darin liegt ein Wert. Auch der Wert, die Erfahrungen über die Generationen und Zeitalter hinweg wahrzunehmen. Die Bedeutung der Religionen liegt vor allem in ihren philosophischen Schulen. Dinge, die man aus ihnen lernen kann. Wenn man sie mit gewisser Distanz betrachtet. Entfernt die Absolutheit. Oder seht sie im Moment.

Welcher Gesellschaftsform streben wir derzeit entgegen?
(lacht) Einer Demokratie, aber im Spannungsfeld ihres Gegenteils. Um wirkliche Demokratien zu entwickeln, müssen viele Ängste überwunden werden. Und es bedarf des Bewusstseins in der Bedeutung jedes Einzelnen. Demokratien leben vom Einfluss und vom Beitrag jedes Einzelnen. Was ihr lebt, sind gewählte Hegemonial-Systeme. Echte Demokratie bedingt höhere Bedeutung und Selbstverantwortung des Einzelnen. Das Ende schult, an andere zu delegieren. All diese Widerstände brechen auf. Viel Angst. Und die erlebt ihr um euch herum. Es strebt zu einer Demokratie. Aber all das, was nicht demokratisch ist, wehrt sich enorm. Auch, was nicht demokratisch in jedem von uns ist. Der Machtverlust der Eliten ist zu spüren. Kampf um Angst und Bedeutung. Unklare Visionen über den Ausgang. Viele andere Fragen sind auch von Bedeutung wie Identität von Gruppen. Von zentraler Bedeutung ist die

---

ursprüngliche Botschaft getragen durch einen erleuchteten Menschen möglich macht.

[36] Anmerkung der Autoren: Wir wurden darauf hingewiesen, dass zumindest im westlichen Sprach-gebrauch Religion und Philosophie einander aus-schließen. Wir schlagen vor, Philosophie vor dem geistigen Auge mit „Denkschule" zu ersetzen, um in keinen fachlichen Streit über Wortbedeutungen zu geraten.

Definition von Zielsetzungen. Und das Überwinden von Ängsten. Der Bewusstwerdung von Ängsten. Die Entwicklung neuer demokratischer Mechanismen. Und ich spreche nicht von Basisdemokratie. Die Technik erlaubt euch, neue Wege zu gehen. Und Demokratie als einen kreativen Prozess zu verstehen und nicht nur eine Abstimmungsmethodik. Die allzu häufig nur eine Sanktionierungsmethodik ist. Oder Legitimierungsmethodik. Das Durchwinken der Entscheidungen anderer. Praktisch schon jetzt für euch, bedeutet das nicht, hierarchische Strukturen zu verlassen, lediglich ihre Transparenz zu erhöhen. Das Selbstverständnis und die Bedeutung von Schlüsselpersonen. Ihre Bedeutung ist mehr die von Organisatoren.

Reden wir da von Politikern? Charismatischen Personen, deren Bedeutung es ist, existierende Strömungen zu fassen und umzusetzen. Die es jedoch tun, des Umsetzens willen. Das geht ein bisschen Richtung Servicedienstleister. Da ist natürlich schon die Freude, mit vielen Menschen zu arbeiten, aber zentral auch die Frage der technischen Umsetzung. Während die persönliche Macht keine substantielle Rolle spielt. Das geschieht durch die relative Aufwertung der Individuen im Entscheidungsprozess. Nur Könige können regieren. In einer respektvollen Gesellschaft kommt das Regieren zum Ende, es gibt nur Repräsentationen. Die schlicht der organisatorischen Effizienz dienen.

Welche Gesellschaftsform wäre optimal für uns? Es ist eine freie Gesellschaft. Die auf der Gleichwertigkeit der Individuen aufbaut. Und zwar tatsächlich. Das bedingt aber auch eine Förderung der Individuen. Und ein Ende von Klassendenken. Es kann funktionale Differenzierungen geben. Aber das Ende von Wertigkeiten ist entscheidend für die Nutzung der Kapazitäten. Eine egalitäre Gesellschaft, eine wahrhaft egalitäre Gesellschaft von gleichwertigen

Individuen. Sie dient der vollen Entfaltung der inneren und äußeren Potentiale. Strukturen werden nach Bedarf gebildet. Das setzt Mechanismen voraus, die von geeigneten Individuen entwickelt werden können. Wie in einer differenzierten Schule werden die Kapazitäten einzelner Individuen wahrgenommen und eingesetzt. Hierarchien dienen lediglich der Schlichtung, Ordnung und schnellen Entscheidungsfindung. Aber das Bewusstsein existiert, dass diese Hierarchien lediglich transient und funktional sind. Es existiert kein innerer Unterschied der Individuen. Und die...hmmm... die Macht liegt nicht mehr in Regierungen. Sie sind tatsächlich lediglich Ausdruck der Individuen. Und dienen der Organisation.

Ist diese Gesellschaftsform für die Menschen jemals erreichbar? Oder nur Utopie? Ein schrittweiser Prozess der auf der Eigenverantwortung der Individuen aufbaut. Fühle ich mich verantwortlich für mein eigenes Leben? Bin ich bereit, Kapazitäten zu teilen?

Kannst du mir einen Zeitraum nennen, in dem diese Gesellschaftsform erreichbar sein könnte? Graduell und in Schritten. Kein harter Bruch ist sinnvoll. Aber der Zeitraum der mir vorschwebt ist 70 Jahre. Zwei bis drei Generationen.

Gar nicht so weit weg! Nein.

Ist es sinnvoll unsere Gesellschaften in Länder aufzuteilen? Nein. Was sinnvoll ist, ist eine Art funktionelle Gliederung. Administrative Sektionen. Bedingt durch gemeinsame Interessen, einfachere Infrastruktur und Ressourcenverteilung. Auch etwa, wenn verschiedene Spielregeln in verschiedenen Regionen gelten sollten. Das Regionenkonzept ist sinnvoll, der Nationalismus- und Identitätsgedanke ist es nicht. Es handelt sich um künstliche Trennungen. Die Hass und Zwietracht erzeugen und mangelndes Verständnis fördern. Sie dienen auch dem

Schutz vor anderen ungünstigen Ideologien. Sie sind derzeit auch Eindämmungsfelder für verschiedene Formen des Irrsinns.

Also ist es derzeit noch sinnvoll? Sie haben ihre Nützlichkeit. Aber sie haben keine Bedeutung für entwickelte Individuen.

Kurz gesagt, wir sind noch nicht soweit? Das ist ein wechselseitig beeinflussender Prozess. Das Auflösen von Nationen kann auch den Individualisierungscharakter fördern. Das Problem ist das Gefühl von Verlust von Identität. Aber Identitäten können aus Regionen und aus einem Selbst gewonnen werden. Es hat viel zu tun mit der Frage nach Bedeutung der Identitäten. Werden sie gegeneinander ausgespielt oder ist es etwas für den privaten Gebrauch? Etwas, um sich zu Hause zu fühlen? Nationen sind in ihrer Natur aggressive Konstruktionen. Im Zusammenhang mit der Entwicklung einer egalitären Gesellschaft verschwindet das Bedürfnis nach Nationen. Was an ihre Stelle tritt, ist das Gefühl einer Gesellschaft geteilter Zielsetzungen und Werte.

GELD UND FINANZEN

> *"Unglücklich wird es lediglich dort, wo Ressourcen gehortet werden ohne sie zu nutzen."*
> *(Jodol)*

Diese Fragen aus dem Bereich "Geld und Finanzen" wurden uns von einer Entität namens Jodol beantwortet.[37]

Lieber Jodol, kannst du dich zuerst ein bisschen vorstellen, bitte? Er glitzert. Er wirkt schelmisch. *(Anm. Johannes)*

Warst du schon einmal inkarniert, Jodol? Das ist meine private Sache.

Okay, Entschuldigung. (Anmerkung der Autoren: Zum Zeitpunkt dieses Gesprächs war Jodol eher zugeknöpft, aber als wir ihm einige Zeit später die Fragen aus unserem Fragebogen[38] vorlegten, erfuhren wir doch noch mehr über ihn.)

Viele Menschen haben finanzielle Probleme. Die Welt ist so materialistisch geworden. Was ist der richtige Weg aus einer finanziellen Misere? Nicht aufgeben. Die Frage ist immer, wer bin ich und was kann ich geben? Eine finanzielle Misere entsteht daraus, zu wenig zu geben oder gegeben zu haben oder zu viel genommen zu haben.

---

[37] Das Gespräch wurde geführt, aufgezeichnet und niedergeschrieben am 20. Oktober 2017.
[38] Siehe Kapitel „Bonusmaterial".

Im gleichen Leben? Für das Eintreten der Misere. Habe ich nicht genug gegeben, bekomme ich nicht genug zurück. Habe ich zu viel genommen, kann ich nicht genug zurückgeben. In dem Ausgleich von beidem entsteht freier Fluss. Indem du gibst, und von dem Bekommenen zurück hältst, speicherst du. Aber eigentlich ist das Ziel der Fluss.

Okay, aber das ist ja die Gratwanderung zum Alles-beim-Fenster -Rausschmeissen? Die Frage ist, was du tust, mit diesem Geld. Wenn du es zu einer Bank trägst, ist es im Fluss.

Ich muss es nicht ausgeben? Nicht notwendigerweise, nein. Und wenn du es ausgibst, dann gib' es für Dinge aus, die passen zu dir. Im Sinne von: die deinem Plan, deiner Natur entsprechen. Die es dir leichter machen, Dinge zu geben. Wenn du einen schönen Stein kaufst, kann deine Seele aufhellen - einfach weil er dich erfreut. Und solang du ihn betrachtest und er dich erfreut, kann er es dir leichter machen, anderen Freude zu spenden. Unglücklich wird es lediglich dort, wo Ressourcen gehortet werden, ohne sie zu nutzen. Oder sie für andere nutzbar zu machen. Die natürliche Natur von Geld ist, im Fluss zu sein. Weil es nur eine abstrakte Form von Ressource ist. Ein Versprechen, etwas tun zu können. Ein Versprechen von Bewegung. Vielleicht in der Art, wie Stärke in der Knolle ein Versprechen für Wachstum ist. Das heißt, fokussiere dich auf den Fluss, auf Geben und Nehmen statt auf das Festhalten. Überleg dir, was du geben kannst und geize nicht damit. Denk an all deine Worte und Taten, die du geben kannst. Deine Ideen, die du hast. Den Antrieb, den du hast, dich mit anderen zusammen zu tun. Mach es nicht so sehr im Kopf, deine Intuition führt dich zu Gelegenheiten. Die nichts anderes sind als Möglichkeiten, einen Ausdruck zu finden. Das Geld ist dabei nur das Medium des Tausches. Für das, was du gibst, bekommst du. Wenn es nicht genug ist, dann ist es vielleicht nicht das Richtige.

Es heißt oft, Geld ist nichts Anderes als Energie. Warum schaffen so viele Menschen es nicht, diese Energie anzuziehen? Ungünstige Vorstellungen und Selbstblockierungen. Es ist sehr leicht, sich selbst im Weg zu stehen. Durch dogmatische Vorstellungen, wie das zu funktionieren hat. Durch unbewusste Blockaden, frei zu geben oder das Richtige zu geben. Oder durch den Fokus festzuhalten. Versteh' mich nicht falsch, es bedeutet nicht, keine Reserven zu haben. Reserven sind gut und in der Natur oft notwendig. Aber Geld festzuhalten aus Angst macht dich nur krank. Und es behindert die Welt um dich. Aber die entscheidende Frage ist, was kann ich tun, das nützlich ist? Dazu könnte man ausholen, denn nicht alles, was offensichtlich nützlich ist, ist es auch. Und nicht alles, was unnütz erscheint, ist es. Nützlichkeit bezieht sich nur auf einen Bedarf, der existiert oder der geschaffen werden kann. Geld ist nur der materielle Ausdruck eines Stroms zwischen euch. So sehr wir Menschen verzerrt sein können, so sehr können auch diese Ströme verzerrt sein. Aber die Lösung für dich besteht darin, deine eigenen Ressourcen zu erkennen. Deine eigenen Potentiale, Träume und Visionen. Aber tatsächlich die Dinge, die real in dir schlummern. In gewisser Weise existiert Geld nicht. Worum es geht, ist lediglich, was du gibst und das, was du zurück bekommst. Geld wirkt nur, als würde es existieren. Aber was eigentlich zählt, sind die Intentionen zwischen den Menschen. Natürlich entsteht das Geld als physische Entität, es gibt Scheine und Münzen und Einträge in Datenbanken. Aber eigentlich geht es um die Intention, deine Schöpfung zu geben. So wie der Andere empfängt. Das Geld ist lediglich der unmittelbare Ausgleich. Aber auf einer Ebene ist es lediglich das Versprechen des anderen auf Austausch oder Ausgleich. Ich kann also nur raten, nicht auf das Geld zu fokussieren, sondern auf das, was du gibst. Und natürlich muss es passen, denn wenn es nicht passt, verschenkst du. Du erzeugst etwas, das niemand wirklich möchte.

Aber manchmal bietet einer das Gleiche an wie ein anderer und nur der Andere ist damit erfolgreich. Warum? Verschiedene Möglichkeiten. Es passt nur zu einem von beiden. Nur für ihn ist es authentisch. Oder es ist für beide authentisch, aber einer ist blockiert. Für seine tiefe Natur wäre es okay, aber er kommuniziert es anders. So sagt er seinem Kunden, ohne es zu wissen, mein Produkt ist schlecht, so wie ich schlecht bin. Er hört es natürlich nicht, aber trotzdem ist es so. Der Kunde hört es natürlich. Denn der Kunde ist nur einfach ein Gegenüber, der nach einem Austausch sucht. In so einem Fall geht es darum die Ursachen, die Blockaden zu entfernen. Damit das Wesen sich frei ausdrücken kann.

Und wie erkennt jemand, ob es nicht läuft, weil es nicht zu ihm passt oder weil er blockiert ist? Das einfachste ist, andere Menschen zu fragen. Am besten keine guten Freunde. Ehrliche Auseinandersetzung. Ich versuche, dir etwas zu verkaufen und du sagst mir, wie es wirkt. Ich versuche, dir etwas zu geben und du sagst mir, ob du es möchtest. Das kann für beide Situationen ähnlich klingen, aber höre genau hin. Warum möchte der andere es nicht haben? Wenn er es schon möchte, möchte er weniger Geld ausgeben als das, was du möchtest? Sagt er einfach nur ja, um aus der Situation heraus zu kommen? Die Außenwirkung kann dir viel darüber verraten, aus welcher Ecke der Wind weht. Am wahrscheinlichsten ist, dass du die Ausstrahlung hast, das Angebot einfach nicht zu haben. Tatsächlich kann es aber daran liegen, dass es nicht zu dir passt. Oder dass du es nicht hergeben möchtest. Ein

Unterschied könnte sein, dass, so es wirklich nicht zu dir passt, du ermüdest davon. Wenn du aber einfach nur zu wenig Geld damit verdienst, kann es gut daran liegen, dass deine Kunden nicht den Eindruck haben, dass du offen bist für sie. Tatsächlich, auch wenn du für eine Firma arbeitest, für eine Organisation von Menschen, geht es immer um einen Austausch. Frag dich also, was geb' ich ihnen, das sie wirklich benötigen? Und entscheide dich, dich darüber zu freuen, es ihnen geben zu können. Wenn du den Boden putzt, freu dich über den blanken Boden und die Sauberkeit, die deinen Kollegen nützlich sein wird. Wenn du Geschäftsführer bist, freu dich über die Gehälter, die du deinen Kollegen zahlen kannst und über die Gemeinschaft, die deine Firma für deine Kollegen bedeuten kann. Und natürlich über die Güter, Waren, Dienstleistungen, die du mit anderen Firmen tauscht. Es geht nicht darum, Geld zu verdienen, es geht darum, in Austausch zu treten. Deswegen sollte der erste Gedanke nicht das Geld sein, das du verdienen willst, sondern das was du anzubieten hast und gerne gibst. Wenn du eine Prostituierte bist, dann ist das gut, solange du das gerne gibst. Wenn du ein Polizist bist, dann ist es gut, solange du gerne Sicherheit gibst. Wenn du ein Flüchtling bist, dann ist es gut, solange du die Möglichkeit zu helfen anbietest. Und solange das tatsächlich in deiner Natur steht. Irgendetwas haben Menschen immer anzubieten, und sei es nur ihre Gegenwart.

Wie kann man es schaffen, von seinem Herzensbusiness zu leben? Das hängt davon ab, ob es ein echter Herzenswunsch ist. Es gibt auch Fiktionen, die so hell strahlen, dass sie wie ein Herzenswunsch wirken können. Es kann schon sein, dass auch die gut gelebt werden können. Das Bewusstsein ist mächtig. Und es kann eine Möglichkeit sein. Aber ein Herzensbusiness besteht in erster Linie aus einem Herzensangebot. Etwas, das man nicht vermeiden kann, anzubieten. Es muss einfach sein, ob man Geld dafür bekommt, oder nicht. Und auch wenn man kein Geld dafür bekommen würde, man müsste es anbieten, einfach weil das Herz sonst blutet. So eine Herzenssache spürt die Welt. Und sie kommt dir entgegen. In gewisser Weise bekommen nur solchen Dinge wirklich Realität.

Wenn ich finanziell nicht erfolgreich bin, heißt das, dass ich nicht mein echtes Herzensbusiness lebe? Nein, nicht notwendigerweise. Es heißt nur, dass etwas nicht ganz im Lot ist. Es könnten Details sein, es könnte bedeuten einer Fiktion aufzusitzen. Es könnte auch bedeuten, dass die Zeit noch nicht reif ist. Es könnte auch sein, dass du Blockaden hast, dich mehr in Fantasien verlierst, statt in der Frage, wie du direkt mit den Menschen interagierst. Denn von denen bekommst du letzten Endes das Geld. Das Herzensbusiness, ein interessanter Ausdruck. Letzten Endes ist es die Frage, was genau du im Herzen trägst und es nicht so sehr abhängig machst, von der Frage, ob es ein Business ist. Wenn es dir wirklich wichtig ist, dann tu es. Nicht alle Möglichkeiten sind offensichtlich erkennbar, manchmal benötigt es andere Menschen oder Situationen, an die dich dein Tun heranführen kann. Und frage andere Menschen nach deiner Außenwirkung. Sie können dir darüber erzählen, wie du auf andere wirkst, was genau du ausstrahlst. Sobald du das weißt, kannst du damit arbeiten. Das ist eine Hürde. Das kann etwas Unangenehmes an sich haben. Aber im Sinn des Austausches ist es sehr nützlich. Und natürlich ist die innere Stimme, die Intuition, das, was dich zu deinem Herzensbusiness führt. Abseits aller Fantasien.

Den nächsten Teil zu diesen Fragen hat uns Echnaton zu einem späteren Zeitpunkt beantwortet.[39]

Warum haben so viele Menschen ein Thema mit Geld? Das ist grundsätzlich eine Mangelsituation. Aus der sowohl Abneigung als auch übersteigerte Zuneigung entstehen kann. Das Gefühl, zu wenig zu haben und als Reaktion zu verzweifeln oder grundsätzlich in Ablehnung zu wechseln. Aber im Kern ist es die Angst vor dem Zuwenig und vor dem Nichtgewachsensein. Also steckt auch eine Identitätsfrage drin. Wenn die Erfolgreichen viel Geld haben, wer bin ich dann? Auch die Ideologien, die Geld grundsätzlich ablehnen, können - aber müssen nicht - aus diesem Mangelgedanken entstehen und formen ihn entsprechend. Geld ist an sich nur ein neutrales Medium des Austausches. Wer Geld ablehnt, lehnt den Austausch ab. Und darin liegt die eigentliche Natur der Angst. Eigentlich ist es die Angst, nicht geben zu können. Oder nichts zu geben zu haben.

Aber fördert unsere Konsumgesellschaft nicht den Gedanken, nicht genug zu haben beziehungsweise, sich nicht alles leisten zu können? Ja, das ist aber nicht die Schuld des Geldes, Geld dient nur als Fokus. Geld ist, wie gesagt, neutral. Aber man kann den Besitz zu einer heiligen Kuh erklären. Identität erzeugen mit Besitz.

Aber kann man eine gute Beziehung zu Geld haben und trotzdem glücklich sein in unserer Konsumwelt? Oder geht das nur, wenn man weniger Besitzdenken hat? Das Problem ist... das Thema ist eigentlich die Anhaftung. Geld ist nützlich und steht für Dinge, die gemacht werden können. Das Suchen nach Sicherheit und das Nicht-Mehr-Hergeben-Können machen krank. Einen selbst oder die anderen. Das

---

[39] Das Gespräch wurde geführt, aufgeschrieben und aufgezeichnet am 13.November 2017.

Problem ist eigentlich nicht... Es gibt verschiedene Aspekte. Sich selbst zu definieren über Gegenstände ist eine Verzerrung. Ebenso sich selbst zu definieren über Sicherheit ist eine Verzerrung. Das kann angenehm sein, aber es macht abhängig. Außerdem hat Konsum einen Suchtfaktor. Befriedigung von Bedürfnissen, die nicht erfüllt sind. So wie Sexualität dient Geld der Befriedigung verschiedener Bedürfnisse - ohne sie wirklich zu befriedigen. Eigentlich ersetzt es die Sicherheit, die aus sozialen Beziehungen kommt. Wenn es so eingesetzt wird, wird es zweckentfremdet.

Ok, ich verstehe da so ein bisschen, dass man sich nicht wie Dagobert Duck verhalten sollte, sondern sein Geld im Fluss halten. Aber es gibt ja Menschen, die schmeißen ihr Geld mit beiden Händen zum Fenster raus. Wie kann man die richtige Balance finden? Geld wegzuwerfen, bedeutet auch seinen Wert nicht wertzuschätzen. Es ist nicht so, dass Geld einen Menschen an sich vergrößert oder besser macht, aber es bietet Möglichkeiten. Diese Möglichkeiten nicht nutzen zu wollen, weist darauf hin, nicht Anteil nehmen zu wollen am Austausch, der sein könnte. Es wieder loszuwerden, bevor man damit etwas Kreatives tun kann. Geld bedeutet auch eine gewisse Bedrohung. Die Bedrohung tatsächlich realisieren zu können. Wer kein Geld hat, hat dieses Problem auch nicht. Kann sich in der Sicherheit wiegen, passiv bleiben zu können. Passiv im Sinne von nicht kreativ schaffend. Es kann also beruhigend sein, Geld auszugeben, wenn man Angst vor den eigenen Möglichkeiten hat.

Was ist, wenn in einer Partnerschaft nur einer viel Geld hat und der andere wenig? Das hängt von der Natur der Partnerschaft ab. Grundsätzlich besteht die Frage, worin die Partnerschaft besteht. Wenn beispielsweise Firmen Partner sind, dann geht es um eine Arbeitsteilung. Jeder macht, was er gut kann und gemeinsam wird etwas Besseres hergestellt. Jeder hat seine eigenen Budgets, gemeinsame Gewinne werden geteilt. Bei Menschen ist es schwieriger. Weil Partnerschaften auf verschiedenen Ebenen existieren können. Die Frage besteht dann, worin die Partnerschaft besteht. Warum man das trennen möchte oder warum man vereinigen möchte. Es gibt Asymmetrien, die überwunden werden, indem es einfach gemeinsamer Besitz ist. Und es gibt Asymmetrien, die bestehen können, ohne dass darin ein Problem liegt. Und sie können Ausdruck oder eine Möglichkeit für Machtausübung sein. Im Fall von Machtausübung ist es eine thematische Beziehung. Eine Konfrontation der Egos.

Dann gibt es da noch die Partnerschaften, wo beide kein Geld haben... Man kann auch kein Geld haben und damit glücklich sein. Die Frage ist - unabhängig davon, ob man zusammen oder allein ist - ob ein Mangel existiert oder einfach nur wenig da ist. Kein Geld zu haben, kann auch sehr frei sein. Es dient der Bindungslosigkeit. Denn wie gesagt, Geld ist auch Verantwortung. Wenn zwei Menschn zusammen kein Geld haben und es eigentlich bräuchten, unterscheidet sich das nicht von der Situation, alleine kein Geld zu haben. Aber wirklich nur zu zweit kein Geld zu haben, bietet auch die Möglichkeit, zusammen frei zu sein. Es ist eng verwandt mit der Frage, was man benötigt. Es ist nicht leicht, allgemeine Antworten auf diese Fragen zu geben, weil es eher von der konkreten Situation und Person abhängt. Geld kann Segen und Fluch sein. In der subjektiven Wahrnehmung. Abhängigkeitsbeziehungen zu Geld sind der Schlüssel, unglücklich zu sein. Aber nicht wegen dem Geld, sondern weil es bedeutet, unvollständig zu sein. So oder so bedeutet es, einen Mangel zu haben, der durch etwas Unsicheres gefüllt wird. In dieser Situation ist gut zu fragen, was bedeutet Geld für mich? Was fehlt mir eigentlich? Was möchte ich haben? Was kann es mir geben, was mir Menschen nicht geben?

Was wäre eine gute Wertanlage? Ein malerischer Berg. Eine gut gehende Firma. Das sind die einzigen materiellen Werte, die wirklich Bestand haben. Der Berg steht generell für Land.

Also Immobilien? Eher unberührt. Landschaft. Wegen ihrer Formbarkeit. Und weil ein Bedürfnis nach Landschaft besteht. Das wird wachsen. Firmen deswegen, weil sie lebendig sind und wachsen können. Weil sie sich selbst erhalten und regenerieren können. In Firmen zu investieren, bedeutet, in lebende Wesen zu investieren.

Zählen da auch Aktien von Firmen dazu? Auch, ja. Anteile sind Teile von Firmen, ja. Es ist jedoch gut, eine persönliche Beziehung zu den Firmen zu haben. Die Investition in Firmen und ihre Anteile bedeutet auch, einen realistischen Anteil an Wachstum zu haben. Es ist nicht so entfernt von der Lebensrealität wie komplexe Spekulationen. Es hat eine reale materielle Komponente und ist gleichzeitig lebendig.

Was wäre eine gute Altersvorsorge? Eine Wohnung oder ein Haus. Ein Ort, an dem man leben kann.

Aber die wenigsten Menschen können sich das heutzutage leisten. Ja, in diesem Fall ist es die Gesellschaft, die sie trägt.

Also Pensionen? Pensionszahlungen sind eine Formulierung davon. Im Endeffekt ist es die Stützung durch soziale Systeme. Durch Familien, durch Strukturen, die wie Familien funktionieren. Größere Gemeinschaften. Es gibt verschiedenen Strukturen, in denen Ältere durch Jüngere gestützt werden. Die Abhängigkeit von Geld gibt Geld zu viel Fokus. Die Frage ist, wogegen man das Geld eintauscht.

Geldsysteme sind eine Möglichkeit. Aber die engere Integration der Generationen ist mächtiger. Lebensformen, die das unterstützen.

Wenn ich mir das so anhöre, denke ich, früher war das eher noch so. Dass die Menschen eigene Häuser, Land hatten und in einer Gemeinschaft sprich Großfamilie zusammen gelebt haben... Ja. Aber das hat viel mit Notwendigkeit zu tun. Geh noch weiter zurück. Nicht wegen den Lebensbedinungen, sondern wegen dem Selbstverständnis. Völker, die noch keine Häuser haben. Bei denen Besitz noch schwächer definiert ist. Mehr als Nutzungsrecht. Kleinere Gruppen von Menschen, die intensiver zusammen leben. Gemeinschaftlicher. Das ist ein Gegenkonzept zur Einsamkeit. Es ist die natürlichere Art zu leben. Das Konzept zumindest. Es ist zu reflektieren, was die Vorteile der Einsamkeit sind. Das kann viel zu tun haben mit nur alleine bestehen können in seiner Eigenart. Oder Angst zu haben davor, nur alleine bestehen zu können in dieser Eigenart. Geld ist auch ein Ersatz für diese Gemeinschaft. Oder so wird es genutzt. Auch der Kommunismus hat versucht, diesen Zustand wieder herzustellen, ohne es richtig zu treffen. Denn das Problem ist nicht das Geld, es ist die Verbundenheit. Die natürliche Risiken in sich trägt. Sie bringt, sich selbständiger und neuer entwickeln zu können. Aber eine ideale Gesellschaft erlaubt beides. Das ist natürlich in erster Linie eine Frage der Angst der Menschen. Und es kreist um die Frage der Identität.

Warum ist Geld auf der Welt ungerecht verteilt? Was können wir dagegen tun? Es gibt Menschen, die damit besser umgehen können als andere. Das kann verschiedene Ursachen haben. Eine ist, ein kreativer Magnet zu sein. Es gibt immer wieder Menschen, die in der Lage sind, Geld anzuziehen und es so kreativ einzusetzen, dass es in ihre

Nähe sprudelt. Es gibt soziale Schieflagen, Geld, das sich selbst erhält. Das einfach da ist, weil es da ist und mehr wird. Das einfach aus sich heraus wächst.

Wie zum Beispiel? Menschen, die reich sind und noch reicher werden. Ohne wirklich ein adäquates Leistungsäquivalent zu bringen. Das liegt in der Sicht, das Geld wichtiger ist als Menschen. Das entsteht aus einer fundamentalen Abkehrung von der ursprünglichen Bedeutung. Bei dem Geld nur ein Austausch-Intermediat ist. Ja, ein neutrales Speichermedium. Ein Kurzzeitpuffer für mehr Diversität. Aber daraus entstanden ist eine gesellschaftliche Schicht, die in ihrem Kern getrieben ist durch Annahmen über den Wert anderer Menschen. Wo Geld ursprünglich zum Austausch zwischen Menschen war, macht es den Menschen zum Verkaufsgut. Zum handelbaren Wert. Das ist das eigentliche Problem von viel Geld. Es kann missbraucht werden, um Menschen zu verwerten, bewerten, im monetären Sinn. Es nimmt ein Stück der Würde und vernichtet die Gleichheit. Das sind Prozesse, die im Reichtum liegen, aber nicht in jeder Situation liegen müssen. Es gibt auch Menschen für die es nur ein kreativer Ausdruck ist oder ein Medium für kreativen Ausdruck.

Wie kann man seine Beziehung zu Geld verbessern? Man kann sich damit auseinandersetzen, was man damit eigentlich tut. Was tue ich, wenn ich Geld ausgebe? Man kann sich vergegenwärtigen, was man eigentlich mit dem Geld tut. Was man eigentlich benötigt. Und was man dafür gibt. In manchen Situationen liegt es auch an der Art des Zusammenlebens. Nicht für jeden Menschen ist es geeignet, allein zu leben. Manche wären besser aufgehoben in Gemeinschaften. Mit wechselseitiger Arbeitsteilung. Weil nicht jeder den gleichen Zugang zu Tausch hat. Und nicht jeder etwas zu tauschen hat, das leicht in Geld umzuwandeln ist. Das heißt, jeder könnte etwas tauschen, das in Geld umzuwandeln ist. Aber nicht immer besteht die unmittelbare Möglichkeit dazu. Oder unmittelbarer Zugang.

Kannst du mir ein Beispiel nennen? Ein schwer behinderter Mensch zum Beispiel. Auch der hat Dinge zu geben, die in Geld umzuwandeln sind. Für den passenden Menschen. Aber ihm fehlen möglicherweise die Möglichkeiten, das in die Realität umzusetzen. Was nicht bedeutet, dass es nicht auch für ihn möglich wäre. Das hat mit dieser Frage von Angebot und Nachfrage zu tun. Aber auch dem Bewusstsein, worin die Bedürfnisse wirklich bestehen. Wie ich gesagt habe, Geld ist nur ein Intermediat. Manchmal ist es besser, den direkten Schritt zu machen. In persönlichen Beziehungen zum Beispiel. Als Beispiel: Ein Mensch könnte einen anderen Menschen bezahlen, um geliebt zu werden. Aber sie können sich auch gegenseitig lieben. Was ich meine ist, dass Geld wirklich nur ein Zwischenschritt ist. Manchmal macht es Sinn, eine Währung in eine andere umzuwechseln. Dann ist Geld sinnvoll, es dient der Flexibilität. Im Falle des behinderten Menschen kann er einem anderen die Möglichkeit bieten, sich um ihn zu kümmern. Natürlich könnte dieser Mensch dem behinderten Menschen Geld geben. Aber sie können sich auch einfach in der Pflege austauschen. Was ich damit ausdrücken möchte ist, dass es nur darum geht, was man eigentlich tauscht. Dementsprechend ist der Fokus auf das Geld nicht sinnvoll, sondern lediglich auf das, was benötigt wird. Vieles benötigt kein Geld, um zum Ziel zu kommen. Es ist lediglich das Versprechen von Sicherheit, was das Geld so attraktiv macht. Aber es befriedigt nicht das eigentliche Bedürfnis, abgesehen von dem nach Sicherheit.

Wie kann man Geld mit Leichtigkeit anziehen? Das ist einerseits eine Bewusstseinsfrage. Wenn es natürlich ist für dich, Geld zu haben, dann wird das Geld da sein. In gewisser

Weise ist diese Haltung schon etwas, das du gibst. Du gibst dem anderen die Sicherheit, dass du Geld verdienst. Die andere Möglichkeit ist, auf den Tausch zu fokussieren. Auf das, was du gibst, im Bewusstsein, dass es Wert hat. Gegeben die notwendige Sichtbarkeit, wirst du damit in den Tausch kommen. Wenn du die beiden Möglichkeiten kombinierst, wird es umso besser funktionieren. Es gibt noch Individuen, die den Geldschritt auslassen. Die einen Ausdruck der Kreativität erzeugen. Dinge, die so intensiv sind, dass sie Aufmerksamkeit anziehen. Geld ist da nur ein abstrakter Ausdruck des Interesses. Das ist die Energie der Materialisierung. Das Geld drückt dann einfach nur das Interesse der anderen Menschen aus.

Bei Künstlern? Ja oder manchen Unternehmern. Es ist dabei wichtig, sich vor Augen zu führen, was Geld eigentlich ist. Es ist ein Ausdruck des Interesses und des Austausches. Geld fließt dorthin, wo das Interesse besteht.

Aber warum besteht Interesse für überteuerte Designerhandtaschen? Designerhandtaschen verkaufen die Möglichkeit, etwas zu sein, was man nicht ist. Sie sind eine Möglichkeit, Identität zu kaufen. In einer Gesellschaft, in der Menschen nicht wissen, wer sie sind, hat die Möglichkeit, sich selbst zu kaufen, hohe Bedeutung. Der Spaß daran ist, dass wir uns noch immer von anderen kaufen, wenn wir das tun. Man könnte so eine Tasche auch selber produzieren, aber den Wert bekommt sie in den meisten Fällen dadurch, dass die Tasche von anderen anerkannt wird. Es ist eine Art, soziale Anerkennung zu kaufen. Eine Art, die ursprüngliche natürliche Anerkennung der Gemeinschaft zu umgehen. Die Initiationsriten alter Gesellschaften hatten auch diese Bedeutung. Klarzumachen, dass eine Entwicklung abgeschlossen ist, das Individuum ein vollständiger Teil der Gesellschaft ist. Wenn eine Gesellschaft das nicht hat, kann in ihr leicht der Bedarf nach Ersatzmedien entstehen. Andere Arten, um Anerkennung zu finden. Das alles passiert in einem düsteren Gewirr an mangelnder Selbstreflexion. Denn damit einher geht auch eine Unterschiedlichstellung. Hat die Initiation die Bedeutung, alle gleich zu stellen - an Bedeutung und Wert, dient die Handtasche einem gekränkten Ego. Sie bedeutet, ich bin nicht genug wert und kaufe mir deshalb etwas, was zeigt, wie gut ich bin. Es kann natürlich sein, dass die Tasche einfach nur schön ist. Aber dahinter kann auch diese tiefe Verletztheit und Einsamkeit stehen. Wie es ist, muss jeder für sich selbst differenzieren. Benötige ich diese Tasche, um jedem zu zeigen, was ich wert bin oder ist mir der Wert egal und es geht tatsächlich um die Tasche.

Soll oder darf man für spirituelle Arbeit Geld verlangen?
Das ist sehr schwer in Worte zu übersetzen. Es spricht nichts dagegen. Es ist so natürlich, dass nicht viel zu sagen ist dazu. Es ist ein Austausch wie jeder andere. Wie jeder andere Austausch muss er nicht über Geld funktionieren. Es kann auch ein Austausch von Schüler und Lehrer sein, der für beide in sich befriedigend ist. Es kann auch ein Austausch zwischen anderen Menschen sein, die einfach nur im Austausch stehen. Damit meine ich, dass sie einfach nur ihre Wesenszüge austauschen, einfach nur Worte austauschen. Aber auch Geld ist eine Möglichkeit. Es hat viel mit der Intention zu tun, warum man etwas tut. Aber sogar wenn die Intention nicht gut ist, geht es um die Frage, ob der Tausch gut ist. Bekommen beide, was sie benötigen? Ein Lehrer muss nicht frei sein von Egoismen, um ein guter Lehrer zu sein. Der Umstand, dass es eine spirituelle Handlung ist, trifft keine Aussage über die Frage des Geldes. Wie ich gesagt habe, Geld ist neutral. Es ist allerdings auch

nicht so, dass Geld fließen muss.[40] Es hat lediglich damit zu tun, was getauscht wird. Wenn der Tausch für beide Seiten befriedigend ist, dann braucht es kein Geld. Das ist letzten Endes eine Frage des Bewusstseins. Und der geklärten Erwartungen. Ich empfehle, keine Religion daraus zu machen.

Aber das gilt wahrscheinlich für alle Berufsgruppen? Grundsätzlich ja. Und wie ich schon gesagt habe, Geld ist nicht grundsätzlich notwendig, es ist nur ein Intermediat. Probleme entstehen lediglich dort, wo Selbstdefinition und Erfolgsdefinition durch Geld passiert. Und natürlich Steuererwartungen. Das Bedürfnis der Gesellschaft, Anteil zu haben an der Leistung der Einzelnen.

Du meinst, Steuern sind schlecht? Nein, aber schwer einzufordern von einem Stück Kuchen. Das Geld ist praktisch für die abstrakte Abwicklung. Noch schwieriger ist es, mit einem Austausch, der völlig ohne Materie stattfindet. Etwa zwischen einem Liebespaar. Natürlich könnte man eine Liebes-Steuer einfordern, denn der Wert, den die Menschen füreinander bedeuten, ist immens hoch. Aber solang er nicht in Geld ausgedrückt wird, ist er für die Gesellschaft materiell nicht fassbar. Das soll nur ein weiteres Beispiel sein, dass es allgemein um Austausch geht. Und nur ein kleiner Teil davon ist für die Gemeinschaft quantifizierbar.

---

[40] Anmerkung der Autoren: 'nicht fließen' im Sinn von, es muss kein Geld sein, das getauscht wird (d.h. das im Fluss ist).

UMWELT

*"Veränderung ist inhärent nicht positiv oder negativ [...]
Der menschliche Einfluss ist mehr die
Regulation und die Eskalation."
(Seth, Echnaton und Nepomuk)*

Die folgenden Fragen beantworteten uns mehrere Wesen aus der geistigen Welt (Seth, Echnaton und Nepomuk).[41]

Wie ist der gegenwärtige Zustand der Umwelt auf der Erde? Es gibt nicht eine Umwelt. Es gibt viele Fraktionen und Bereiche. Viele verschiedene Ökosysteme, in verschiedenen Zuständen der Anspannung.

Wie angespannt sind die? Unterschiedlich. Es ist eine Spannung, die bedeutet Wandel oder Zusammenbruch. Aber nicht in gleichem Ausmaß. Vom Wandel besonders betroffen sind marine Ökosysteme. Mein Eindruck ist, vor allem die Grundlage, die mikrobielle oder einzellige Zusammensetzung ist im Wandel. In den terrestrischen Ökosystemen gibt es viel Artenreduktion. Konfrontation mit menschlichem Lebensraum. Viele Systeme sind belastet.

---

[41] Das Gespräch wurde geführt, aufgezeichnet und niedergeschrieben am 30. November 2017.

Welches ist am schlimmsten belastet, welches bräuchte am meisten unsere Hilfe oder Aufmerksamkeit? Wasser. Aber eher der Amazonas, also das Süßwasser. Zumindest Urwald, aber sieht nach Südamerika aus. Etwas mit Kettenreaktion in den Nahrungsketten. Die zu einer Belastung speziell diesen Lebensraumes führen kann.

Was könnten die Menschen da tun, um zu helfen? Der entscheidende Faktor ist Konsumverhalten. Speziell Pflanzen und Monokulturen, die Regenwälder verdrängen, sind problematisch.

Wie die Palmölpflanze? Ja. Speziell die Monokulturen verdrängen das robuste Leben.

Aber das ist ja auch eine wirtschaftliche Sache, diejenigen, die Geld mit Palmöl machen, werden damit ja nicht aufhören wollen. Kann unsere Konsumverhalten da wirklich was beeinflussen? Das Konsumverhalten entscheidet den Wert. Geld lässt sich nur machen, wo Interesse besteht.

Gibt es die Klimaerwärmung auf der Erde wirklich? Oder ist es mehr eine Klimaveränderung? Veränderung.

Welche Klimaveränderungen stehen uns weltweit bevor? Regional unterschiedlich. Nördlich sogar eher eine Abkühlung.[42]

---

[42] Kommentar Johannes: Mein spezieller Eindruck dabei war zu diesem Zeitpunkt eigentlich nur die Kühle assoziiert mit dem Norden, was in sich etwas mehr-deutig ist. Ich habe es vorerst als "Im Norden wird es kühler" verstanden. Es bedeutet aber vermutlich eher kühle Regionen bleiben relativ gesehen durchschnittlich weiterhin kühler als der Süden, beziehungsweise bleiben absolut gesehen noch immer einigermaßen kühl. Möglicherweise bedeutet es aber auch tatsächlich zumindest regionale Abkühlung im Norden.

Okay, gehen wir die Kontinente durch. Wie sieht es aus mit Nordamerika? Nordamerika vor allem Wassermangel. Erwärmung, Trockenheit. Nördliches Nordamerika ist kühler, gemäßigteres Klima, wird bewohnbarer. Auch diverser in seiner Speziesauswahl.

Das klingt ja eigentlich positiv? Veränderung ist inhärent nicht positiv oder negativ. Gebiet der USA: trockener, Kanada: gemäßigter, der hohe Norden weiterhin wild und unnahbar. Obwohl es da auch Eindrücke gibt von Heidelandschaften, die vorher nicht existiert haben.

Was ist mit Südamerika? Sieht nach einer teilweisen Versteppung aus. Vor allem ausgehend von den Gebirgen im Westen. Und Mittelamerika. Das Amazonasgebiet ist weiterhin in der Lage Wälder zu bilden. Patagonien wird grüner. So ähnlich wie Kanada.

Wenn wir nach Europa schauen, müssen wir auch unterteilen? Ja. Spanien bis Frankreich hinein hat speziell mit der Trockenheit zu tun. England wird etwas wärmer. Aber der Effekt ist weniger stark als in Kontinentaleuropa wegen dem Golfstrom. Nordeuropa, im Sinne von Norddeutschland, Nordfrankreich, wärmer und freundlicher. Weniger kalt, noch immer feucht. Die Mittelmeerseite ebenfalls Trockenheit. Osteuropa auch trockener, mehr bestimmt durch kontinentales Klima. Im Norden noch immer feuchter.

Mit Norden ist was genau gemeint? In diesem Fall Polen, Russland, so in der Gegend von St. Petersburg. Die Versteppung und Ausbreitung der Steppen sind eine Thematik. Skandinavien so ähnlich wie Nordsibirien ist durchaus belebt. Das Leben wird vielfältiger.

Was genau ändert sich da? Mehr unterschiedliche Pflanzen und Tiere finden Lebensraum. In Sibirien geht das einher mit größeren Veränderungen durch den Permafrost. Methanvorkommen, die aufbrechen. Südeuropa wärmer und trockener. Auch extremere Wetterbedingungen generell. Das heißt, wenn Niederschläge kommen, dann aggressiver. Eine Erosionsthematik spielt auch rein.

Wie ist das gemeint? Im Sinne von... das Substrat, der Boden hält schlechter und wird leichter weggespült. Es ist nicht so, dass Albanien zu einer Wüste wird, aber es wird karger.

Wie sieht es aus mit Afrika? Nördlich der Sahara mehr Niederschläge. Auch an der Arabischen Halbinsel mehr Niederschläge. Auch die Regenwälder am Äquator können sich ausbreiten, zumindest die Klimazone kann sich ausbreiten. Der Süden trockener. Die Sahara scheint zu schrumpfen, insgesamt.

Wie sieht es aus mit Asien? Ähnliche Probleme wie Russland, die Steppen breiten sich aus. Südostasien und küstennahe Gebiete werden feuchter. Also auch grundsätzlich eine Erwärmung. Indien warm, feucht, starke Niederschläge, regionaler trockener, aber im Großen und Ganzen eigentlich feuchter.

Was ist mit Australien und Neuseeland? Neuseeland ein bisschen gemäßigter, im Norden ein bisschen trockener. Australien: der Norden etwas trockener, dafür können sich speziell im Süden und an der Ostküste Wälder ausbreiten.

Von welchem Zeitraum sprechen wir bei diesen Veränderungen ungefähr? Die nächsten 100 Jahre.

Wird es dann immer noch Menschen auf der Erde geben? Wahrscheinlich. *(leichtes Schulterzucken der geistigen Welt im Raum, Anm. Johannes)* Allerdings mit kleinerer Bevölkerung oder weniger bemerkbar, kann beides sein.

Ist die Klimaveränderung eigentlich Mensch gemacht? Oder wäre sie sowieso gekommen? Schon klar Mensch gemacht, doch. Das ist ein bisschen ambivalent, das ist eine Veränderung auf einer Veränderung. Da gibt es eine

Grunddynamik und jeder menschliche Einfluss spielt mit. Es ist auch... das Grundsystem hat große Kraft. Der menschliche Einfluss ist mehr die Regulation und die Eskalation. Das zugrunde liegende System ist aber auch sehr träge. Und lässt sich nur bedingt beeinflussen. Der Klimawandel ist eine akute Bedrohung. Und er reflektiert sehr direkt menschliche Qualitäten. Etwas Aufschäumendes und Ungezügeltes. Also es gibt eine direkte Verbindung zwischen menschlichem Charakter und der Klimaveränderung. Was sich ausdrückt, sind aber in erster Linie unbewusste Aspekte. Dementsprechend hängt die Klimaveränderung auch mit der Aufarbeitung innerer Thematiken zusammen. Oder ihr voller Umfang ist erst erkennbar im Verständnis der menschlichen Mechanik. Da ist ein dringliches Gefühl, dass die intellektuelle Übersicht und Kontrolle limitiert ist. Gewisserweise bringt die Welt zum Ausdruck, was wir in unserer fehlenden Einigkeit nicht erleben.

Ist es sinnvoll, wenn die Menschen die Klimaveränderung eindämmen wollen? Es ist sinnvoll, weil es Bewusstsein schafft. Und es hilft, eine Entgleisung zu verhindern. Der Prozess ist eine Entwicklung, die stattfindet, die aber unterschiedlich intensiv ablaufen kann. Wenn ein System beginnt zu kippen, kann es in ein Extrem verfallen. Und das ist nicht notwendig. Speziell große Trockenheit zum Beispiel.

Wie können die Menschen da vorgehen? Um das einzudämmen? Die üblichen Prozesse. Erneuerbare Energiequellen. Emissionsfreie Energiequellen. Eine große Bedeutung kommt der Ernährung und der Rohstoffnutzung zu.

Was heißt das konkret? Erneuerbare Ressourcen, neu wachsende Fasern, kompostierbare Materialien. Komponenten, die der Zersetzung anheim fallen können, sind leichter zurückzuführen. Die Rohstoffversorgung spielt eine zentrale Rolle dabei. Je mehr nachwachsende Rohstoffe genutzt werden, desto fließender und weniger gravierend ist der Wandel. Die technische Unabhängigkeit von der Welt ist mittelfristig kontraproduktiv. Auch weil es den Eindruck erweckt, gegen den Planeten zu kämpfen. Entscheidend ist die Beobachtung der Veränderung und mit ihr zu arbeiten. Flexibel darauf eingehen zu können. Und gleichzeitig das Verhalten in einer organischen Art und Weise anzupassen. Organisch meint, die Rohstoffwirtschaft als Teil des Planeten zu verstehen. Als Teil der Biosphäre genau genommen. Diese Art der Wirtschaft ist nicht auffällig, sie erzeugt keinen Effekt, der nicht normal ein Teil der Biosphäre wäre.

Ist die „zero waste"[43] Bewegung sinnvoll und hilfreich? Das Bestreben ist sehr sinnvoll. Die realen Motivationen können davon durchaus abweichen. Aber das Bestreben ein Nullsummenspiel zu spielen, das heißt, zurückzugeben, was man genommen hat, in einer austauschbaren Form, das macht viel Sinn. Bei zero waste spielen noch ein paar andere Faktoren hinein, die mit Kargheit zu tun haben. Auch mit der Frage, wer oder was bin ich. Auch Thematiken, die gelöst werden sollten.

Vom Einzelnen? Ja, genau. Aber das grundsätzliche Bestreben, ein niedriges Profil zu haben, nichts zu verbrauchen, das nicht zurückgegeben werden kann, das ist sehr sinnvoll. Daraus ergibt sich ein integriertes Leben. Eines, das mit der Erde viel mehr in Harmonie existiert. Die Zersetzbarkeit ist dabei ein entscheidender Schritt. Es lenkt auch den Fokus mehr auf das Leben, als auf die Objekte.

---

[43] Siehe zum Beispiel https://www.zerowasteeurope.eu/, Stand 30.11.2017.

Ist es auch okay, wenn man nicht ganz zero schafft beim waste? Aber sich bemüht, zu reduzieren? Das ist keine Sache, die bestraft werden würde, oder die Verschlechterung in irgendeiner Art bringt. Es geht um den großen Effekt. Es führt zu einer auch gefühlten Integration mit der lebendigen Umwelt. So sehr wie man das ist, kann man das leben. Wenn das voll ausgelebt ist, führt es dazu, dass der Mensch rückintegriert ist in seiner Umwelt. Aber das ist kein Mangelzustand, sondern hat viel mit den verwendeten Rohstoffen zu tun. In diesem Zustand, wenn er eintritt, ist alles rückführbar. Das ist eher auf dem Weg dorthin eine Bewusstseinsentwicklung und eine Frage der verfügbaren Technologie. Im Zentrum steht aber eigentlich die Verbundenheit zur Erde. Der Wunsch, ihr nichts entreißen zu wollen. Und das Bedürfnis, etwas zurückzugeben. Und wenn es nur ein kompostierbarer Kunststoffbecher ist. Das heißt, die Grundhaltung, die sich entwickeln kann, ist eine fließende und gebende. Die Motivation ist aber nicht Kargheit und Mangel, sondern sie ist lebendiger Fluss.

Kann die zero waste Bewegung groß genug werden, um die Erde zu retten? Sie kann Teil der Entwicklung sein. Zero waste aus Kargheitsmotiven wird nicht ansprechen. Zero waste als Teil eines lebendigen Ausdruckes wird das Leben in den Menschen ansprechen. Es hat tatsächlich auch mit der Reduktion des Verbrauches zu tun, das stimmt schon. Aber damit das wirklich funktionieren kann, muss zuerst der Bedarf in den Herzen gesenkt sein. Sonst wird es stetig als Mangel empfunden. Das kann zwar zur Reflektion nützlich sein, aber es ist auch eine offene Wunde. Das Entscheidende ist also, Ressourcen zu nutzen, die im Fluss des Lebens stehen. Eine bewusste Reduktion passiert Schritt für Schritt. Getrieben durch die Freude, am Leben teilzuhaben. Das meint auch, sich selbst als Teil der Welt zu empfinden, als Teil der lebendigen Sphäre. Denn diese bewusste Nutzung führt zu Achtsamkeit. Das Bewusstsein oder die Entwicklung wird allerdings immer zuerst angestoßen. Letzten Endes ist die äußere Realisierung immer ein Ausdruck des inneren Zustandes.

Braucht die Erde überhaupt Rettung? Die Ökosphäre benötigt Rettung vor dem Entgleisen der Menschheit. Vor dem, was aus Angst und Panik entstehen kann. Oder blindem Ehrgeiz. Die Menschheit ist durch ihre Potentiale ein Risiko. Durch die Trennung von der Erde entsteht der Versuch, sie auszubeuten. Das bedeutet nichts anderes, als aus ihr zu leben. Die Berechtigung, sie auszuweiden und zu nutzen, bis nichts mehr da ist. Das eigentliche Risiko liegt nicht im Wandel, sondern in der Reaktion der Menschheit darauf. Es kann auch zu einer weiteren Abwendung von der Erde führen. Sie als die gefallene Mutter zu sehen, die einen nicht mehr stillen möchte. Mehr auf Technologie und Nichtverbundenheit zu setzen. Und das soll nicht gegen Technologie gerichtet sein, sondern gegen das Verständnis der Technologie. Ist sie ein erweiterter Teil der Fähigkeiten und synchronisiert mit dem Leben? Oder ist sie lediglich ein Werkzeug der menschlichen Selbständigkeit und Unabhängigkeit von der Erde? Dieses Bewusstsein ist zerstörerisch. Es bedeutet, von der Erde getrennt zu leben und sie auszunutzen, bis nichts anderes bleibt als wie Heuschrecken über ein neues Feld herzufallen. Wenn die Menschheit mit dem Wandel im Fluss ist, und mit der Erde in einer gleichberechtigten Verbindung existiert, sodass im Wesentlichen keine Trennung existiert, dann stellt der Wandel kein echtes Problem dar. Es bedingt aber, wirklich flexibel zu sein. Städte aufzugeben. Neue Landstriche zu besiedeln. Vielleicht, weniger Kinder zu haben. Dann ist es synchronisiert.

Wie schlimm steht es mit der Umweltverschmutzung? Es sind verschiedene subversiv wirkende Substanzen in der Umwelt. Die keine sehr drastischen toxischen Effekte haben, aber trotzdem Einfluss nehmen. Hormonähnliche Substanzen und andere Faktoren, die die Expression von Genen[44] verändern. Das ist viel offensichtlicher als große Verschmutzungen. Viel pervarsiver[45]. Die Unkenntnis über Langzeiteffekte mancher Substanzen erzeugt eine Blindheit dafür. Es gibt auch Gegenden, die regional belastet sind, durch Öl und Chemikalien. Oder strahlende Materialien. Speziell das Öl vergiftet viele Böden. Aber die unsichtbare Flut von subtil verändernden Chemikalien verändert die Ökosysteme viel stärker. Das scheint auch einen unbekannten Einfluss auf den Klimawandel zu haben. Eine Beeinflussung der Mikroflora in den Ozeanen. Die zu einer Veränderung der Kohlendioxidabgabe führen. Oder auch der Kohlendioxidkapazität[46].

Bringt Mülltrennung, so wie wir Menschen sie betreiben, der Erde überhaupt etwas? Zuallererst führt sie zu einem Bewusstsein des Verbrauchten. Die praktische Bedeutung ist sehr beschränkt. Aber der Versuch, zurückzugeben, was

---

[44] Kommentar der Autoren: 'Expression' eines Gens bedeutet Information von der DNA in RNA zu über-setzen, die in weiterer Folge selber Aktivitäten entfalten oder weiter in Proteine übersetzt werden kann. Veränderung der Genexpression ist eine grundlegende Art einer Zelle auf Umweltverän-derungen zu reagieren, indem sie die Blaupausen der Gene in aktive Werkzeuge übersetzt. Vielfältige Umweltfaktoren können diese Regulation beeinflussen, nicht immer im besten Interesse der Zelle oder des Gesamtorganismus.

[45] Adjektiv: durchdringender.

[46] Anmerkung der Autoren: die Ozeane sind enorm wichtige Puffer der CO2 (Kohlendioxid) Konzentration, und beinhalten ein vielfaches der Gasmenge die in der Luft vorhanden ist.
http://klimawiki.org/klimawandel/index.php/Kohlenstoffkreislauf, Stand: 15.12.2017

zurückgegeben werden kann, ist sehr sinnvoll. Für die Erde, aber speziell für die Menschen. Es fördert also eine bewusste Entwicklung.

Bringt das ganze Recycling überhaupt etwas? Ja, unter anderem hält es komplexe Rohstoffe von der Erde fern. Das heißt, sie sind nutzbar, ohne zurückgeführt werden zu müssen. Das ist sinnvoll speziell bei Rohstoffen, die recht lebensfern sind.

Wie zum Beispiel? Verschiedene Kunststoffe oder Stähle. Im Fall von Elektronik oder Computerchips kann es dazu führen, dass weniger Materialien aus der Erde gebrochen werden müssen. Also das Recycling an sich ist ein sehr sinnvoller Ansatz. Weil er ein geschlossenes Material-System nahe legt. Es bedeutet auch, bestimmte Ressourcen nutzen zu können, die nicht im vollen Einklang mit dem Leben auf der Erde sind. Das funktioniert, weil sie eben in ihrer eigenen Kette existieren.

Werden aufgrund des Wandels ganze Erdteile verschwinden? Wann? Der Eindruck ist, dass Australien tatsächlich über weite Gebiete versinken kann. Nicht vollständig, aber viel Landmasse verlieren kann. Oder in einzelne Inseln zerfällt.[47] Auch andere Kontinente können große Teile ihres Schelfs verlieren. Oder die Küsten können unter Wasser fallen.

Wann? Das ist gebunden an Antarctica.

Die Polschmelzung? Ja, genau, die Eismasse in Antarctica. Das ist aber nichts Bevorstehendes, sondern eine Langzeitperspektive[48].

---

[47] Anmerkung der Autoren: Für ein derartiges Phänomen wäre ein Meeresspiegelanstieg von etwa hundert Meter erforderlich: http://www.reliefs.ch/meeresanstieg/weltanstieg.htm, Stand 15.12.2017.

[48] Anmerkung der Autoren: die Antarktis hat bei kompletter Eisschmelze das Potential den Meeres-spiegel um bis zu 60 Meter

Stimmt es, das Florida durch den Klimawandel im Meer versinken wird? Brüchig wie ein Sandkuchen. Es wird nicht als Ganzes versinken, aber es wird eine Art Sumpf werden. So ähnlich wie die Keys heute.

Und die Westküste von Florida? Auch. Aber weniger. Es wird ein paar größere Inseln geben.

Wann wird das passieren? Das ist 100 bis 200 Jahre entfernt.

Wird der Planet Erde die Menschen überleben? In gewisser Weise nein. Weil die Spezies sich weiterentwickeln kann. Und ab einer bestimmten Entwicklung sind Zeit und Raum nicht mehr so bedrohlich. Die Erde an sich hat ebenfalls ein Bewusstsein. Aber es ist dafür ausgelegt, mit dem Planeten zu vergehen. Und dann in anderer Form weiter zu existieren. Mehr wie der Sand einer Sandburg, der vertragen wird, um neue Dinge möglich zu machen. Das ist die tiefe Perspektive, die lange Perspektive. Unmittelbar jetzt und hier ist die Erde ein Planet und die Menschheit die Lebewesen darauf. Der Planet an sich ist nicht bedroht. Die Frage ist, wie sich diese Entwicklung zwischen Erde und Menschheit weiter entwickelt. Es ist nicht ganz die von Mutter zu Kind oder von Kind zu Mutter, es ist mehr eine Beziehung zwischen Entitäten. Und die Natur dieser Beziehung wird darüber entscheiden, wie die Sphäre der Erde als lebendiges Wesen sich verändern wird.

---

steigen zu lassen.
http://www.zeit.de/2016/23/antarktis-eis-schmelze-klimawandel-anstieg-meeresspiegel-ostantarktis, Stand: 15.12.2017.

ERZIEHUNG UND AUSBILDUNG

"Schule bedeutet, sich selbst kennenzulernen."
(Echnaton)

Die Fragen aus diesem Kapitel zum Themenbereich "Erziehung und Ausbildung" wurden uns von Echnaton beantwortet.[49]

In welche Richtung sollten Erziehung und Ausbildung gehen? Bei Ausbildung und Erziehung geht es um zwei Säulen. Die Notwendigkeit und den inneren Ausdruck. Bei der Entdeckung der Talente geht es darum, zu erkennen, was da ist oder was sich entwickeln kann. Bei den äußeren Notwendigkeiten geht es darum, die Schnittstelle zur Realität zu finden. Wo bin ich gerade? Wo sind wir gerade? Die zentrale Bedeutung liegt in der ständigen Überprüfung dieser beiden Säulen. Das heißt, nicht das Eine vollständig außer Acht zu lassen zu Gunsten des Anderen. Es nützt nichts, begabte Köche zu haben, wenn es nichts zu essen gibt. Und es nützt nichts, Buchhalter zu haben, wenn es sich eigentlich um einen Künstler handeln würde. Also: praktisch dem Herzen folgen, erkennen, welche Charakteristiken in einem selbst, vor allem in einem selbst oder in einem Schüler vorhanden sind. Die Bedeutung der

---

[49] Dieses Gespräch wurde geführt, aufgeschrieben und aufge-zeichnet am 4. Dezember 2017.

Lehrer besteht sehr zentral in der Unterstützung und Selbstentdeckung. Das ist die wichtigste Rolle der Lehrer. Lehrer helfen dabei, darauf hingewiesen zu werden, was es gibt. Den Blick zu weiten auf die Optionen, die die Welt bietet. Talente zu entdecken, die noch unbekannt sind. Und auf Anwendungen hinzuweisen. *(Johannes' junge Katzen machen Lärm im Hintergrund und bringen uns zum Lachen)* Wie Katzenkinder sehen auch Menschenkinder nicht immer alle Möglichkeiten. Sie sind sehr fokussiert auf ihre gegenwärtige Umgebung. Und das ist gut, in seiner Art. Die eigentliche Bedeutung des Lehrers ist, mehr Erfahrung zu haben und Visionen teilen zu können. Die wichtigste Eigenschaft des Lehrers ist deswegen nicht die Vermittlung von Wissen. Es ist die Vermittlung von Selbsterkenntnis und Anwendung der eigenen Potenziale.

Welche Schulform ist ideal für die Menschen? Eine, die an der Hand nimmt und Raum gibt. Eine, die Gemeinschaft kennt und trotzdem Individualität. Eine, die zusammen führt und hilft, eigene Stärken zu entwickeln. Eine, die zeigt, wie verschiedene Kräfte zusammengeführt werden können, ohne eine der anderen unterzuordnen. Eine, die hilft, sich selbst zu entdecken und alle Möglichkeiten, die das Außen bietet. Schule ist deswegen frei. Schule ist kein Raum der Indoktrinierung. Schule ist Raum der Entfaltung. Schule ist Ort der Entwicklung. Schule bedeutet, sich selbst kennenzulernen. Aber auch die Möglichkeiten, die existieren. Dementsprechend Talente zu entwickeln. Schule besteht aus Angeboten. Die gefordert und gefördert werden können. Der zentrale Antrieb kommt dabei aus den Kindern selbst. Aber nicht, ohne Form zu geben und sie aktiv einzuladen. Letzten Endes ist der Lehrer das Vorbild, dem der Schüler versucht nachzueifern. Und Vorbild ist er auch in seinem Wesen. Und in seiner Näherung an das Thema.

Schule ist allumfassende Ausbildung, die die Trennung zwischen Beruf und Talent aufhebt. Das ist die ideale Schule.

Was hält die geistige Welt von der geplanten Wiedereinführung der Schulnoten in den österreichischen Volksschulen, die derzeit[50] heiß diskutiert wird? Das ist ein Rückschritt aus Angst. Angst vor Unsicherheit. Dem Wunsch, eine Handlung zu setzen.

Also das heißt, das hat mehr mit den beteiligten Politikern selbst zu tun als mit der Schule? Ja. Diese Menschen fühlen sich bedroht durch die Unsicherheit, die mit Notenlosigkeit einhergeht. Es ist die Angst davor, nicht bewerten zu können. Nicht trennen zu können. Vielleicht selber zu ähnlich zu sein. Zu Dingen, die sie ablehnen. Ohne klare Bewertung, die klare Linie zum Regenbogen zu verlieren.

Wie bitte? Was bedeutet das? Der Regenbogen ist die Diversität, die Vielfältigkeit. Die Unterschiedlichkeit, die man in Farben trennen kann, aber eigentlich fließend ist. Das betrifft alles. Männer und Frauen. Tischler und Akademiker. Fremd und Freund. All das kann verschwimmen. Mit den Noten kann man sich daran festhalten. Das ist die tiefere Ursache, warum sie Notenlosigkeit ablehnen. Aber dahinter steckt noch ein Schattenteil. Eine tiefere Verletzung. Die eigene Verletzung durch Bewertungen und Noten. Die sich auf diese Art selbst erhält. Noten existieren deswegen solange wie der Schmerz existiert. Bewusst oder unbewusst.

---

[50] http://derstandard.at/2000068559049/Koalitionsplaene-Schulnoten-wieder-Pflicht-Ausbau-der-Ganztagsschule oder https://kurier.at/politik/inland/oevp-und-fpoe-wollen-zurueck-zu-alten-noten/299.865.757, jeweils Stand: 04.12.2017.

Welche Ausbildungsformen sind ideal? Hmmm. Seminarbasiert im Kontext einer Gruppe, einer Klasse. Die Bedeutung der Klasse ist eine soziale Verbindung herzustellen. Sie gibt Sicherheit und sie unterrichtet Gemeinschaft. Sie hilft auch zu reflektieren, zwischen naher Gemeinschaft und größerer Gemeinschaft. Oder auch anderen Gemeinschaften. Sie hilft, sich gegenseitig zu motivieren und im Fortschritt zu bestärken. Oder gemeinsam die Welt zu entdecken. Die perfekte Schulform motiviert über das Entdecken der Welt und sie entwickelt Fähigkeiten, die bei diesem Entdecken helfen. Schule dreht sich also um Möglichkeiten. Und die Entwicklung konkreter Wege. Das Vermitteln des 'Wozu'. Zusätzlich zu den Fähigkeiten. Als Möglichkeiten einer Anwendung. Schule ist offen. Für neue Ideen und für flexible Zeitentwicklung. Für Dinge, die zusammen getan werden oder alleine. Für Dinge, die im Eigenstudium entwickelt werden oder in gemeinschaftlicher Forschung und Reflexion. Schule hat viel Raum für soziale Entwicklung. Und die Frage, wer bin ich und was bereitet mir Freude. Schüler, die frühzeitig wissen, was sie eigentlich glücklich macht, werden später verantwortungsvolle Erwachsene. Es geht bei Schule also nicht in erster Linie um Räumlichkeiten, es geht um die Art der Vermittlung und den Raum, zu entwickeln. Auch das, was in einer gegebenen Situation passt. Lehrer benötigen deswegen viel Kreativität und Einfühlungsvermögen. Ein guter Lehrer lebt dafür, die Erkenntnisse seiner Schüler zu sehen. Und zu sehen, wie sich deren Stärke entwickelt.

Aber wie ist das mit Berufsausbildungen wie einer Lehre oder Ähnlichem? Eine definierte Ausbildung gibt einen Rahmen vor. Einen Rahmen, auf den man sich zu entwickeln kann. Die Aufgabe des Lehrers besteht dabei, die Begeisterung zu fördern. Zu zeigen, was das für einen Schüler konkret bedeutet. Wie er sein Talent dort konkret entfalten kann. Auch festzustellen, ob die Orientierung wirklich passend ist. Manchmal auch, dabei Fähigkeiten zu entwickeln, die bisher nicht gefördert wurden. Wie Verhalten oder Selbstkontrolle. Die entscheidende Triebfeder, mit der der Lehrer arbeitet, ist die Begeisterung und gegebenenfalls, was das für den Schüler praktisch bedeutet. Da sind verschiedene Bilder und Gefühle. Die haben mit Raum zu tun und Verantwortung. Auch mit dem Wecken des Verantwortungsgefühles beim Schüler. Mit einer schrittweisen Annäherung an die äußeren Anforderungen.

Uns erscheint, dass heutzutage die jungen Menschen eher zu "Fachidioten" ausgebildet werden, um den wirtschaftlichen Ansprüchen zu genügen. Als würden die Menschen für die Ausbildung getuned, statt die Ausbildung für die Menschen. Ist diese Entwicklung denn gut? Dahinter steht ein Nützlichkeitsgedanke. Wie ein Blick, der nicht nach oben gerichtet ist, sondern nach unten. Auf Details, statt auf Überblick. Und eine frenetische Unterordnung unter die Wirtschaft. Als wäre es die Aufgabe der Menschen, der Wirtschaft Genüge zu leisten. Statt der Wirtschaft den Bedürfnissen der Menschen Genüge zu leisten. Also aus einer Sicht der menschlichen Entwicklung ist es ein Irrweg. Es ist nützlich, aber es dient nicht der Entfaltung der wahren Möglichkeiten. Die Planung geht immer davon aus, zu verstehen, was die wahren Bedürfnisse und die Zukunft sind. Das ist aber nicht so. Nur wenig ist bekannt. Und die Ausbildung ist damit eine Art selbsterfüllende Prophezeiung. Flexibilität in den Sichtweisen, auch um zu wissen mit welchen anderen Spezialisten man sprechen kann, ist von zentraler Bedeutung. Es ist nicht schlecht, Spezialist zu sein, aber man muss zumindest wissen, was es gibt. Auch, um gebührenden Respekt davor haben zu können. Die Enge der Menschen macht sie abhängig. Die

Enge im Blick. Die Enge im Wissen. Die Enge in der sozialen Förderung. Diese Abhängigkeit macht auch manipulierbarer. Zumindest macht sie augenscheinlich nützlicher. In vielen Bereichen, auch der künstlichen Intelligenz, geht es um einen Paradigmenwechsel. Nicht der Nützlichkeit des Menschen für den Prozess, sondern der Prozesse für den Menschen.

Viele Kinder haben als Berufswunsch nur noch "berühmt" werden! Das erscheint uns doch sehr oberflächlich... Ja. Bekanntheit als Beruf. Dahinter kann natürlich ein Talent stehen. Die Fähigkeit, sichtbar zu sein. Die eigenen Talente sichtbar zu machen. Grundsätzlich ist das eine sinnvolle Entwicklung. Weil es dazu fördert, eigene Fähigkeiten zu zeigen. Zu erzählen, was man tun kann. Und es sind nicht viele, die das sehr gut tun. Die sehr sichtbar sind. Es führt dazu, festzustellen, dass diejenigen, die wirklich gut darin sind, bekannt zu sein, auch diejenigen sind, die etwas herzugeben haben. Etwas, was andere interessiert. Das kann augenscheinlich sein oder nur etwas, in dem sich andere Menschen erkennen möchten. Die Bekanntheit ist damit für die anderen Menschen wichtiger als für die Bekannten an sich. Denn die Bekanntheit hilft, selbst zu reflektieren. Wer bin ich? Und was interessiert mich? Es führt auch zu mehr Angeboten. Denn jeder Bekannte hat ein Angebot. Einen Lebensstil. Ein Bild. Sie befriedigen damit ein menschliches Bedürfnis. Auch von Vorbildern. Es zeigt Lebensweisen, die man wählen kann. Es soll nur zu keinem Druck führen. Zu keiner Notwendigkeit, nachzuahmen. Denn die Bekanntheit weist nur darauf hin, welche Möglichkeiten zu leben andere wählen. Mit wachsender Selbsterkenntnis fütterst du eine verbesserte Auswahl aus Möglichkeiten. Außerdem dient die Popularität der Reflexion darüber, was Gemeinschaft bedeutet. Und was Selbst. Außerdem steht dahinter ein gewaltiger Schatten. Die Angst sowohl vor Verbundenheit als auch vor Trennung. Das Gefühl, nicht auszureichen. Das Gefühl, nicht genug zu sein. Das Gefühl der Abhängigkeit von der Gruppe. Der Bewertung ausgeliefert zu sein und das auch zu wollen. Gemeinschaft in ihrer antagonisierenden Form. Gemeinschaft wie gemein. All das steckt hinter der Bekanntheit.

Wie gefährlich sind Computerspiele und Smartphones für die Entwicklung unserer Kinder? Deutlich für junge Kinder. Es verhindert eine Selbstreflexion. Es ist ein Rückzugsort in eine sichere Welt.

Wie junge Kinder? Mit 10 Jahren beginnt es, okay zu sein. Im Durchschnitt. Es ist eine Frage der Individualitätsentwicklung. Der grundlegenden emotionalen Reife. Der Selbstdefinition und des Umgangs mit Frustration. Kinder sollten nicht Computer spielen, solange sie nicht eine gute Idee haben, wer sie sind. Nicht, weil Computerspiele an sich schlecht sind, aber sie können ein gewisses Maß an Selbstreflexion unterbinden. Unangenehmen Emotionen zu begegnen. Sie lenken ab. Das geht auch ohne Computerspiele. Es wird nur damit besonders leicht. Speziell Umgang mit Frustration und soziale Interaktion werden nicht richtig geschult davon.

Was brauchen Kinder heute, um sich ideal entwickeln zu können? Einen Fußball und eine Feder. Der Fußball meint eine Gemeinschaft. Und Spiel. Keine absoluten Notwendigkeiten. Sie benötigen die Feder, um ihre Leichtigkeit zu entwickeln und zu behalten. Sie benötigen Eltern, um ihnen sinnvolles Erwachsenenalter zu zeigen und grundlegende Sicherheit zu geben. Eine grundlegende Verbundenheit mit der Erde und mit sich selbst. Kinder brauchen die Stabilität einer Gesellschaft und von Eltern darin. Sie müssen sehen, dass die Beziehungen konstruktiv und sinnvoll sind. Dass es Ehrlichkeit und Fairness gibt.

Dass sich innerer Ausdruck in äußerem Ausdruck findet und unmittelbar zur Gesellschaft beiträgt. Sie müssen erleben, dass sie eigenständig sind und trotzdem innig verbunden. Dass ihr Beitrag konstruktiv ist und erwünscht. Vielleicht nicht immer, aber immer öfter. Was sie in erster Linie brauchen ist, eingebettet zu sein. Nicht nur durch Liebe, sondern auch durch Nützlichkeit. Also auch dass ihre praktischen Fähigkeiten von Bedeutung sind. Um Gestaltungsfähigkeit zu lernen. Und auch Vertrauen in die eigene Gestaltungskraft. Um nicht in die Passivität zu fallen. Und das eigene Leben einem anderen zu übergeben. Oder das Leben eines anderen zu fordern, um dem eigenen Schmerz nicht zu begegnen. Was Kinder benötigen, ist die Erfahrung der Sicherheit in sich selbst. Und gleichzeitig der großen Bedeutung der Verbindung mit anderen. Zu lernen, was Gemeinschaft wirklich bedeutet. Teil eines Gewebes zu sein.

Welche Skills brauchen die heutigen Kinder, um unsere Welt bereichern zu können? Soziale vor allem. Teilen zu können. Zu sehen, wo sie gebraucht werden und wo sie sich einbringen können. Und auch zu sehen, wo es nicht notwendig ist. Den Fokus auf das Erreichen gemeinsamer Ziele lenken zu können und zu wollen. An gemeinschaftliche Stärke glauben zu können. Freundliche Kommunikation ist so ein entscheidender Skill. Der getrieben wird durch Respekt. Und dem Wunsch, kreativ zu sein. Andere Skills sind abstraktes Denken, Hintergründe zu verstehen und Zusammenhänge. Aber sehr zentral auch, die eigenen Schwächen zu erkennen, um zu verstehen, wie man sie ausgleichen kann. Das ist zentral.

Wie können wir die Spiritualität unserer Kinder von klein auf fördern? Verbundenheit. Verbundenheit mit anderen Menschen, mit der Natur und im Kern mit sich selbst. Zeit verbringen mit den Kindern. Diese

Verbundenheiten vorleben. Sprechen über den eigenen Schmerz. Und den Schmerz anderer. Aber auch die Freude. Keine Emotionen verdrängen wollen. Die Kinder als Menschen zu respektieren. Frühzeitig. Mit ihren ganzen dazugehörigen Rechten. Auch mit dem Recht auf Eigenartigkeit. Und Eigenwilligkeit. Auch, mit dem Vorleben eigener Grenzen. Und der Kommunikation der eigenen Gefühle dazu. Die soziale Dimension und die Frage, "wer bin ich?", sind die grundlegendsten Skills, die ein Kind bearbeitet und hat. In der Reflexion des Außen passiert eine Reflexion des Innen. Ein Kennenlernen der eigenen inneren Welt. Das ist die Rolle der Eltern. Vorzuleben. Wie mit Druck und Schmerz umgegangen wird. Dem Offensichtlichen und dem nicht Offensichtlichen. All den Spannungen und Widerständen, die vorhanden sind. Dieses Bild der Eltern prägt das Selbstbild. Die größte Kraft der Eltern ist also vorzuleben, ihre eigene Stärke anzunehmen. In der Wahrnehmung und Annahme des eigenen Selbst liegt also die größte Kraft, die Eltern vermitteln können. Das Wechselspiel zwischen Eltern und Kindern ist deswegen ein vielschichtiges und schillerndes. Denn so vielschichtig wie die Eltern sind, so vielschichtig erleben auch die Kinder deren Umgang mit sich selbst. Wird das Thema dementsprechend differenziert, lernen sie den Umgang mit sich selbst.

Die folgende Frage wurde uns von Seth beantwortet:[51]

Was, wenn ein Jugendlicher volljährig ist, aber noch zu Hause wohnt. Er empfindet sich als erwachsen, aber die Eltern wollen immer noch, dass er sich an Regeln hält, die

---

[51] Das Gespräch wurde geführt, aufgezeichnet und niederge-schrieben am 12. September 2017.

auch seine kleinen Geschwister einhalten müssen. Wie kann man so etwas handhaben? Da ist eine Komplexität. Das liegt daran, dass er nicht wirklich erwachsen ist, aber auch schon weit davon weg ist, ein Kind zu sein. Erwachsenheit bedeutet, selbständig sein im Handeln, Denken und Fühlen. Das bedeutet auch, aus sich heraus tolerant zu sein, wenn es angebracht[52] ist. In der Phase, in der er sich befindet, ist das sehr schwer, weil er noch nicht so gefestigt ist, wie ein erfahrener Erwachsener. Damit das so und jetzt funktionieren kann, braucht es Entgegenkommen von beiden Seiten. Was ihr tun könnt, ist ihn zu behandeln wie einen Erwachsenen. Mehr als er es eigentlich ist, aber nicht die gleichen Erwartungen zu haben wie an einen Erwachsenen.

Also so tun als ob? Aber auf eine authentische Art. Es ist wichtig für den abschließenden Reifeprozess, sich noch immer integriert zu fühlen. Ihr habt die Erfahrung und die innere Stabilität. Eure Fähigkeit liegt darin, ihm den Raum zu geben, seinen eigenen zu finden. Auch wenn es eine Gratwanderung sein kann zwischen eurem Raum, seinem Raum und dem der kleineren Geschwister. Aber die klarste Herangehensweise ist, ihn daran zu erinnern, dass er erwachsen ist und sehr fähig. Und ihn an seine Verantwortung als schützender Bruder zu erinnern. Den Respekt auszuleben gegenüber den Kleineren, den ihr an ihm auslebt. Ihn erinnern, dass ihr die Eltern seid, aber er schon mehr auf eurer Seite steht als auf der der Kinder. Damit gebt ihr ihm den Einfluss und appelliert an seine Verantwortung. Nicht nur für sich selbst, sondern auch für andere. Und ihr drückt euren Respekt aus. Gewisserweise ist die Initiation da, die Grenze zu überschreiten zwischen dem Kinderdasein und dem Erwachsenendasein. Und die Erwachsenen tragen Verantwortung für die Jüngeren. Sie

---

[52] Anmerkung der Autoren: ursprünglich: 'angepasst'.

verdienen aber auch den gleichgestellten Respekt der anderen Erwachsenen. Einfach dafür, erwachsen zu sein. Auch, wenn die Erfahrung noch fehlt. In diesem Transitionsprozess befindet er sich und ihr könnt ihn unterstützen dabei.

SPIRITUALITÄT

"Der beste Schutz ist Bewusstsein und Verbundenheit."
(Echnaton)

Die folgenden Fragen zum spannenden Themenbereich "Spiritualität" wurden uns von Echnaton, Seth und Indigo beantwortet.[53]

Wie lässt sich die spirituelle Situation der Menschen derzeit beschreiben?
Indigo: Auf der Suche. In Aufruhr. Oder eher: gespannter Erwartung. Unsicherheit. Das Gefühl, dass da mehr sein muss. Was auch stimmt.
Ja! Das Gefühl ist wie aufzuwachen und noch nicht ganz wach zu sein, wenn sich das Bewusstsein ausdehnt. Die Fühler auszustrecken und sich selbst zu erfahren. Es dreht sich sehr um das Wachstum in die Welt hinein. Im Bewusstsein der eigenen Identität. Der Charakter ist verbindlicher als früher. Weniger auf Nutzung gerichtet. Das ist der allgemeine Trend. Getragen durch dieses Gefühl, "Ist da wer?". Diese Grundhaltung ist auch eine Einladung. Sowohl zu einer intensiveren Verbindung mit der Erde, als auch einladend für Extraterrestrische. Diese Einladung wird gehört.

---

[53] Das Gespräch wurde geführt, aufgezeichnet und aufgeschrie-ben am 7. Dezember 2017.

Mit Extraterrestrisch meinst du spirituelle Wesen aus anderen Dimensionen? Alle, die die Einladung hören können. Das bedingt eine spirituelle Wahrnehmung. Aber trifft keine Aussage über die Natur der physischen Existenz.

Wieviel Prozent der Menschheit leben ihre Spiritualität? Sieben bis acht. *Aber das ist so wenig!* Wir haben uns über das Gleiche unterhalten bei der Berufung.[54]

Ich weiß! Da ist kein wesentlicher Unterschied zwischen Berufung und Spiritualität. Es ist so, Berufung ist integrierend, sie integriert, was man ist. Die Unterscheidungen kommen nur aus Angst. In der Spiritualität geht es auch nur darum, zu sein, was man ist. Was letzten Endes zu einem Überwinden von Grenzen führt. Aber auch zu einem Integrieren von Bestandteilen. Deswegen ist der Prozentsatz in Berufung und Spiritualität ähnlich. Spirituell sein bedeutet nicht, abgehoben sein. Es bedeutet, mit sich selbst voll integriert zu sein. Oder integrierend. Spiritualität ist eine Art des Lebens, die Selbstannahme praktiziert. Mit allen Ebenen der Existenz. Das beinhaltet die physische und die Ebenen dahinter. Das ist auch, was Erwachen bedeutet. Es ist lediglich ein Integrationsprozess.

Aber sollten nicht mehr Menschen diese Spiritualität leben? Die viel entscheidendere Seite der Münze ist, die Talente zu leben. Das ist viel weniger erschreckend. Spiritualität ist blockiert durch verschiedene Annahmen. Bei Talenten geht es um einen göttlichen Ausdruck eines inneren Wesens. Es ist das Gleiche, aber in der Sichtweise produktiver. Um mehr Menschen zu erreichen und dafür zu gewinnen. Es ist nicht notwendig, zu einer jenseitigen Welt einzuladen. Es ist nur notwendig, dazu einzuladen, die eigenen Potentiale zu entwickeln. Das kann mehr Menschen ansprechen. Auch, wenn es letzten Endes das Gleiche ist. Es

---

[54] Siehe Kapitel "Beruf und Berufung".

gibt viele Arten, sensitive Potentiale zu entdecken, die nicht unmittelbar spirituell wahrgenommen werden. Ich kann es nur wiederholen: Spiritualität ist ein Weg der Integration. Der dazu führt, immer weiter zu sehen. Nach innen und nach außen. Soweit es da einen Unterschied gibt.

Ist es in Ordnung, seine Spiritualität im Rahmen einer Religion (Besuch von Messen etc.) zu leben? Das ist eine Frage, die Seth beantworten wird. *Seth:* Spiritualität ist immer ein persönlicher Prozess. Es gibt aber keinen Konflikt mit der äußeren Hülle einer Religion. Die entscheidende Aussage ist, dass es um die innere Reflektion geht. Der Weg führt nicht nach außen, er führt nach innen. Nicht um das Annehmen von Lehrmeinungen, sondern um die inneren Erfahrungen. Da ist nichts Wesentliches, das eine Religion vermitteln kann, dass man nicht zehnmal besser und vor allem wahrhaftiger in sich findet. Religionen können Sicherheiten spenden. Und die Verbindung zu anderen Menschen ist an sich gut und sinnvoll. Aber wichtig ist, die Erkenntnis aus sich selbst heraus wahrzunehmen. Nur das macht sie wirklich wahr. Das bedeutet, den eigenen lebendigen Teil nach außen zu tragen - oder ist die Voraussetzung dafür. Keine Überzeugungen zu verbreiten, sondern das eigene Licht zu entfalten. Intentionsbefreit. Dieser Schritt transformiert jede äußere Religion. Nichts kann halten, das dem inneren Licht widerspricht. Und das Licht wird zu dem, was Religion eigentlich ist. Nur ohne Glauben. Es wird zu Sein.

Aber ich fühle mich während der Messe so tief verbunden mit Gott! Und das bist du auch.

Aber das geht nur, wenn ich das auch im Innen spüre? Das Außen mit Sinn zu füllen, geht nicht ohne das Innen. Es kann Struktur geben oder motivieren. Neugierig machen. Aber was du gesagt hast, diese Gefühle, das bedeutet die innere Erfahrung. Das Innere, das nach außen drängt. Es ist der Anlass, der dich dazu motiviert. Aber bei Gottesdiensten sollte es immer um diesen Prozess gehen. Zusammen das Innere nach außen zu lenken. Nicht umgekehrt. Oder nur als Erinnerung. Der Prozess ist nur einer der Befreiung. Es ist nichts, das einem Menschen eingesetzt werden muss. Nur eine Öffnung nach außen. Dafür kann die Gemeinschaft und die Berührung sinnvoll sein. Entscheidend ist aber die Richtung des Prozesses, die führt von innen nach außen. Es gibt keine Notwendigkeit, etwas nach innen zu holen. Das würde nur bedeuten, einen Mangel zu haben. Und dieser Mangel bedeutet nur, etwas selbst noch nicht zu spüren. Gottesdienst ist also eigentlich Erinnerungsdienst. Anregung für die gemeinsame Extraversion. So ist es eigentlich gedacht.

Welche spirituellen Herausforderungen sind nun für die Menschheit von besonderer Bedeutung? Demut. Spielerische Neugier. Zwischen diesen beiden entfalten sich Potentiale der Menschlichkeit. Demut bedeutet, eigene Grenzen zu erkennen. Fehlerhaftigkeiten oder Grenzen der Einschätzung. Es geht einher mit Respekt vor anderen. Demut in ihrem positivsten Sinn bedeutet, den Kopf zu neigen vor dem Nächsten. Und ihn anzuerkennen als Welt in sich. Spielerische Neugier auf der anderen Seite bedeutet, dem Leben und seinen Angeboten den notwendigen Respekt entgegen zu bringen. Die Freude im Leben zu erfahren. Das ist nicht die häufigste Form, in der gelebt wird. Aber es ist die kindlichste. Und Kinder wissen es am besten. Zwischen diesen zwei zentralen Aufgaben liegt der größte Wachstumsvektor. Da ist noch ein wesentlicher Teil, der mit der Demut verwandt ist, aber doch anders, ist die Verbundenheit. Nicht unter den Menschen, sondern mit der Erde. Das heißt, nicht aus rationalen Beweggründen, sondern aus einem Gefühl der Verbundenheit mit dem Planeten und seinen Systemen zu handeln. Das ist eine große individuelle Baustelle. Diese Wahrnehmung ersetzt viele Vorstellungen und macht vieles möglich, das unrealistisch scheint. Es ist eine natürliche Fähigkeit der Menschen. Die dringend geweckt werden sollte.

Wie kann man die wecken? Ausflüge in die Natur. Schritte, die helfen, die Natur nicht als nützlich zu empfinden. Einen Baum umarmen. In einen Stein hineinfühlen. Übungen, die helfen, das Außen im Innen zu spüren. Die die Grenzen verwischen. Der wesentliche Teil ist tatsächlich die Empathie mit dieser nicht-menschlichen Welt. Aber nicht nur mit ihrem Leiden, sondern speziell mit jedem Wesen und jedem Zustand. Es ist etwas, das nicht erklärt werden kann. Und nur durch Regeln ersetzt werden kann. Aber in seiner funktionellen Vielfältigkeit ist das Spüren einzigartig. Es lässt sich dann üben. Mit Katzen beispielsweise.

Wie meinst du das, "mit Katzen"? Hineinfühlen in die Hauskatze. Katzen haben nicht die Tendenz, sich leicht übernehmen zu lassen. Sie haben auch kein großes Bedürfnis, schönzutun. Oder der sozialen Interaktion ihre Identität zu opfern. Das kann helfen, eine separate Entität wahrzunehmen.

Warum haben wir Träume und was bedeuten sie? Echnaton: In erster Linie sind Träume Ausdruck unbewusster Prozesse. Was auch immer nicht abgeschlossen wurde, in einem halbfertigen Zustand verblieben ist, wird im Unterbewusstsein gereift und dann in abstrakter Form ins Bewusstsein zurückgeführt. Das ist, was Träume sind. Abstrakte Nachrichten aus dem Unterbewusstsein.

Aber zu welchem Zweck? Was sollen wir damit anfangen? Die Bedeutung ist weniger, was man damit anfangen soll, als der Traum an sich. Der Traum ist Teil der Verarbeitung. Er bringt ein Dilemma an den Tag. Oder etwas Anderes, das nach unten gesunken ist und er führt es zurück in den bewussten Prozess. Entweder, um wieder aufgegriffen zu werden oder einfach nur, um selber einen Durchgang gehabt zu haben. Fertig gedacht worden zu sein.

Also man muss nicht jedem Traum eine große Bedeutung beimessen? Jeder Traum ist ein Ausdruck, wie groß die Bedeutung ist, liegt in der persönlichen Interpretation. Viel wichtiger ist, dass der Raum da ist, um zu träumen. Der Traumprozess an sich ist von viel größerer Bedeutung als seine Interpretation. Es kann interessant sein, zu interpretieren. Und manchmal ist es sinnvoll, Prozesse aufzugreifen. Aber Träume existieren nicht grundsätzlich, um weiter durchdacht zu werden. Sie sind in sich geschlossene Sinnhaftigkeit. In gewisser Weise sind sie schon am Ende des Prozesses. Eben ein Ausdruck einer Verarbeitung. Würden sie nicht ablaufen, würden Wunden und Baustellen offen liegen bleiben. Durch den Traum werden sie transformiert, bearbeitbar gemacht, manchmal gelöst, manchmal lagerbar gemacht.

Die spirituelle Lehrerin und Autorin Teal Swan sagt in einem ihrer Videos über Träume, dass man sich während des Träumens in einem Out-Of-Body-Erlebnis[55] in der fünften oder sechsten Dimension unserer Realität befindet.[56] Stimmt das und wenn ja, was bedeutet das? Verschiedene Informationen fließen in das Bewusstsein. Die Dimensionen sind niemals getrennt. Das Bewusstsein kann seinen Fokus ändern. Aber von separaten Dimensionen zu sprechen ist nicht ganz korrekt. Das Bewusstsein kann sich durchaus

---

[55] Anmerkung der Autoren: Out of body (OBE) bedeutet außerkörperliche Erfahrung (AKE) und meint so etwas wie Astralreisen.

[56] https://www.youtube.com/watch?v=sMewKknfVJM, Stand: 13.6.2017.

freier bewegen und Echos seiner Reise können im Traum erscheinen. Aber zu jedem Zeitpunkt sind wir eine integrierte Identität.

Versteh' ich nicht! Also sind wir out of body beim Träumen? Wir. Wir ist auch der Körper. Das Bewusstsein, ja. Das Bewusstsein kann seinen Fokus verändern. Das kann wirken wie out of body. Das Bewusstsein ist eine Realisierung der Seele. Wirklich getrennt vom Körper ist es nie. Aber es kann in die andere Richtung blicken. Für die es sinnvoll sein kann, die körperliche Ebene zu ignorieren. Aber das Konzept out of body ist ein sehr körperliches. *Wie? Aber out of body ist doch ohne Körper!* Aber die Annahme, aus dem Körper zu gehen, ist eine körperliche, sie bedingt eine körperliche Wahrnehmung. Angenommen, der Körper ist nur ein lokaler Ausdruck, dann ist die Wahrnehmung von etwas außerhalb des Körpers wie out of body. Und zwar solange man in einem körperlichen Muster steckt. Sobald Raum nicht mehr viel Sinn macht, kann das so erscheinen. Es ist eine Frage des Bewusstseinsfokuses zu einer Zeit. Was ich sagen möchte... es ist schwierig... der Körper wird nie wirklich zurückgelassen. Deswegen ist out of body eine schwierige Beschreibung. Die Wahrnehmung kann das aber sehr wohl sein. Ein Teil der Thematik ist, dass das Bewusstsein als Seelenfokus eben nicht im Körper liegt. Aber die Verbindung und die Zugehörigkeit existieren weiterhin. Es ist ein Versuch, Dinge zu trennen, die nie getrennt sind. Aber es stimmt, dass der Fokus sich verlagert. Und sehr andere Realitäten berührt. Vielleicht als Klarstellung: Die Problematik in der Frage und der Antwort liegt in dem scheinbaren Widerstreit zwischen Körper und außerhalb des Körpers. Und dieser Widerspruch kommt aus der körperlichen Annahme. Es ist ein körperlicher Gedanke. Und der Versuch, etwas zu verarbeiten, das nicht körperlich ist. Träume berühren aber verschiedene Ebenen.

Auch sehr physische Verarbeitungsprozesse. Und so wenig wie wir jemals getrennt sind, so wenig sind Träume jemals getrennt.

Wie sehr schafft sich der Mensch seine eigene Realität?
Echnaton: Realität entsteht aus dem eigenen Sein. Das eigene Sein spiegelt die Realität. Wie man selber ist, kann man sehen. Die Wahrnehmung der Realität wird bestimmt durch das eigene Wesen. Aber da ist noch etwas Tieferes. Das eigene Wesen ist eine Kopie der äußeren Welt. Das Kleine ist eine Kopie des Ganzen. Was es natürlich nicht klein macht. Das ist ein etwas umständlicher Ausdruck der Beziehung zwischen dem inneren Wesen und der äußeren Welt. Es ist nicht wahr zu sagen, dass die äußere Welt auf das innere Wesen reagiert. In gewisser Weise war nie ein Unterschied. Das heißt, alles, was wirklich ist, ist. Das wahre Wesen der Sache muss sich ausdrücken. Jenseits der Manipulation. Das, was ein Wesen wirklich ist, drückt sich aus in seiner Umwelt, weil das Wesen die Umwelt ist. Das Wesen ist separat und auch nicht. Es ist separat, aber es ist auf Realitätsebene gespiegelt und integriert. Es gibt keinen Unterschied und doch. Eine vollkommen quantengekoppelte Realität. Spiegeln ist nicht das richtige Wort. Spiegeln würde bedeuten, zu sehen, wie etwas ist. Es geht viel weiter: Es ist. Gleich integriert ... ach wie sagt man das? Man kann sehen und das ist der Sinn des Ausdruck "Spiegeln", wenn Separierung da ist auf einer Bewusstseinsebene. Aber der eigentliche Modus ist, dass die Grenze verschwimmt, dadurch dass die... dass Innen und Außen keinen Sinn macht. Außen wird zu Innen. Was aber nicht bedeutet, dass Innen und Außen gleich sind. Das ist das Konundrum[57] des Universums. Die Realisierung des

---

[57] Anmerkung der Autoren: Zwickmühle; eine schwierige Frage oder Rätsel.

bewussten Selbst im Außen nimmt zu in dem Maß, in dem die bewusste Kopplung erreicht wird. Bis zu der Ebene, in der volle Reflexion existiert. Das ist etwas, was als Magie empfunden werden könnte, aber tatsächlich Magie bei Weitem übersteigt. Auch wenn es in ihrer grundlegenden Essenz auf derselben Grundlage beruht. Informationen in das Außen einzubetten. Aber die wirkliche Magie besteht darin, zu wissen, das Außen zu sein. Ich möchte darauf hinweisen, dass Worte sehr unzureichende Mittel sind, dies hier zu kommunizieren! Sie kreisen um die Wahrheit wie Motten um das Licht. Das Beste ist, es selbst zu erfahren. Wenn es heißt, dass Trennung eine Illusion ist, dann ist das wahr. Aber auch Nicht-Trennung ist eine Illusion. Beides existiert. Und es macht die Natur der Realität aus.

Wie kann der Mensch seine Realität – zum Guten – verändern? Wirklich nur mit Gedanken? Nein. Gedanken sind zu oberflächlich. Sein! Gedanken sind ein bewusster Prozess und das ist gut. Aber die Ebene, von der ich gesprochen habe, bedingt das Sein der Realität. Eine tiefe Integration, die mehr bedeutet als nur darüber nachzudenken. Gedanken haben Macht. Denn sie lenken das Bewusstsein. Aber wirkliche Magie passiert dort, wo das Bewusstsein kohärent und integriert ist mit der Realität. Was nicht heißt, dass Gedanken links liegen gelassen werden können. Außerhalb der Seelenresonanz kreisen sie wie Fliegen um das wahre Wesen. Und sind auch Teil davon. Sie spiegeln Prozesse, die gesehen werden sollen. Aber aus der Perspektive einer tieferen Ebene ist die Arbeit und Kontrolle mit Gedanken eine oberflächliche Ebene. Die Realität der Seele ist kohärent mit der Realität. Und um sie kreisen die Gedanken. Ein Weg ist also, die Seele zu sein. In einer tiefen Versenkung zur Seele zu werden. Soweit das Bewusstsein sie fasst. Von dort aus bekommen Gedanken die passende Perspektive. Der Grund ist, dass

Gedankenarbeit auch stark Angstarbeit ist. Ein Versuch, mit Gedanken zurecht zu kommen und sie zu formen. Aus der Sicht der Seelenebene sind Gedanken nicht bedrohlich. Sie sind Schatten, die ihre Ursachen haben. Aber keine tiefere Realität für die Seele. Das ist eine der Illusionen der Welt.

Wenn die "Viele Welten"-Interpretation der Quantenphysik zutrifft, wenn also alle Existenzen, in allen möglichen Variationen, in alternativen Welten gleichzeitig existieren, welche Rolle spielt dabei die Seele? Wird sie geteilt? Die Antwort ist nicht einfacher als die Frage. Ja und nein. Genau genommen ist die Antwort eher so etwas wie: Du hast das falsch verstanden. In dieser Quantennatur liegt keine Trennung. Es sind Varianten, die alle existieren und alle unterschiedlicher Ausdruck sind. Sie sind Ausdruck verschiedener Seelenrealitäten. Jede Realität ist wie ein Schatten oder eine Ebene der Seele. Ebenen, aber nicht im dreidimensionalen Raum. Es sind Facetten, die alle gleichzeitig existieren, ineinander. Und zusammen die Realität der Seele bilden. Und durch die Verbindung mit dem, worin die Seele existiert, bilden sie die Seele. Wobei auch wieder die Seele ein fraktaler Funke der Realität ist. Das ergibt, dass die Seele ein fraktaler Bewusstseinsstrom ist. Es ist sehr schwierig, das in Worte zu fassen. Sie existiert in einer unermesslichen Anzahl von Facetten. Von der jede eine Realität oder Ausprägung ist.

Aber wer bin dann ich? Du bist eine Ausprägung mit einem Ego. Aber du bist auch alles.

Und was ist mit den anderen Ausprägungen meiner Seele? In diesem Kontext alle Wege, die du gegangen haben könntest.

Aber wer lebt die? Und wo? Wo... hier in ihrer Realität. Da gibt es eine Realität, da wärst du gerade einkaufen. In einer anderen ein Junkie. In einer anderen so was wie ein

Priester oder eine Sektenvorsteherin. Verschiedene Realitäten in verschiedenen Quantenschichten, die kaum voneinander getrennt liegen.

Das heißt aber, wenn ich heute die Sitzung abgesagt hätte und einkaufen gefahren wäre, dann hätte ich die Quantenschicht gewechselt? Sozusagen. Deine Schicht hätte diese Richtung gewählt. Aber alle anderen wären trotzdem erfüllt worden.

Dann hätte wer anderer diese Sitzung gemacht? So könnte man das verstehen. Es ist sehr schwer zu unterscheiden zwischen diesem und dem anderen. Alle sind lediglich verschiedener Ausdruck des gleichen Kerns. Die Grenzen sind hauchdünn. Im wahrsten Sinn nur einen Gedanken breit.

Das ist schon sehr abgefahren... Das ist die Welt.

Aber keiner merkt das! Die Wahrnehmung ist weitgehend auf eine Schicht begrenzt.

Ist das das Gleiche wie die Idee von parallelen Leben? In dieser Welt? Parallele Leben. Es sind parallele Leben. Man kann sie zumindest so verstehen.

Und worum geht es dabei eigentlich? Dass alle tatsächlich möglichen Erfahrungen gemacht werden? Es ist die Natur des Seelenbewusstseins, weil es nicht getrennt ist vom Außen und weil es in so vielen Ebenen existiert, kann es nicht anders, als sich in jeder Form zu realisieren. Zumindest in sehr vielen Formen. Beschäftigt dich die Realität der Anderen?

Ja. Irgendwie frag ich mich, was macht es da für einen Sinn, wenn man sich bemüht, sich zu entwickeln, wenn man nur einen Gedanken vom Junkietum entfernt ist... Die Nähe zu einer bestimmten Realität kann unterschiedlich weit sein, um auf dieses spezielle Bild einzugehen. Das andere liegt in deiner gegenwärtigen Bewertung der Situation. Für die Seele ist es einfach Leben. Existenz und Neugier. Die

Perspektive ist nicht so leicht zu beschreiben. Sie einerseits tief verbunden und andererseits eben allumfassend. Um alle Existenzen. Würdest du die Entscheidung treffen, einen anderen Pfad zu beschreiben, so wäre das eine Reflexion der Natur deiner Seele. Die naturgemäß in verschiedenen Varianten existieren würde. Indem du nur verschiedenartig deine Kaffeetasse abstellst. Die Lösung für dich kann sein, es besteht kein wesentlicher Unterschied zwischen dir und den anderen. Ihr seid alle Teil der Existenz. Und ihr seid in keinem Widerspruch oder Wettstreit miteinander. Keiner richtiger oder falscher. Die beste Analogie ist die verschiedener Gedanken. In gewisser Weise sind diese Existenzen der Seele das, was für dich die Gedanken sind. Sie kreisen und sie bearbeiten. Aber im Sinn der Seele: sie realisieren. Jeder ist eben ein Ausdruck der Seele.

Kann eigentlich jeder Mensch ein Schamane sein, oder ist das eine Berufung? Ich würde soweit gehen zu sagen: Jeder SOLLTE ein Schamane sein. Denn es bedeutet im Kern nur: In Verbindung zu stehen. Zu lauschen, zu hören und zu sprechen. Es bedeutet, es ist keine in sich außerordentliche Position. Zumindest muss es das nicht sein. Jeder kann der Schamane seines Nächsten sein. Mit der richtigen Kenntnis. Schamane sein bedeutet nur, lösen zu können, was gelöst werden sollte. Und dorthin gehen zu können, wohin man gehen sollte. Damit gehen viele Dinge einher, wie Respekt, Haltung und natürlich Erfahrung. Aber der Weg eines Schamanen ist im Grunde nur der Weg eines jeden Menschen.

Echnaton beantwortete uns die nun folgenden Fragen:[58]

Muss man sich bei energetischer Arbeit schützen? Wie Schalen, die übereinander gestapelt sind. Wie verschiedene Ebenen. Jede ist nicht geschlossen in sich, aber jede ist ein eigenes Gefäss.

Was heißt das? Es ist wie Schalen, die Wasser aufnehmen können. Das hat mit verschiedenen Bewusstseinseben zu tun. Die Antwort dreht sich um Bewusstsein. Also, Schutz ist eine Sache der Perspektive und der Einstellung. Auf der unteren Ebene, auf der es dunkel ist und weniger klar, besteht das Gefühl von Bedrohung. Desto mehr die Klarheit steigt, desto weniger existiert dieser Bedarf. Dieses Schutzbedürfnis ist etwas Trennendes. Was wirklich schützt, ist Selbstkenntnis und Verbundenheit. Das ist diese Verbundenheit mit dem Universum an sich. Darin liegt die Erkenntnis und das Verstehen, dass Schutz ein Bewusstseinsakt ist. Es geht um Klarheit. Schutz an sich ist eine Illusion. Die aus der Angst entsteht. Solang Angst besteht, kann Schutz aber auch sinnvoll sein. Das ist aber fast eine Art Selbstschutz, eigentlich. Der beste Schutz ist Bewusstsein und Verbundenheit. Was ein Prozess sein kann. Es ist mehr ein Gefühl als etwas anderes. Da ist auch dieser Eindruck, dass der Schutz fast schon ein aggressiver Akt ist, weil er jemand anderen dadurch bewertet und zum Aggressor macht. Also eigentlich ist der Schutz an sich ein aggressiver Akt.

***Was kann eigentlich der Einzelne tun, um sein inneres Kind zu heilen?*[59]** Die Heilung liegt in der Selbst-Annahme. In dem Ende der Eigenbewertung. Was tut man mit einem

---

[58] Das Gespräch wurde geführt, aufgezeichnet und niedergeschrieben am 20. Juni 2017.
[59] Beantwortet von einem nicht näher genannten Mitglied von Johannes' geistigem Team, aufgezeichnet am 20.10.2017.

Kind, mit einem Säugling? Man nimmt ihn in die Arme und wiegt ihn, und man bewertet ihn nicht. Es ist einer der wenigen Momente im Leben, wo ein Mensch nicht bewertet wird, wo er nicht sein muss. Es ist vollkommen ausreichend, ein Säugling zu sein. Bewertungsfreiheit ist, was dir die Freiheit gibt. Das Ende der Schuld, die du dann findest. Die dein zweites Chakra blockiert, deinen Bauch. Wie kannst du das erreichen? Schreib eine Liste von allen Dingen, die du an dir liebst. Schreib eine Liste von allen Dingen, die du an dir hasst. Wirf die zweite Liste in den Ofen. Häng die erste Liste an den Kühlschrank. Das Ende der Schuld ist dort, wo du dich selber lieben kannst. Wo du siehst, dass es keinen Unterschied gibt zwischen deinem inneren Kind und dir selbst. Dass Kind sein und Erwachsen sein nur zwei Seiten einer Medaille sind. Dort liegt Frieden.

SEELE, REINKARNATION UND DAS LEBEN ZWISCHEN DEN LEBEN

"Die Seele kommt aus einem Ort, der den Tod nicht kennt. Sie ist eine direkte Verbindung außerhalb der Zeit."
(Seth)

Den Themenkomplex „Seele, Reinkarnation und das Leben zwischen Leben" hat uns ein Wesen im Erscheinungsbild eines Arztes, das sich Seth nannte, beantwortet.[60] Leider wussten wir zu diesem Zeitpunkt noch nicht, dass Seth scheinbar ausschließlich von dem Medium Jane Roberts (verstorben am 5. September 1984 in New York) gechannelt werden wollte. Offenbar haben in der Zwischenzeit auch andere Medien wie zum Beispiel "Valanga" (Karin di Girolamo) oder Helga Girkinger mit Seth gesprochen.[61] Zum Zeitpunkt dieses ersten Gespräches[62] mit ihm, wussten wir noch nichts von dieser „Kontroverse". Wir haben ihn schließlich bei einem späteren Treffen dazu befragt.[63]

---

[60] Das Gespräch wurde geführt, aufgezeichnet und niedergeschrieben am 20. Juni 2017.
[61] Siehe http://members.aon.at/alfseth/Lichtring.htm, Stand: 20.6.2017.
[62] Anmerkung der Autoren: Chronologisch gesehen war dieses Gespräch unser erstes mit Seth, auch wenn er in diesem Buch bereits in früheren Kapiteln erschienen ist.
[63] Siehe Kapitel 'Exotisches Wissen'.

Was genau ist der Unterschied zwischen Geist, Seele und Körper? Die Dreieinigkeit. Der Geist ist ein bewusstes Substrat. Der Körper ist eine Realisierung. Die Seele ist unendlich. Die Beziehung zwischen Geist und Seele: der Geist trägt das Ich. Die Seele ist die zustandsfreie allgegenwärtige Präsenz, die sich nicht verändert. Der Geist entwickelt sich.

Im Laufe eines Lebens? Im Laufe eines Lebens. Das Erleben ist ein wichtiger Faktor, der den Geist formt. Und für die Seele wichtig ist. Der Körper ist ein Medium.

Für dieses Erleben? Ja. Noch etwas anderes, über den Geist hinaus ist er eine Darstellung von Existenz.

Welcher der drei Aspekte ist der wichtigste für den Menschen? Der wichtigste. Die Seele in ihrer Art. Weil sie das innerste Wesen bestimmt. Dann der Geist auf seine Art, weil der die Ausprägung zeigt. Dann der Körper auf seine Art, weil er euer Leben trägt.

Kann man leben, wenn eines fehlt? Nicht vollständig. Der Körper kann leben, solange die Seele da ist.

Was ist mit jemandem, der im Koma liegt? Was fehlt da? Sein Geist ist unterwegs, der Körper schläft, er ist beseelt, aber der Geist ist nicht anwesend. *Und wo ist der Geist?* Auf einer anderen Ebene.

Wie kann man sich diese Ebene vorstellen? Ruhig. Wie blaue Wolken. Mit Aussicht. Einer Art Rückzugsort, um nachzudenken.

Kann der Geist dann selber entscheiden, zurückzukommen? Ja, das ist seine Entscheidung. Der Geist trägt den freien Willen.

Und wenn jemand zum Beispiel klinisch tot ist? Ist das dann auch so? Das hängt davon ab, ob das physische Substrat beschädigt ist, die Verbindung zum Geist kann geschädigt werden dadurch. Es hängt von der Zielsetzung des Geistes ab, warum der Zustand eingetreten ist. Die Seele weicht nicht.

Aber viele Erzählungen von Menschen mit Nahtod-Erfahrungen berichten davon, dass die Seele den Körper verlassen hat. Die Seele ist ein Bewusstseinsstrom und hat wenig mit Identität zu tun. Aber der Geist ist beweglicher auf seine Art. Und sprunghafter. Und es kann sein, dass er gehen möchte oder es sich anders überlegt. Die Seele benetzt den Körper bis zuletzt, sie berührt ihn in jede Zelle hinein. Eine liebevolle Berührung.

Ist die Seele unsterblich? Die Seele kommt aus einem Ort, der den Tod nicht kennt. Und sie existiert außerhalb des Todes. Sie existiert in keiner Dimension, die sterblich wäre. Sie ist eine direkte Verbindung außerhalb der Zeit.

Gibt es so etwas wie ein Seelenalter? Ja und nein. Es gibt eine Art Seelenerfahrung, das hat damit zu tun, in welchem Zustand eine Seele eine Erfahrung macht. Aber die Zeitlosigkeit macht das nicht linear. Und eine Seele kann verschiedene Aspekte zeigen, die zu einer Seele gehören und trotzdem unterschiedlich unerfahren sein können.

Das ist aber schwer zu erfassen, was du sagst... Eine Seele ist ein Bewusstsein, das verschiedene Anteile hat. Es kann sinnvoll sein, eine Erfahrung unerfahren zu machen. Dann benötigt die Seele einen Anteil, der unerfahren ist. Aber es ist noch immer eine Seele. Noch immer ein Bewusstsein.

Das heißt nicht, dass diese Teile in unterschiedlichen Körpern sind? Oder schon? Das könnte sein. Aber das ist nicht die eigentliche Bedeutung. Würde eine Seele das tun, dann wäre es wie eine Zwillingsflamme. Aber die Bedeutung liegt nur in der Erfahrung, die gemacht werden kann.

Aber es ist trotzdem schwierig zu verstehen, wie verschiedene Anteile diese Erfahrungen machen! Wie Finger einer Hand.

Ja, okay. Es ist nicht ganz leicht zu erklären, es liegt an der Frage des übergeordneten und untergeordneten Bewusstseins. Diese Anteile nehmen bewusst nicht Zugriff auf die Erfahrungen des übergeordneten Bewusstseins. *Weil sie sonst die Erfahrung nicht machen könnten?* Ja. Aus einer Seele können daraus Anteile verschiedenster Erfahrungsstufen werden. Geeignet für eine bestimmte Erfahrung.

Gibt es Reinkarnation und wie genau läuft sie ab? Reinkarnation ist die Verbindung eines Seelenanteils mit einem Körper. Wenn dieser Mensch existiert zwischen einem Seelenanteil und einem Körper, dann ist es möglich. *Und wie genau funktioniert das?* Es ist wie eine Berührung, sichtbar für die Seele ist ein Relief. Und sie berührt dieses Plateau und dadurch entsteht die Verbindung. Der Körper ist viel schwerer. Und dunkler in gewisser Art.

Wie viele Inkarnationen hatte Johannes? 132.

Wie viele Katy? 152.

Ist das viel? Oder gibt es Menschen, die mehr hatten? Es ist schon recht viel. Es gibt noch eine weitere Dimension. Das sind Reinkarnationen, die mit dieser Welt zusammenhängen. Es kann sehr viel mehr geben, aber das sind verschiedene Realitätsblasen. Verschiedene Zustände, die sehr unterschiedlich sein können. Das ist eure Erfahrung in dieser Welt, dieser Ebene. Eure Seele ist sehr viel älter. Aber nicht alle Erfahrungen machen Sinn mit dieser Welt.

Mir (Katy) wurde einmal gesagt, ich sei die Reinkarnation meiner Ur-Ur-Urgroßmutter. Bin ich sie? Oder nur ein Teil von ihr? Da ist eine Berührung auf jeden Fall. Die Identitäten sind nicht gleich. Der Geist ist nicht gleich, aber es ist überlappend. Ihr stammt aus dem gleichen Kernbewusstsein. Das liegt an der Flexibilität der Seele. Weil ein Mensch ein Ausdruck einer Seele ist. Aber eine Seele kann viele Ausdrücke haben.

Hat eine Seele mehrere Teile? Teile, die nicht konstant sind, sie können im Fluss sein. Das, was reinkarniert, ist ein Teil der Seele. Ein Teil, der für das Leben als Mensch geeignet ist. Für dieses bestimmte Leben als Mensch geeignet ist.

Es sind nicht alle Teile im gleichen Körper inkarniert? Nein. Es kann Berührungen geben, aber eigentlich ist es nur ein Teil. Sie können eng beieinanderliegen. Manchmal kann es eine Art Wechsel geben.

Was meinst du mit Wechsel? Anteile einer Seele, die wechseln. Um das Grundthema zu verändern.

Moment! Die wechseln innerhalb einer Inkarnation in einem Körper? Das ist möglich. Der Seelenanteil ist in seinem Ausmaß definiert, aber seine innere Struktur kann sich ändern.

Das ist ja spannend! Aber schwer vorzustellen. Es ist wie ein – da gibt es diese Spiele mit Fingerpuppen – nicht nur das Wechseln der Finger ist die Sache, sondern die Natur des Fingers kann sich ändern, während des Spiels. Wie die Gestalt ist, die die übergeordnete Seele wählt für dieses Leben. Die Seele, die mit deinem Körper verbunden ist, das ist eine Darstellungsform der übergeordneten Seele. Ein Teil, den sie gewählt hat, für dieses Leben.

Den Teil kann sie auch wieder wechseln? Ja und nein. Weil dieser Teil nie getrennt ist von ihr, kann er seine Natur verändern, das wirkt wie ein Austausch. Aber es ist noch immer die gleiche Seele.

Und wie würde sich so ein Austausch im L Menschen zeigen? Veränderte Ausstrahlu Zielsetzungen. Die Grundfarbe des Wesens w ändern.

Aber das merkt der Mensch nicht? Er würde si... anders fühlen, aber nicht bemerken, dass es so ist. Er würde meinen, er hat andere Gedanken, andere Wünsche, ein anderer Ausdruck würde sich ergeben. Das ist eine radikale Veränderung, um radikale Veränderungen im Leben möglich zu machen. Die Resonanzen können sich verändern. Es ist viel einfacher, als ein neues Leben zu beginnen.

Ja? Für den Geist kann es etwas anstrengend sein. Für den Körper ist es mehr Spaß. Das ist wie eine scharfe Kurve zu machen. Das Gravitationszentrum hat sich plötzlich geändert. Das ist was die Seele erreichen kann, wenn sie die Natur ihrer Darstellung verändert.

Das ist immer zum Wohle des Menschen? Es lässt sich nicht trennen, was das Wohl ist. Der Mensch ist der Ausdruck der Seele. Und er ist in der Lage, neue Erfahrungen zu machen. Es müssen keine angenehmen Erfahrungen sein. Aber dieser Unterschied ist für die Seele sehr viel schwerer zu verstehen. Die Seele macht Erfahrungen und sie ist neugierig. Wie es sich anfühlt.

Das heißt, sie will alle Erfahrungen machen? Alles, was derzeit in ihrem Blickfeld ist.

Aber das kann auch was Negatives sein? Negativ nicht für die Seele.

Aber für den Menschen? Es könnte *(lacht)*... nun, in eurer Sicht, vermutlich ja. Aus der Sicht der Seele ist es nur eine Erfahrung.

Wenn eine Seele also eine für den Menschen negative Erfahrung machen möchte und er macht die und er will dann was zum Positiven ändern/verbessern. Lässt die Seele diese Erfahrung dann auch zu? Das ist möglich. Das ist die Aufgabe des Bewusstseins, man muss mit der Seele sprechen, um das zu erreichen. Die Seele hat beschränkt Verständnis für Schmerz und Ablehnung. Im Sinn von sie kann es nicht erleben.

Auch nicht, wenn der Mensch und der Körper es erleben? Dann hat sie einen Eindruck davon, aber er stellt sich ihr nicht negativ dar. Aber die Seele ist in ihrer Natur gütig. Du kannst ihre Entscheidungen beeinflussen, wenn du mit ihr sprichst. Sie kann dann gewisse Erfahrungen auslassen. Glücklicherweise wissen das nicht so viele Menschen. Das könnte langweilig werden.

Sollen wir das dann überhaupt in unserem Buch veröffentlichen? Alles, was ist, hat einen Sinn.

Können wir als der gleiche Körper wiedergeboren werden? Der gleiche Körper. So wie ich eure Körper verstehe, sind sie im permanenten Fluss. Ähnliches Aussehen ist natürlich möglich. So wie innerhalb eines Lebens ist euer Körper immer im Fluss. Es kann eine gewisse Identifikation mit einer Form geben. Etwas, wofür ihr geeignet scheint oder etwas, was nicht ganz aufgearbeitet wurde.

Zum Beispiel ein Geschlecht? Möglich. Oder eine bestimmte Erfahrung. Ein Tod. Eine Geburt. Elternschaft. Dinge, die mit einem Körper eng verbunden sind. Dafür kann es sinnvoll erschienen, es kann mit einer engen Bindung eines Bewusstseinsanteils zu tun haben, der eine bestimmte Erfahrung nicht für sich abgeschlossen hat. Es gibt sehr viele Dinge.

Macht es nach dem Tod einen Unterschied, ob der Mensch vorher an das Leben danach geglaubt hat oder nicht? Ein wenig. Denn das Bewusstsein existiert weiter. Starke Signaturen werden einen Einfluss haben, es kann länger dauern, sie zu verarbeiten. Euer Glaube an das

Jenseits kann Teil eures Charakters sein. Und einen Einfluss haben auf die Sicht der Seele auf sich selbst. Es hängt davon ab, wie weise die Sicht war. Zu überarbeiten ist es immer. Aber es bedeutet nicht, dass ein anderes Jenseits auf dich wartet. Du hast vielleicht nur mehr Schreibarbeit zu erledigen, sozusagen.

Hast du einen Tipp gegen die Angst vor dem Tod? Jenseitskontakte. Kontakte mit Wesen auf der anderen Seite der Barriere. Es nimmt die Angst vor dem Wechsel. Das ist nicht für jeden geeignet. Aber diejenigen, die diese Angst nicht brauchen, können so Beruhigung finden. Und einen Teil ihres Bewusstseins erweitern. Es ist eine weitere Erfahrung. Es wäre auch möglich mit der Seele zu sprechen, ob sie solche Erfahrungen haben möchte.

Welche? Solche, die die Angst nehmen. Beachte, dass die Seele nicht in Kategorien wie Furcht und Angst und Gut und Schlecht funktioniert. In kontinuierlicher Glückseligkeit ist sie schon. Was sie sucht, ist echtes Verständnis.

Aber ist das nicht paradox? Die Seele will Erfahrungen und der Mensch will Glückseligkeit? Ja. Deswegen funktioniert es wohl auch. Aber ihr könnt in engere Kommunikation treten mit eurer Seele.

Und wie? Verschiedenartig. Ihr könnt sie in euch spüren, ihr könnt kommunizieren, wie wir es jetzt tun. Gefühle, Bilder, Gedanken.

Ist meine (Katys) Arbeit mit den Rückführungen so eine Möglichkeit für die Klienten? Ja. Wobei du noch mehr kannst.

Was? Du kannst Menschen durch deine... eine Art Berührung die bewusste Verbindung zu ihrer Seele verstärken. Mit deiner Intention. Berührung am Hals und an der Stirn. Thymusregion. Eine Erhellung, das ist es, was es bringt. Eine Verbindung für diejenigen Menschen, für die es geeignet ist.

Und wie erkenne ich die? Sie folgen auf dein Angebot.
Und diese Berührung mache ich statt der Rückführung? Es ist eine Fähigkeit, die in dir ruht. Es ist nicht mal verbunden mit Rückführung. Es ist die unmittelbare Verbindung zum höheren Selbst, die zu stärken, die bewusst zu machen, das ist deine Stärke.
Und wie mache ich das? Du musst die Intention darauf richten. Du kannst als eine Art Mediator funktionieren. Wie eine Vorstellung. Dadurch wird der Kanal bewusster und unmittelbarer. Das ist keine Frage der Technik, sondern ein Effekt unseres Energiekörpers, wenn du es möchtest.
Gilt das jetzt nur für mich oder soll das auch ins Buch? Es ist speziell ein Talent, das du hast. Es gibt andere, die dieses Talent benötigen.
Also lass ich es weg? Du kannst es als Werbung benutzen.
Wie lange ist die Pause zwischen zwei Leben? Gibt es eine Mindestzeit bzw. eine Maximalzeit für die Pause? In eurer Zeit würdet ihr sagen, vielleicht zwei bis drei Jahre. Vielleicht kürzer. Es ist keine Regel, es ist üblich. Mindestzeit. Kürzer ist unüblich.
Aber möglich? Es gibt nichts, was es verhindern würde. Es liegt an der Verarbeitungszeit für ein Leben.
Das heißt, mein Vater ist jetzt schon wieder inkarniert? Möchtest du das wissen?
Darf ich es wissen? Es gibt keine Regel, die es verbieten würde.[64]
Darf ich dir Fragen zu dir stellen? Wer bist du und was machst du? Ich bin das, was ihr früher einen Wächter der Unterwelt genannt hättet. Aber mein Wesen ist fröhlich. Weil es keine Unterwelt gibt. Es gibt nur die Grenze

---

[64] Anmerkung der Autoren: Diese Antwort war sehr persönlich und wurde darum von uns nicht mit ins Buch aufgenommen.

zwischen Wahrnehmungen. Ich bin ein Mediator zwischen Bewusstseinsebenen. Zwischen den verschiedenen Ausprägungen eines Bewusstseins, oder verschiedenen davon.

Und warum hätten wir dich so genannt? Weil der Tod ein Wechsel zwischen Bewusstseinsebenen ist. Er geht einher mit dem Verlieren einer physischen Existenz und mit der Erweiterung des Bewusstseins. Eine Rückkehr, ja. Der Geist ist nicht mehr limitiert durch die Sicht des einen Lebens. Und er kann direkt interagieren mit der Seele. Direkter zumindest. Es ist eine Frage der sichtbaren Grenzen und die sind geschwächt. Der Geist ist streitbar in seiner Natur. Er ist eckig und kantig und hat Identität. Aber er ist der Freund der Seele. *Heißt das, du bist anwesend, wenn ein Mensch stirbt?* Nicht persönlich. Ich bin anwesend, wenn der Übergang nicht einfach ist. Wenn ein Bewusstsein sich wehrt, ist es meine Aufgabe die Sicht zu verbessern.

Gibt es das oft? Es gibt *(lacht)*... es ist fast normal, sich an seinen Körper zu klammern. Aber es gibt einige, die sind besonders stur und wehren sich gegen die Erweiterung. Es ist ein Teil der Eigenschaften für dieses Leben, das sie gewählt hatten. Starke Persönlichkeiten würdet ihr sie nennen. Sie haben mehr Angst, sich aufzulösen.

Warst du je auf der Erde inkarniert? Manchmal. Es ist schon lange her. Aus Spaß, Neugier.

Und wie war das für dich? Vorübergehend. Leicht. Aber mein Wesen liegt auch in der Vermittlung zwischen Bewusstseinsebenen. Dort war nicht so viel zu tun für mich. Ich war ein Mann im Nahen Osten. Er hat ... er war Beobachter bei etwas, er hat, er hat Jesus beobachtet. Er wollte es aus der Sicht eines Menschen sehen. Das Experiment. Er war kein besonderer Mensch, er wollte es nur sehen aus dieser Sicht. Er hat sich interessiert für... damals mit diesem Menschen war zu sehen, der Kontrast zwischen dem Herz und dem materiellen Leben. Der war sehr groß und ich wollte sehen, aus der Sicht eines Menschen, was man wählen würde. Er war sehr stark im Herzen, dieser Mann.

Aber das könntest du heutzutage auch gut erleben. Diesen Kontrast. Vielleicht, aber dieser Mann war besonders. Und die anderen waren sehr materiell. Heute... es ist kein Interesse von mir, das zu tun.

Weißt du, warum Johannes und ich das tun? Heute? *(gemeint ist: inkarniert zu sein, Anm. d. Autoren.)* Zum persönlichen Wachstum. Für euch und auch andere. Wachstum meint, mehr zu sehen. Mehr wahrzunehmen. Dinge, die eigentlich sind. Umfassender, tiefer, liebevoller wahrzunehmen. Ihr helft, Verbindungen zu sehen. Die Isolation zwischen den Menschen zu durchdringen. Damit werden neue Räume geschaffen, für neue Erfahrungen. Eine Phase der Existenz geht dem Ende entgegen oder ist beendet. Dinge, die leicht zu erfahren waren. Und jetzt gibt es neue Möglichkeiten.

Wie? Es gibt Dinge, die leichter geworden sind. Es ist leichter, bewusst und klar zu sein. Und trotzdem ein Herz zu haben. Die Bedeutung der Materie ist nicht mehr so wichtig wie noch vor kurzer Zeit. Die Bedeutung der Materie, die ihr an euch nehmt, um euch zu schützen.

Aber das versteh' ich nicht ganz... Es fällt euch leichter, das, was ihr meint zu brauchen, nicht wichtig zu nehmen. Und das auch bei einer leichten Klarheit des Kopfes.

Meinst du Geld? Auch, ja. Geld und Toaster. Und anderes Zeug. Stühle. Tische. Kühlschränke. Ja, aber sie sind nicht von großer Bedeutung für euch. Euer Wesen ist viel selbständiger und benötigt die starren Dinge nicht. Ihr habt die Flexibilität nicht an ihnen haften zu müssen.

Reden wir jetzt von allen Menschen oder nur von uns beiden? Es ist die Zeit, die das leichter macht. Die Ausprägungen werden sich sehr unterschiedlich gestalten. Es gibt viele Menschen, die das weiterhin aufarbeiten werden. Die Banker sein werden. Die den Unkult zeigen werden. Seid ihnen dankbar. Denn das ist ihre Aufgabe.

Und wenn so jemand dann einen Wechsel des Seelenanteils machen würde, könnte er alles hinschmeißen und aussteigen? Er könnte alles sein. *Aber bräuchte er einen Seelenanteilswechsel dafür?* Es würde die Sache sehr vereinfachen. Die Signaturen sind angepasst für einen Lebensstil. Um von Banker auf Hippie zu wechseln wäre es gütig, den Seelenanteil zu wechseln. Denn sonst wäre es sehr steinig für diesen Menschen.

Das heißt, man hat im Grunde von Geburt an einen bestimmten Charakter? Er scheint durch, ja.

Aber der Seelenanteil bestimmt, was für eine Art Leben ich führen werde? Letzten Endes gibt die Seele die Richtung vor und der Seelenanteil bestimmt die Art, wie du manifestierst.

Aber es gibt schon Entwicklungsspielraum? Es gibt viel Flexibilität in der Ausgestaltung des Weges. Die Seele bildet den Attraktor, der Dinge anzieht oder eben auch nicht. Damit lässt sich arbeiten. Aber es ist auch möglich, die Seele um eine Änderung zu bitten, dann kann sie eine Veränderung an deiner Grundkonfiguration vornehmen. Letzten Endes seid ihr ein Team, der Körper, der Geist und die Seele. Das individuelle Bewusstsein, das Trägermedium und die Seele. Auch die Seele ist ein Bewusstsein, aber von zeitloser Natur.

Kannst du eigentlich meine Gedanken lesen oder hören? Gedanken sind eine Art der Kommunikation. Die Dinge, die in dir laufen, nur wenn du sie zeigen möchtest. Es wäre auch sehr unhöflich.

Ich habe nur das Gefühl bei dieser Arbeit hier, dass das Wesen, mit dem ich mich unterhalte, immer schon weiß, was ich wissen will. Darum frage ich. Es ist das, was geschrieben steht.

Und wo? In meiner Realität. Meine Wahrnehmung dazu ist anders. Ich sehe Dinge, die jetzt gerade zu tun sind. Und denen folge ich.

Und dazu gehört mit uns zu sprechen? Ja. Es ist natürlich eine spezielle Ehre, gnädige Dame!

Haha, danke. Das ist für uns natürlich auch so! Durch meine Arbeit habe ich mit vielen Menschen zu tun gehabt, anders als die Engel vielleicht. Ich habe mit vielen letzten Momenten zu tun gehabt. Mit den letzten Ängsten, mit dem letzten Aufbegehren einer bestimmten Identität. Es hat meine Beziehung zu den Menschen vertieft. Und immer ist es die gleiche Erfahrung die folgt. Als würden die Augen geöffnet. Der Großteil eurer Probleme kommt aus diesen verschlossenen Augen. Aber das ist wohl der Grund, warum ihr dort seid.

Ja....

Die weiteren Fragen in diesem Kapitel hat uns Seth zu einem späteren Zeitpunkt beantwortet.[65]

Haben Pflanzen so etwas wie eine Seele? Sie haben Leben.
Haben sie auch ein Bewusstsein? Rudimentär. Das ... alles hat Bewusstsein. Die Struktur ist anders, das Ausmaß ist anders. Aber alles nimmt Form an entsprechend seiner Struktur. Das Konzept "Seele" ist nicht alleinstehend zu

---

[65] Das Gespräch wurde geführt, aufgezeichnet und niederge-schrieben am 12. September 2017.

sehen. Alles ist ein Feld. Pflanzen haben eine einfache Struktur, aber die Zielstrebigkeit und die Direktionalität des Lebens.

Wie viele Leben „muss" man leben? Muss man (wieder) inkarnieren?
Es ist ein Missverständnis. Es ist niemand da, der Vorschriften macht. Es ist persönliches Wissen. Unter der klaren Zielsetzung des Wachstums. Bedürfnis, aber keine Restriktion. Notwendigkeit, wenn der Schritt erwünscht ist.

Also versteh' ich das richtig, niemand hier auf der Erde ist unfreiwillig hier? Nicht auf Seelenebene. Aber es gibt viele Widerstände. Es gibt auch tiefgehende Widerstände. Gegen die Einengungen dieser Existenz. Es gibt Seelenanteile, die mit der Beengung nicht gut klar kommen. Aber es ändert nichts an der grundsätzlichen Freiwilligkeit. Es ist wie ein Training in einem Sarg. Eingeengt von allen Seiten und der Tod steht vor der Tür. Das kann Teil der Erfahrung sein.

Aber es kann ja auch eine positive Erfahrung sein? Es ist alles eine sinnvolle Erfahrung.

Auch die Einengung? Auch die Einengung. Sie besteht in der Wahrnehmung. Nicht in der Realität.

Also kommen wir wieder dahin, wie man das Leben wahrnimmt, so erscheint es einem dann auch? So erscheint es und so wird es. Es ist die Quantennatur des Universums. Die Seele hat sehr viel mehr Einfluss auf die Gestalt als das Denken.

Aber, wenn ich mein Denken über eine Sache verändere, verändert sich dann nicht auch die Sache? Zuallererst für dich. Wie sich die Sache ändert, hängt von der Natur der Sache ab. Wie stark seine Realität ist. Wieviel Eigenleben und Trägheit darin steckt. Wie solide diese Realität ist.

Was, wenn eine Seele nicht mehr inkarnieren will? Sie kann weiter gehen. In andere physische Realitäten.

Was heißt das? Andere physische Welten so wie diese. Mit etwas anderen Eigenschaften. Fühlen sich anders an.

Sind damit andere Planeten gemeint oder andere Dimensionen? Eher Planeten, aber es ist nicht nur ein räumlicher Aspekt. Wie dieses Meereswesen, mit dem ihr zu tun hattet.[66] Andere Eigenschaften der Materie. Es hat Aspekte einer anderen Dimension, aber es ist eigentlich eine andere Raumeigenschaft und eine andere Schwingungsebene. Der Raum ist ein Tor zu anderen Räumen. Das ist ein bisschen schwer zu verstehen.

Gibt es noch andere Möglichkeiten für die Seele? Vertikal, wenn du so möchtest. Die Entwicklung des Bewusstseins lässt sich fortsetzen. Es ist Nichts, von dem ich viel erzählen kann, weil ich mich in dieser Ebene bewege.

Aber wieso kannst du dann nichts dazu sagen? Du kennst es doch? In diesem Bewusstsein, mit dem ich spreche, ist kein Platz für das Verständnis, von dem, was danach kommt.

Also du würdest erst dorthin kommen? Und wäre ich dort, würdest du mich nicht verstehen.

Aber kannst du zwischen diesen Ebenen hin- und herswitchen? Ich bin ein Bewusstseinsanteil, der auf dieser Ebene ist. Aber es gibt einen größeren Anteil. Dessen Wissen mir im Moment nicht zur Verfügung steht. Aber ich kann ihn spüren. Ich bin das, was dieser Anteil jetzt zur Verfügung stellt.

Sind wir Menschen das nicht auch zu einem gewissen Grad?

Ja. Und die Ähnlichkeit geht auch weiter, weil ihr euch dieser Verbindung nicht bewusst seid. Oft weniger als ich und selbst wenn, nicht zugreifen könnt. Aus dem gleichen Grund. Weil es nicht produktiv ist.

---

[66] Anmerkung der Autoren: Gemeint ist Indigo.

Aber manchmal in Meditation oder Hypnose oder bei einer Rückführung, kommen wir Menschen da nicht in Kontakt mit diesem größeren Anteil?
Ja. In unmittelbare Kommunikation. Er kann dann unverfälschter kommunizieren. Aber er wird nur sagen, was er für sich selbst, für seinen eigenen Anteil, der du bist, für sinnvoll empfindet. Es ist keine echte Trennung. Es ist wie... wie eine Hand. Ich möchte meine Hand als Hand. Wenn die Hand anfängt, etwas anderes sein zu wollen, ist es für uns beide nicht hilfreich.

Aber die Menschen streben doch nach Weiterentwicklung? Es ist das gemeinsame Streben. Es ist das Ziel des großen Ganzen. Es bedeutet nicht, alles wissen zu müssen. Alles zu wissen wäre beengend auf eine Weise. Und... Stillstand. Es wäre das Ende eines Strebens und es wäre Stillstand. Die Kenntnis von allem... führt nicht zum Erfahren von allem. Da ist eine Kontinuität zwischen mir und meinem Wesen und dir und deinem größeren Wesen. Die Trennung ist nur funktional, sie ist nicht echt.

Aber ist diese Trennung nicht auch etwas, was die Menschen unglücklich macht, weil ihnen etwas fehlt und sie nicht mal wissen, was? Es ist nicht diese Trennung, die unglücklich macht. Es kann das Gefühl von Trennung an sich sein, das Gefühl von Unvollständigkeit. Aber wenn dieses Gefühl da ist, dann ist es Teil des Suchprozesses. Vielleicht ein Experiment des großen Ganzen.

Ist das Erfahren wirklich so viel erstrebenswerter als das Wissen? Wissen ist ohne Leben. Das Erfahren macht es echt.

Was passiert zwischen den Leben? Konsolidierung. Erfahrungsüberarbeitung. Sortierung. Eine Art Zusammenziehen und auf eine Ebene bringen. Der Übergang zwischen den Welten ist nach dem Leben aufwändig. Alle Bewusstseinsanteile zurückzuziehen bedarf Zeit.

Meinst du damit, dass unter Umständen, dass manchmal Teile eines Verstorbenen noch auf der Erde bleiben? Das kann ein Aspekt sein. Aber das ist der Fokus, der noch in dieser Welt ist. Es ist ein Hinweis auf unvollständige Integration mit der Quelle. Aber es ist kein Hängenbleiben oder Stecken, es ist ein Prozess, der eben Zeit braucht. Es gibt keine Regeln dafür. Es ist auch vollkommen okay und wünschenswert, die Verbindungen dieser Identität auch nach dem Tod zu würdigen.

Heißt das, noch ein Auge auf seine lebenden Verwandten zu haben, zum Beispiel? Eher den Besuch der Verwandten. Menschen, mit denen die Verbindung intensiv war. Abschied nehmen. Oder eher die Beziehung auf eine neue Ebene bringen. Abschied von der alten Beziehung. Hinführen in eine neue, vernetztere. Die andere Zielsetzungen hat.

Was können das für Zielsetzungen sein? Unterstützung. Sicht aus einer anderen Perspektive. Unterfütterung mit Liebe. Aus der Nähe einer menschlichen Perspektive, aber nicht mehr ganz. Oder einer befreiten menschlichen Perspektive, vielleicht.

Ist das dann so etwas wie ein Schutzengel? Das ist eine separate Rolle. In gewisser Weise, wenn du es so verstehen möchtest. Es hat eher etwas mit Beratung zu tun. Mit Einfluss auf das Bewusstsein. Mit Entscheidungen, die man trifft. Eine sanfte Stimme im Ohr, die Emotionen erweckt. Die hilft, zu erinnern. Nicht die Freiheit einschränkt. Das ist sehr zentral.

Wann wird die Entscheidung gefällt, dass man ein neues Leben beginnen möchte? Meistens kurz nach dem Tod. Weil dann schon offensichtlich ist, was aufgearbeitet werden muss. Welcher Seelenanteil weiter trainiert.

Trifft man im Leben zwischen den Leben immer seine verstorbenen Lieben? Seine Geistführer? Seine Seelenfamilie? Das ist nicht so leicht zu sagen. Das ist ein Bild mit... Verbundenheit. Universale Verbundenheit. Es ist kein Treffen in dem Sinn. Es ist ein kontinuierlicher Austausch, der phasenweise intensiver sein kann und dann wieder weniger. Aber es ist die Allgegenwart aller anderen. Bis zu dem Grad, dass wir EINS sind. Es ist ein sehr menschliches Bild, sich zu treffen. Es würde eine Wanderung implizieren, verschiedene Wege. Aber wir sind der anderen gegenwärtig.

Ab wann kommt eine Seele in den Körper (vor der Geburt)? In der dritten Woche ab der Befruchtung. Es ist aber nicht ganz korrekt. Der räumliche Aspekt ist nicht ganz korrekt, die Verbindung wird geprägt in diesem Moment.

Das heißt, die Seele ist nicht wirklich im Körper, sondern hat Verbindung zum Embryo? Es ist eine Informationsprägung, ja. Die Seele ist räumlich nicht gut zu verstehen. Vor diesen drei Wochen ist es der Bewusstseinsstrom der Mutter.

Aber später im Leben ist die Seele schon im Körper? Oder ist unsere Seele eigentlich nie in unserem Körper? Dort, wo die Seele ist, versteht sich der Raum anders. Es macht keinen Sinn, sie im Körper zu lokalisieren. Sie ist verbunden mit jeder Zelle. Sie erfüllt ihn, aber das ist kein räumlicher Aspekt. Sie existiert einfach auf einer Ebene, von der der Raum ein Teil ist. Oder der Raum ist eine Interpretation der Wirklichkeit. Nicht unbedingt die, die die Seele bevorzugt.

Was bevorzugt sie? Die fünfte Dimension.

Warum? Weil sie näher an der Realität ist. Weil alles andere eine Einschränkung der Sicht wäre.

Ab wann ist Bewusstsein im menschlichen Embryo? Im dritten Monat ab der Befruchtung. Ja, so kann man es sagen. Es ist eine graduelle Frage, was Bewusstsein ist. Wie sehr es vom Hintergrundbewusstsein unterschiedlich ist. Aber der dritte Monat ist herausragend in dieser Hinsicht.

Warum? Ein Schritt findet statt, vom mehr animalischen ins mehr menschliche Bewusstsein. Einfache Gedanken. Das Gehirn beginnt eine Identität zu entwickeln. Vermischt mit dem Außen, aber innerhalb der biologischen Restriktionen ein Bewusstsein.

Das heißt, dem Embryo ist nicht mehr bewusst, dass er sich für die neue Inkarnation entschieden hat? Das biologische Bewusstsein ist sehr in der materiellen Ebene. Ja, die Seele ist eine separate Entität. Sie prägt, aber sie ist distinkt. Das heißt, das biologische Leben ist ein Ausdruck. Aber es ist nicht identisch.

Nun besagt die tiefenpsychologische Ausbildung, die ich gemacht habe[67], dass der Ursprung jeden Traumas im Mutterleib entsteht. Stimmt das so?
Es gibt zu Beginn eine Kontinuität zwischen der Mutter und dem Kind. Und es gibt keine Barrieren, die das Kind schützen würden. Das heißt, die Realität wird grundlegend geformt. Mit allen Konsequenzen, die das hat.

Das heißt, wenn die Mutter zum Beispiel sehr depressiv ist in der Schwangerschaft oder Schuldgefühle hat, dann bekommt das Kind das ungefiltert durch? Es wird einfach ein Teil der Existenz sein. Und möglicherweise ein Teil, der im Raum steht, ohne wirklich ein Teil der Persönlichkeit zu werden. Er ist lediglich da. Wie ein lebenslanges Enigma. Möglicherweise ein ewiger Widerspruch in sich. Es liegt an der Realitätsbildung. Weil das äußere Bild Informationen

---

[67] http://www.praxis-raggiodisole.eu/tiefenpsychologischescoaching, Stand: 21.01.2018

über die Realität beinhaltet. Eigentlich eine Unterstützung für das Kind. Eine Vorbereitung. Aber es bedeutet auch, dass Widerstände und Blockaden beinhaltet sein können. Konzepte, die in starkem Widerspruch zur neuen Seele sein können. Diese Vermischungen können schwierig aufzulösen sein. Weil es eigentlich keine Traumata sind, sondern ererbte Erinnerung, ererbtes Verständnis. Nie ganz integriert. Unter bestimmten Umständen.

Umso belastender vielleicht für den mittlerweile erwachsenen Menschen, wenn er nicht weiß, woher das kommt? Soweit das Bewusstsein erkennt, dass diese Aspekte da sind, verwirrend zumindest. Aber die Lösung liegt im Anerkennen und im Verstehen der Fremdheit.

Was wir ja beim tiefenpsychologischen Coaching nach Andreas Winter[68] machen. Ein guter Ansatz, ja.

Und wie ist das eigentlich mit künstlicher Befruchtung? Was bedeutet das für die Seele? Kein fundamentaler Unterschied. Es ist noch immer der Bewusstseinsstrom der Eltern. Ein Unterschied besteht: Dass der Vater eine größere Rolle spielt. Gewisserweise tritt die Mutter dabei zurück. Es ist die Lebensenergie beider Elternteile, die das Startbewusstsein liefert. Die räumliche Dimension ist nicht entscheidend.

Aber, dass die Menschen so stark in die Natur eingreifen, ist kein Problem? Für den Bewusstseinsstrom ist es kein Unterschied.

Aber ist das grundsätzlich gut, dass wir Menschen künstlich Leben erzeugen? Es ist kein künstliches Leben. Es ist nur außerhalb des Mutterleibes entstanden. Es ist kein neu erzeugtes Zellmaterial. Es ist noch immer der... die Fortführung, des menschlichen, des männlichen, des

---

[68] Katys Ausbildner Andreas Winter, der auch das Vorwort für dieses Buch verfasst hat.

weiblichen Körpers, nur außerhalb des Körpers. Entscheidend ist die Herangehensweise. Was empfindest man dabei? Weswegen tut man das?

Also gibt es da "bessere" und "schlechtere" Gründe? Schlecht wäre, sich vom Körper zu distanzieren. Vor allem als Frau. Es könnte ein Versuch darin stehen, den Prozess außerhalb des Körpers zu halten. Das wäre traumatisch. Eine Ablehnung des Befruchtungsvorganges.

Und wenn das so wäre, wäre das dann auch für das Kind problematisch? Das wäre für das Kind eine Lebenserfahrung. Und es hätte auch einen Einfluss auf den Mann. Denn in gewisser Weise ist es eine Ablehnung gegen den Mann, die er merkt. Das ist aber nicht eine Eigenschaft der künstlichen Befruchtung und muss nicht der Fall sein. Es ist lediglich so, dass diese Art der Befruchtung den Raum gibt, solche Thematiken anders auszuleben.

Und was wären "gute" Gründe? Liebe. Der Wunsch, Leben zu sehen. Der Wunsch, Leben zu sehen, ohne es besitzen zu wollen.

Ist künstliche Befruchtung nicht manchmal nur der Egoismus der Eltern, die unbedingt ein Kind wollen? Leben ist egoistisch.

Okay, anders formuliert: Wenn Menschen auf natürlichem Wege nicht schwanger werden können, sollten sie das nicht einfach akzeptieren und ihrem Leben einen anderen Sinn geben? Es gibt keine festen Regeln dazu. Der Kampf für das Leben kann sinnvoll sein, er kann prägend sein, er kann Realität sein. Was mehr egoistisch ist, hängt von den Menschen ab. Und ob der Egoismus ein Problem an sich ist, hängt vom Betrachter ab. Es ist sehr getragen von der Motivation, etwas zu tun. Entscheiden Menschen, ein Kind zu wollen, um für sich etwas formen zu können, dann ist es eine schlechte Entscheidung. Es ist manipulativ und erzeugt keinen Raum. Noch immer wird das Leben seinen

Weg finden. Aber es wird nicht so unterstützt sein, wie es könnte. Andererseits, aus seinen eigenen Zellen heraus Leben entwickeln zu wollen, ist ein Grundinstinkt. Es bedeutet, das Leben fortzusetzen. Ein Kind zu adoptieren, kann gut sein. Wenn es auf Herzensebene passiert. Dann ist es die natürliche Fortsetzung all dessen, was dieser Mensch ist. Und in allen Fällen kann es Besitzdenken sein. Dann läuft es gegen das Leben.

Die Menschen nehmen sich nicht nur das Recht, künstlich Leben zu erzeugen sondern durch Sterbehilfe, dass sie das Leben nach ihrem Dafürhalten beenden. Was kannst du uns dazu sagen? Wenn es eine Entscheidung zwischen zwei Menschen ist, in vollem Bewusstsein, nach einem gelebten Leben, dann ist es eine Erfahrung für beide. Ein Akt des Vertrauens. Es ist zentral eine Frage des Bewusstseins und der Gegenwart. Die Motivation ist sehr zentral dabei. Eine Handlung aus Respekt und Liebe bleibt genau das. Es ist sinnlos, Regeln darüber zu stülpen, es hängt von der Situation ab. Es ist auch möglich, zu töten, und einen Vorwand zu suchen und zu finden in diesem Siechen. In den Schmerzen eines anderen. Die Motivation stimmt dann nicht, oder sie ist egoistisch, sie ist nicht liebevoll.

Aber das Problem in unserer Gesellschaft ist doch, dass wir Regeln dafür machen müssen? Und diese Regeln müssen streng sein. Der entscheidende Aspekt ist, dass, wenn ein Sterbeprozess stattfindet, es eine Berührung zwischen dem Sterbenden und dem Helfer ist. Und diese muss rein sein. Das bedeutet, der Sterbende lässt sein Leben gehen. Weil er eigentlich schon an seinem Ende angekommen ist. Und der Helfende benötigt ein sehr spezielles Bewusstsein. Nichts daran darf aus Angst passieren. Und es muss hinterfragt sein, ob es keine anderen Möglichkeiten gibt. In vielen Fällen wird die Begleitung wichtiger sein.

Also Sterbebegleitung? Ja. Sterbehilfe und Sterbebegleitung können sanft ineinander übergehen. Die Fragen, wie sehr um ein Leben zu kämpfen ist und wann man gehen lässt, sind sehr fließend. Aber dogmatisch an einem Leben fest zu hängen, um einer Regel willen, ist nicht menschlich. Was immer passiert, es muss offen sein und bewusst und aus Liebe. Es wird bedeuten, dass, so das Bewusstsein wirklich bereit ist, es sich entschließt, dem Ende in seinem eigenen Tempo entgegen zu gehen. Aber die Hilfe ist nicht grundsätzlich abzulehnen. Es muss ein Akt eines entwickelten Bewusstseins sein. Und es muss klar sein, dass es sich nicht um Angst handelt. Letzten Endes wird es eine Frage sein für alle, festzulegen, worin die Bedeutung ihres Lebens liegt. Und worin der Respekt vor dem Leben anderer liegt. Wichtiger als der Akt der Sterbehilfe ist der Hintergrund. Der Tod an sich ist nur ein Schritt. Aber was bewegt die Menschen dazu? Ist es Angst oder Sinnlosigkeit, die Ablehnung, zu sehen oder ist es tatsächlich ein Ende der Existenz?. Es ist nicht leicht pauschal zu sagen. Es muss ein sehr bewusster Akt sein. Und sehr transparent. Und noch wichtiger: Wohin diese Reflexion führen kann. Sie kann zu einer weiteren Anerkennung des Lebens führen. Denn in der Entscheidung es aufzugeben, kann man das Leben umso mehr schätzen. Seine Grenzen besser definieren. Seine Bedeutungen wahrnehmen. Wichtig ist vor allem, keine Lebensbeendigung durchzuführen, einfach weil es praktischer ist. Dafür ist es zu wertvoll. Und es benötigt Schutz vor Menschen, die diesen Respekt nicht haben.

Jetzt wieder zu einem etwas anderen Thema: Wie viele Geistführer kann man haben? Zwölf. Vielleicht 13. Diese Zahl ist übertragen. Sie meint eine Vollständigkeit.

Hat man die immer alle gleichzeitig? Es gibt einen Fokus jeweils. Es gibt Individuen, die auftauchen und verschwinden, aus dem Fokus rücken. Etwa wie spezialisierte Berater, die angezogen sind von Lebenssituationen. Keine allgemeinen Regeln. Es ist eine Frage der Praktikabilität. Wie viele Felder einander überlagern können ohne unerwartete Effekte zu erzeugen.

Was für Effekte? Strudel im Bewusstsein. Stell dir einen Fluss vor, mit verschiedenen Strömungen, hier und dort bilden sich Strudel und Strömungen, scheinbar unvorhersehbar. Wenn sich komplizierte Felder überlappen, können solche Strudel entstehen, die Effekte auf die Realität des Menschen haben. Deswegen ist es besser, wenige fokussierte Berater zu haben, als sehr viele gleichzeitig. Es kann schwierig sein, die Felder zu verstehen, zu beherrschen und zu steuern. Letzten Endes hat das Feld, das die Berater und Führer erzeugen, etwas mit dem morphogenetischen Feld zu tun. Es beeinflusst die Wahrscheinlichkeiten, mit der sich die Welt entwickelt und die Realität des Betroffenen. Wenn man keinen Wildwasserstrom möchte, ist es einfacher, mit weniger Führern.

Wie kann man Kontakt aufnehmen zu seinem Geistführer? Wie erfährt man seinen Namen? In der Stille. Am einfachsten. Die Intention, den Namen zu erfahren, ist wichtig. Die Bereitschaft des Führers, ihn mitzuteilen, ist wichtig. Und ausreichend geistige Stille, um nicht von den eigenen Gedanken überrannt zu werden. Der Name des Führers wird etwas Wesentliches über seine Natur ausdrücken. Es ist daher in erster Linie wichtig, spüren zu können. Der Name vibriert in der Natur des Führers. Also insofern ist nur notwendig, den inneren Stimmen zuhören zu können. In dem Raum zwischen den Gedanken. Es ist an sich nichts Geheimes dabei.

Wie kann man auch im irdischen Leben Kontakt zu seinem Geistführer halten? Der Geistführer spricht über die innere Stimme. Er spricht über Intuitionen, plötzliche Geistesblitze. Der wichtigste Schritt ist, den eigenen Wahrnehmungen zuzuhören, wenn eigenartige Gedanken hochkommen. Plötzliche Bilder von der Zukunft. Und es sind immer die ersten Eindrücke. Die Kommunikation ist subtil. Sie baut auf Gefühlen und subtilen Gedanken. Sie ist nie gewaltsam oder fordernd. Sie ist wie der Gedanke, den man immer schon hatte. Das eigentliche Problem ist also nicht, seinen Geistführer zu hören, sondern ihn herauszuhören aus dem übrigen Rauschen. Dafür benötigt es vor allem Selbstkenntnis, Achtsamkeit für sich selbst. Dann wird ein Wispern aus der Menge zu einer individuellen Stimme.

Was passiert mit Tieren (bzw ihren Seelen) nach ihrem Tod? Und was mit unseren Haustieren? Sind die Seelen unserer Haustiere irgendwie mit unseren Seelen verbunden? Tiere sind üblicherweise stärker an diese Ebene gebunden oder ihr mehr verbunden. Die Seelen der Tiere, die sich entwickelt haben, können als Schutzgeister verweilen. Vielleicht eher als verbundene Geister. Als assoziierte Bewusstseinsströme. Wichtig ist - oder interessant ist - zu differenzieren zwischen diesen tierischen Strömen und denen, die die Menschen erzeugen, durch Trauer oder Wunsch. Das würde eher Dämonen entsprechen.

Aber ich verstehe das trotzdem nicht ganz! Der Unterschied ist, ob es ein Strom unabhängig von den Menschen ist, oder nicht. Das Tier war ein eigenes Wesen. Aber was das Bewusstsein des Menschen damit getan hat, oder projiziert hat oder darüber gestülpt hat, ist eine andere Geschichte. Zusammen mit viel verdrängtem Schmerz oder Schuld kann das nach Auflösung rufen. Es sind einfach Teile des Menschen, die separiert und projiziert werden. Unabhängig von der Seele des Wesens. Also hängt es sehr stark vom Menschen und seiner Motivation ab.

Aber wieso haben die Menschen so viel Einfluss auf die Seelen ihrer Tiere? Es geht eigentlich nicht um den Einfluss auf die Seele der Tiere, sondern es geht darum auseinander zu halten, was das Tier ist und was eine Projektion des Menschen ist.

Aber was passiert jetzt wirklich mit den Tierseelen? Das hab ich noch nicht verstanden. Je nach ihrer Natur, sie können assoziiert bleiben. Oder zurückkehren in das größere Energiefeld der Natur.

Und was passiert mit den Seelen der durch Massenindustrie getöteten Tiere? Sie sind Teil eines gestörten oder verwirrten Energiefeldes. Die Verwirrung ist greifbar. So viele Dinge sind nicht, wie sie sein sollten. Diese Gruppenseele ist verzerrt. Schmerzerfüllt. Aber vor allem geistig verzerrt. Ungesund. Es hat zu tun mit der Trennung von Geist und Körper. Diese Wesen waren nicht nur Körper. Und doch ist nur ihr Körper geschätzt worden. Es ist ein Weg in den Untergang. Diese Verzerrung des Lebens. Diese Nutzbarmachung. Die nur eine Ausnutzung ist. Sie führt zu Verwirrung und zu zerrissenem Leben.

Wenn Menschen sehr überraschend versterben (Unfall, Herzinfarkt oder ähnliches), ist es dann besser, wenn sie nach dem Tod nicht verbrannt werden? Weil sonst vielleicht noch Anteile im Körper zurückbleiben? Der Fokus liegt auf den Überlebenden. Der Abschiedsprozess ist leichter mit einem Körper. Hier geht es um den Abschied an sich. Oder der Form des Grabes. Das Bild das Menschen haben von einem Grab oder einer Urne. Das Bild einer Urne ist ein weniger hilfreicher Fokus. Für den Verstorbenen an sich macht der Körper keinen Unterschied mehr. Aber der Zustand seiner Zurückgebliebenen macht einen

Unterschied. Es hängt also von den Menschen ab. Es kann sein, dass die Urne als Symbol der Befreiung verstanden wird. Als Möglichkeit zu lösen, für die Hinterbliebenen. Vielleicht, die Asche zu verstreuen im Wind. Es geht also im Kern um den Loslassprozess der Hinterbliebenen. Der sich auch im Zustand des Verstorbenen reflektieren wird. Der Körper an sich ist nicht entscheidend. Das Bewusstsein ist es schon.

Warum haben manche Menschen so ein schweres Leben und viel Unglück? Die wichtigste Aussage ist: Unglück liegt im Auge des Betrachters. Die zweite Frage ist: Wie wäre es denn gut? Es kann zu tun haben mit alten Prägungen. Was das Bewusstsein möchte und was es realisiert. Es kann aber auch um andere gehen. Es kann ein Geschenk an andere sein. Und dann ist es auch eine Erfahrung. Aber in diesem Moment sollte der Fokus sein auf der Selbstwahrnehmung des Betroffenen. Während viele Dinge möglich sind oder Ursachen bestehen können, diejenigen, die das jetzt lesen: Es gibt unsichtbare Barrieren in eurer Wahrnehmung. Dinge, die ihr für real haltet, die aber nur real sind, weil sie für euch real sind. Warum euch niemand mag. Warum eure Haut so fahl ist. Warum euch die Männer nicht den Respekt entgegenbringen, den ihr verdient. Warum ihr nicht die Aufmerksamkeit bekommt, die ihr möchtet. Hinter all diesen Dingen stehen Annahmen. Sichtweisen, die tief in eurem Bewusstsein verankert sind. Und diese Sichtweisen sind in diesem Moment das wirkliche Problem für euch. Das ist Nichts, was ihr mit Nachdenken lösen werdet. Oder mit Gewalt. Oder indem ihr jemand anderen verändert. Es braucht eine äußere Perspektive oder zumindest einen Reflexionsprozess, der alles in Frage stellt. Alles, was bisher Sicherheit gewährt hat. Inklusive der Sicherheit, die das eigene Unglück gewährt hat. Ich denke, das ist allgemein genug für den Moment.

Zu den folgenden Fragen aus diesem Themenbereich antwortete uns Echnaton.[69]

Gibt es eine Hölle, und wenn ja, was ist sie? Ja. Die Hölle ist sehr real. Sie kann in jedem von uns existieren. Sie liegt in der Abwendung von der Welt. In der Verschlossenheit vor dem, was ist. Sie besteht in der Enge und der Dunkelheit, die daraus entsteht. Sie ist ein Gefängnis für die Perspektive. Und der Schlüssel zu ihrer Erlösung liegt in jedem, der sie erlebt. Was nicht bedeutet, dass Hilfe von außen, durch andere nicht helfen kann. Sie ist ein Ort der Isolation und der Trennung. Eine Trennung, die durch Missverständnisse oder einen Verlust der Sicht entsteht. Ich nehme an, dass sie ihre Nützlichkeit haben kann. Aber eigentlich ist sie, wie den Kopf in eine Schachtel zu stecken und zu glauben, dass das Dunkle in der Schachtel die Welt ist.

Aber das klingt für mich, als wäre der Mensch, der diese Hölle erlebt, selbst schuld? Schuld... er erzeugt sie selbst, ja. Vor allem aber erlebt er sie selbst. Die Hölle hat keine tiefere Realität jenseits der Schachtel. Wie die Schachtel besteht ihre Natur rein in der Abwesenheit der Reize von außen. Wie ein Tier in einem Käfig erlebt das Bewusstsein dort die Hölle. Durch die Trennung von seinem natürlichen Lebensraum. Grade der Hölle existieren daher mannigfach. Sie ist aber kein Ort der Strafe, lediglich ein Ort des Leidens. Verschiedene Lebensformen haben ihre Natur nie wirklich verstanden, weil das Konzept der Trennung zu fremdartig ist. Ihr könntet sie keinem Engel erklären. Diejenigen, die gelebt haben, wissen von der sensorischen Einschränkung,

---

[69] Das Gespräch wurde geführt, aufgezeichnet und niedergeschrieben am 20. Oktober 2017.

die mit dem Leben einher geht, das Konzept wird dadurch erst möglich. Ich sehe auch, dass die Hölle dienen kann, bestimmte Selbstaspekte zu reflektieren und intensiv zu erleben.

Das Bild "Dantes Inferno"[70] in Florenz, das den Teil aus Dante Alighieris "Göttlicher Komödie" beschreibt, kommt mir in den Sinn, meint das - oder meinen diese Werke - diese von dir beschriebene Hölle? Die Hölle ist individuell, kein globaler Ort, deswegen keine globalen Ebenen. Aber es gibt thematische Ebenen. Man könnte sie als Bewusstseinsebenen oder Schritte zur Bewusstheit verstehen. Die verschiedene Lebensaspekte widerspiegeln. Aber keine Ebenen der Strafe, sondern der Selbsterkenntnis, oder überhaupt der Erkenntnis. Die Interpretation der Hölle als bösen Ort kommt aus der Überbewertung von Lust und Freude. Diese Ebenen entsprechen verschiedenen Arten von Schmerz, die ein Mensch erfahren kann.

Heißt das, jeder Mensch erlebt quasi seine eigene Hölle? Seine eigene, private Hölle, ja.

Und wenn jemand psychisch krank ist, ist das auch eine Ebene seiner eigenen Hölle? Psychische Erkrankung ist ein Ausdruck der Hölle. Aber ein Ausdruck, der auch andere Menschen sehr intensiv berührt.

Und kann man da ohne Hilfe von Außen überhaupt noch raus? Es hängt von der Art und der Natur der psychischen Erkrankung ab. Sie kann sehr physisch sein, oder sie kann mehr aus verwirrten Gedanken entstehen. Der geradeste Weg ist, Anleitung zu bekommen. Einem Bewusstsein zu

---

[70] Anmerkung der Autoren: Fresko von Domenico di Michelino in Santa Maria del Fiore, Florenz 1465.

begegnen, das die Schachtel öffnet. Das entsteht einfach durch den Kontakt mit diesem Bewusstsein. Belehrung ist keine Lösung.

Kann die Auflösung des Ursprungstraumas eine Lösung sein? Es hängt von der Tiefe der physischen Verwurzelung ab. Bei starken physischen Veränderungen braucht es auch physische Unterstützung für die Regeneration. Die Art der Veränderung reflektiert auch den Wunsch des Erlebens. Es wird keine Veränderung gegen den Wunsch der Seele stattfinden. Deswegen sind allgemeine Aussagen schwierig. Nicht alles, was als psychische Erkrankung gesehen wird, muss geheilt werden. Nicht alles ist krank. Manches braucht einen Führer aus der Dunkelheit. Und dann ist auch diese Interaktion des Führers Teil des Sinns.

Gibt es einen Himmel? Der Himmel ist hier. Der Himmel ist oben und seitlich und überall, wo du hinblickst. Der Himmel ist die Existenz an sich. Du kannst ihn in verschiedenen Ebenen und Qualitäten erleben. Wenn du nach oben schaust, die Blätter im Wind, die Sonne, der Wind - dann ist das der Himmel. Oder wonach suchst du?

Ich denke, bei der Frage geht es um den Himmel, wo Gott ist. Es ist nicht anders grundsätzlich, es ist nur weiter, befreiter von Notwendigkeiten, tiefer in der Perspektive. Mit verschiedenen Ebenen wird es umfassender. So wie sich der Geist weitet. Ein bisschen so, als würdest du auf einen Berg steigen. Du siehst weiter, du erkennst mehr Aspekte die vorher verschlossen waren. Neue Wege eröffnen sich. Dazu kommt die Auflösung der getrennten Identität.

Aber wir sprechen hier jetzt vom Jenseits? Von "nach dem Tod"? Wir sprechen von der Realität der Existenz. Die Trennung von Leben und Tod, von Leben und nach dem Tod, bedeutet nicht viel.

Bei uns schon! Ja, aber auch jetzt ist im Prinzip alles offen. Ihr müsst euch nicht durch die Zeit bewegen, um den Himmel zu erleben, alles ist jetzt offen.

Aber heißt das, der Himmel ist "Im-Jetzt-Leben"? Er ist sichtbarer im Jetzt, weil Vergangenheit und Zukunft auf ihre Art Schachteln sind. Kunstvoll gestrickte Hauben, die man sich über den Kopf zieht. Im Jetzt begegnet man der Existenz. Und die Existenz ist, was den Himmel ausmacht. Denn als Himmel erfahrt ihr ihn, weil er Existenz ist. Weil er mit eurer tiefen Natur vibriert. Weil ihr schon ein Teil davon seid. Untrennbar. Weil in jedem Aspekt das Ganze existiert.

Die folgenden Fragen in diesem Kapitel wurden von Facebook-Usern vorgeschlagen (danke an die betreffenden User!) und wir haben sie in unseren Sitzungen gestellt:

Gibt es einen Weg, um nie wieder in dieser Welt geboren zu werden?[71] Diese Welt, meine Wiese. Ich fliege in der Sonne über das Grün und die Blumen. Ich rieche die Pollen mit meinen Fühlern. Ich lasse mich nieder und nähere mich der Blume. Ich trinke mit meiner Zunge den Nektar aus einem Kelch. Das ist die Welt. Das ist die Einzige, die ich kenne. So ist es mit dieser Welt. Sie ist für dich das, was du kennst. Um neu geboren zu werden in dieser Welt, ist es wichtig, etwas anderes zu erleben. Denn es ist immer auch ein Stück weit eine andere Welt. Diese Welt ist voller Eindrücke und Licht und prickelnden Samen. Es ist das, was für ein Leben gewählt wird. Und es ist das, was ein Bewusstsein daraus macht. Also ja, es ist möglich, nicht

---

[71] Anmerkung der Autoren: Diese Frage wurde von einer Userin nach einem Aufruf auf Facebook gestellt. Beantwortet am 24.10.207 von einem Wesen aus Johannes' Team, das sich „wie ein Schmetterling anfühlt".

geboren zu werden in dieser Welt. Aber warum sollte man nicht geboren werden? Als Schmetterling auf dieser Wiese. Ich meine, sie gibt dir, was du brauchst. Sie gibt dir all die Nahrung, die du brauchst. Und sie kann dein Herz erfüllen. Aber wenn all das, was du bist, entscheidet, das alles nicht mehr zu wollen, dann steht es dir frei, die Wiese zu wechseln. Die Antwort liegt in der Bewusstheit des Erlebens. In der Fülle der Erfahrung. In der Intensität der Farben. Dann letzten Endes wird sie entscheiden, ob Du genug gesehen hast. Und diese Frage ist aus einer etwas düsteren Motivation gefragt worden. Letzten Endes entscheidet aber die Intensität der Farben, ob der Schmetterling genug hat.

Wie kann ich meinen Seelenplan lesen lernen? Hinter dem Wunsch, den Seelenplan zu lesen, steht eine Angst. Die Angst, nicht das zu tun, wofür du da bist. Aber deine Seele offenbart dir laufend, in jeder Minute, deine Potentiale. Jede Interaktion, die du machen kannst, jeden Schritt, den du tun kannst und jeden Gedanken, den du haben kannst. All das gestaltet deine Existenz. Das Lesen der Vereinbarungen ist möglich, aber es ist nicht wirklich von Bedeutung. Es ist vor allem der Versuch keine Fehler zu machen. Wenn du es möchtest, nutze die Hilfe von Rückführungen. Der Vorteil ist, nicht ganz so leicht in Wunschvorstellungen hängen zu bleiben. Aber eigentlich ist die Realität, die du in der Gegenwart erlebst, genau dein Plan. Weil diese Realität alles hat, was sie sein kann. Das Leben in der Realität, in der Gegenwart ist das Entscheidende. Das wirklich so anzunehmen, wie es ist und es als Leben zu erfahren. Auch der Intuition zu folgen. Denn die Intuition ist der Spiegel des Seelenplans. Es geht nicht um Größe, es geht rein um Erfahrungen, in allen Dimensionen. Es ist leicht, Erfahrungen über- oder unterzubewerten. Große Wege anstreben zu wollen. Aber für deine Seele ist jeder Schritt, den du tust, wunderbare Realität.

Wer macht die Seelenpläne? Es wäre möglich zu sagen, die Seele gestaltet sie. Es ist ein Teil der Wahrheit. Weil die Seele nicht klar umrissen ist zu diesem Zeitpunkt. Es gibt keine guten Worte dafür. Ich könnte sagen, es ist eine Gemeinschaftsleistung, aber das würde voraussetzen, dass die Seelen getrennte Individuen sind.

Das heißt, zum Zeitpunkt der Gestaltung der Seelenpläne sind die Seelen nicht getrennt voneinander? Das sind sie nie wirklich. Es gibt verschieden ausgeprägte Individualitäten. Aber der Seelenplan ist kein Plan einer einzelnen Seele. Nicht ihr persönlicher Kurs, den sie egozentrisch durch die Welt setzt. Es ist eine Leistung, die in gewisser Weise... man könnte sagen, die Gott ausmacht. In der Art, in der er eine Gruppenleistung aller Seelen ist. Also der Seelenplan ist eine Eigenschaft, die aus einer übergeordneten Interaktion aller Seelen entsteht. Übergeordnet in der Hinsicht, dass die Grenzen zwischen den Seelen so verschwommen sind, dass es nicht der Plan einer einzelnen Seele ist und auch nicht von einer Einzelnen voll umrissen werden kann.

Das heißt, es gibt gar nicht für jeden einen Seelenplan, sondern einen großen Allgemeinen für alle??? Der Gedanke eines Seelenplans für ein Individuum macht Sinn, solang man mit einzelnen Individuen arbeitet. Aber das ist lediglich eine Perspektive. Auf Ebene der Seelen spätestens, desto näher man an die Wurzeln der Seelenströme kommt, verbinden sie sich zu etwas Anderem. Das Bewusstsein wird immer übergeordneter und Trennung in Individuen immer bedeutungsloser. Und ja, der Plan ist betrachtbar aus der Perspektive eines Individuums. Aber der übergeordnete Plan beinhaltet alles, das existiert. In einer einzigen

Wellenfunktion. Wenn ich das so ausdrücken kann. Damit möchte ich sagen, dass der Ausdruck eines Plans in sich nicht ganz richtig ist. Er baut auf diskreten Individuen, Ereignissen und Möglichkeiten auf, aber die Realität der Seelen ist fließend und nicht diskret. Kontinuierlich sozusagen. Es ist eher das Bewusstsein der Menschen, bestimmte Ereignisse als besonders bedeutsam zu interpretieren. Der Seelenplan ist mehr ein Zustandsplan.

Was, wenn man ihn nicht erfüllt? Das ist nicht möglich. Man müsste sich dafür aus der Existenz zurückziehen. Alles andere ist eine Möglichkeit.

Heißt das, es gibt immer mehrere Varianten des Plans? Je nachdem, wie ich mich entscheide? Jeder Moment ist eine Entscheidung. Jedes zerfallende Atom ist eine Entscheidung. Jeder Sonnenstrahl, der durch eine Glasscheibe bricht, unterliegt einer Entscheidung. Es ist lediglich eine Frage, für wie bedeutsam man eine Entscheidung hält. Jeder Ausgang bedingt eine Erfahrung. Und es ist eine, die der Seele nützlich sein wird. Es ist keine Wertung darin vorhanden. Manchmal vielleicht Bedauern. Aber das ist seltener, nur wenn es zum Ende einer Existenz oder eines Existenzpfades führt, denn das Leben wird sehr hoch geschätzt unter den Seelen.

Wie belastbar ist die bedingungslose Liebe und wann genau wird sie zur ausgenutzten Dummheit? Beziehungsliebe ist nicht selbstlos. Menschen sind nicht selbstlos. Das Konzept der bedingungslosen Liebe stammt aus einer immateriellen Dimension. Es ist verwandt mit der Existenz an sich und der Akzeptanz jeder Form von Existenz. Schmerz steht im Zentrum dieser Problematik. Schmerz nicht angenommen zu werden, wie du bist. Das Streben, dich zu verändern. Und dein eigener Widerstand, dass es anders sein könnte, als du möchtest. Wie möchtest du etwas bedingungslos lieben, von dem du möchtest, dass es schön ist? Wie möchtest du das Monster, das dich verschlingt, lieben? Bedingungslos zu lieben bedeutet nicht, schöne Liebesgefühle zu haben. Es bedeutet, etwas zu sehen, mit der vollen Macht deines Bewusstseins und es nicht zu beurteilen. Es in jedem Aspekt zu sehen, der möglich ist. Der dir möglich ist. Die Liebe kommt aus dem Erkennen des Hintergrunds und der Substanz, alles Lebens, das in deinem Gegenüber steckt. Die absolute Liebe ist nicht der Beginn, sie ist das Ende deiner Betrachtungen. Bedingungslose Liebe ist das, was du im Leben und in jeder Existenz in ihrem Kern findest. Weil du beginnst, sie als Teil des Ganzen zu verstehen. Als Teil der einen Existenz. Und damit auch als Teil von dir selbst.

Ist das Gott? Das alles zusammen, die gesamte Existenz, ist Gott. Was aber nicht bedeutet, Ihn nur als solches wahrnehmen zu können. Es ist noch eine Sache: Die absolute Liebe kann ein Knebel sein.

Die menschliche? Ja, das, was man sich darunter vorstellen könnte. Etwas, was man über jemanden gießt, aus dem Wunsch, es schön zu machen. Lieb und gut zu sein. Aber die Liebe liegt nur in der bedingungslosen Anerkennung. Und die liegt rein in der Wahrnehmung. Aber in der Wahrnehmung der zentralen Substanz eines anderen.

MEDIZIN, WISSENSCHAFT UND TECHNIK

"In der Offenheit der Methode liegt die Weisheit."
(Nepomuk)

Die Fragen zu diesem Kapitel wurden uns von Johannes' Geistführer beantwortet. [72]

Macht das Medizinstudium überhaupt noch Sinn? Die Antwort ist ein Gefühl und das ist ein starkes "Ja". Medizin dient dem Studium der Physiologie und des Körpers und das ist aktuell. Wichtig ist der innere Zugang der Studenten. Also die Wertschätzung, die Anerkennung mit einem Patienten zu tun zu haben, mit einem Menschen zu tun zu haben, nicht mit einem Körper. Aber grundsätzlich ist Medizin wichtig.
Aber nur in unserer Welt, oder? Es hängt von dem inneren Überblick über die Anatomie ab, die hat hier besonderen Stellenwert. Weil die Kopplung zwischen Physis und Geist nicht so eng ist. Das bedingt dass der Geist sich nicht in diesem Ausmaß dessen bewusst ist, wie der Körper ist. Dadurch ist eine studierte Herangehensweise sinnvoll.
Aber wäre es theoretisch möglich, sämtliche Krankheiten auf der Erde mit alternativen Methoden zu heilen? Also nicht schulmedizinisch? Das Einzige, was heilt, ist das

---

[72] Das Gespräch wurde geführt, aufgezeichnet und niedergeschrieben am 24.10.2017.

Bewusstsein. Was letztlich heilt. Alles andere sind Hilfestellungen und in denen kann die Alternativmedizin eine große Rolle spielen. Aber das wichtigste ist die Sanftheit der Alternativen. Es geht nicht darum, Medizin grundsätzlich ersetzen zu wollen. Es geht um eine Integration und zu wissen, was geeignet ist zu einem bestimmten Zeitpunkt. Es macht keinen Sinn, Medizin an sich abzulehnen. Es ist eine Frage des "WIE" und "WAS". Und der Einstellung. In der Offenheit der Methode liegt die Weisheit. Oder vielleicht eher in der offenen Auswahl der Methode. Medizin ist auch eine Brücke. Weil sie dem inneren Verständnis der Physiologie dient und in dem inneren Verständnis liegt eine spirituelle Erfahrung an sich. Und dann gibt es die Möglichkeit, den Menschen transzendental zu sehen. Als eine Einheit. Das Wesen, das in ihm ist, und den Körper als eine Einheit. Und das verträgt keinen engstirnigen Kampf der Methoden. *(Das ist in erster Linie ein sehr starker Eindruck von Liebe und Zuneigung zum ganzen Menschen, Anm. Johannes)*

Wie können wir unsere Lebenserwartung verlängern, und ist eine derartige Verlängerung sinnvoll? Sinnvoll innerhalb von Maßen. Das Leben, so wie ihr es kennt, benötigt den Tod. Er gibt euch Raum, euch zu entfalten. Das Leben braucht den Tod, um sich erneuern zu können. Um neue Formen zu entwickeln. Um sich verändern zu können. Der Tod und das Leben eines Einzelnen. *(Das ist ein bisschen kompliziert, das sind keine besonders starken Eindrücke. Aber wenn, dann heißt das "setzt euch lieber mit dem Leben auseinander, als es rauszögern zu wollen", Anm. Johannes.)* Die größte Bedeutung liegt darin, das Leben wertzuschätzen, statt der Angst vor dem Tod zu verfallen. Es ist zu leicht, den Fokus auf das Ende zu richten und das Leben dabei aus den Augen zu verlieren. Das ist an dieser Stelle das Wichtigste. *(Da sind noch mehr Eindrücke, also es geht um das eigene Leben, aber es geht auch um das Leben anderer Menschen, weil sich das Leben fortsetzt im Leben anderer Menschen, Anm. Johannes.)* Es ist also gut, das Leben zu unterstützen, wo man es findet.

Ich versteh' das auch so ein bisschen als Aufforderung, im "Jetzt" zu leben. Der erste Teil ist eine Aufforderung, im "Jetzt" zu existieren. Der zweite Teile ist eine Aufforderung, das Leben und die Verjüngung in anderen Menschen zu sehen. In der nächsten Generation, in den Jungen. Als eine Einheit verjüngt sich die Menschheit kontinuierlich. Das ist dann auch ein Teil deiner Jugend.

Wie können wir die wesentlichen Erkrankungen unserer Zeit heilen? Im Verständnis der Zusammenhänge. Daraus ergeben sich Ursachen und Wirkungen. Aus diesen Zusammenhängen ergibt sich, was getan werden kann. Manche Dinge können aufgelöst werden durch eine hellere Existenz. Sehr viel durch Anerkennung. Manches darf auch sein. Manches verschwindet dann, wenn seine Zeit gekommen ist.

So wie die Pest? Das ist ein Eindruck spezifisch von Infektionskrankheiten, aber nicht nur. Weil die Welt sich verändert, weil die Beziehungen sich verändern.

Aber heißt das auch, dass neue Krankheiten entstehen werden? Neue Möglichkeiten für Missstände, sich zu manifestieren. Es gibt Unterschiede zwischen Krankheiten, die aus dem Bewusstsein entstehen und Krankheiten, die aus Selbstsucht entstehen, wie Vergiftungen der Erde. Solchen, die aus einem Kampf der Organismen entstehen. Und von einer Unterart solche, die aus einem mangelnden Zusammenspiel der Organismen entstehen.

Wie zum Beispiel? Viele Krankheiten können verschwinden, indem bessere Symbiosen eingegangen werden.

Von wem? Mikroorganismen und Makroorganismen. Ich denke dabei speziell an die Pest. Aber im Wesentlichen läuft es darauf hinaus, dass nicht funktionierendes Zusammenleben nicht unterstützt wird. Es ist selbstlimitierend.

Gibt es Details, die du wissen möchtest?

Das ist alles sehr unkonkret... Wenn ein Krankheitserreger einen Organismus befällt, dann sucht er nach Nahrung. Und der Organismus bietet sich an als Nahrung. Aber dieser Konflikt ist nicht zu beiderseitigem Vorteil. Er benötigt Ressourcen von beiden. Ressourcen, die besser genutzt werden können. Es gibt die Möglichkeit, den Konflikt zu beenden[73] oder zusammen zu leben.

Und das Zusammenleben ist die Krankheit? Das Zusammenleben bedingt einen neuen Organismus. Der Kampf ist die Krankheit.

Aber was ist dann der neue Organismus? Eine Verschmelzung beider Lebensformen. Die häufigste Variante ist aber ein Ende des Konflikts. Ein Niedergang des Angreifers[74].

Was bedeutet das für den Einzelnen, wenn er eine Krankheit bekommt? Wie soll er sich verhalten? Ach Gott, das ist so esoterisch! Pfuhhh! (Johannes jammert auf) Ja, gut, ein Anheben der eigenen Frequenz. Ein Erfüllen jeder Zelle mit einer helleren Energie reduziert die Bereitschaft, krank zu werden. Weil Krankheit immer auf Gegenseitigkeit beruht. Um mit einem Krankheitserreger angesteckt zu werden, bedingt es eine Ähnlichkeit mit dem Krankheitserreger. Eine gewisse Offenheit dafür. Mit einer anderen Energie

---

[73] Anmerkung der Autoren: gemeint ist wohl, dass einer von beiden unterliegt.

[74] Anmerkung der Autoren: grundsätzlich ist auch ein Niedergang des Angegriffenen möglich (also, der infizierte Organismus stirbt).

erfüllt zu sein, bedingt inkompatibel zu sein. Der Erreger ist einfach kein Thema mehr und du bist kein Thema für den Erreger. Als würde er dich nicht mehr sehen.

Aber wenn ich jetzt schon erkrankt bin? Was kann ich da tun? Das hängt von der Art der Erkrankung ab. Grundsätzlich das Gleiche, wenn es möglich ist. Bei inneren Erkrankungen, die aus dir selbst entstehen, ist es meistens eine Frage der Bewusstheit. Des Hintergrundes. Bei Vergiftungen ist es eine Frage, warum du das Gift zu dir genommen hast. Bei Rauch oder Alkohol, beispielsweise. Bei Vergiftungen durch Dritte, ist es ein Problem im Bewusstsein der ganzen Gemeinschaft.

Was könnte Vergiftung durch Dritte genau sein? Etwa ein Umweltgift, das durch einen Konzern in Flüsse geschüttet wird oder ein Nahrungsmittelzusatz, der Vorteile für das Produkt hat, aber ungünstige Nebeneffekte. Psychoaktive Substanzen im Leitungswasser. Nahrungsmitteleigenschaften, die nicht ausreichend gut analysiert werden. Also viel hat mit Bewusstsein auf verschiedenen Ebenen zu tun. Eigentlich hat alles mit Bewusstsein auf verschiedenen Ebenen zu tun. Erfasst man ein Problem erst, so hat es die Möglichkeit, zu verschwinden. Oder mit wenig Aufwand aufgelöst zu werden. Das Verständnis und die Erkenntnis stehen an erster Stelle. Es geht dabei nicht um Schuld, es geht lediglich um eine Auseinandersetzung mit den Beziehungen und Wechselwirkungen. Desto mehr Menschen bereit sind, zu verstehen, desto mehr Offenheit existiert. Und desto mehr könnt ihr als Gemeinschaft in eurer Gruppe kreatives Bewusstsein leben. *(Das ist eine spezielle Bedeutung, die ich da sehe. Sehr viel der Krankheiten kommen aus der Imbalance der menschlichen Gesellschaft, aus dem Versuch, Nutzen zu ziehen, entstehend aus einem eigenen*

Mangel an Verbundenheit, Anm. Johannes.) Aber Nutzen der gezogen wird, ist einseitiges Ziehen. Zumindest in diesem Sinn.

Was ist die Natur von Krebserkrankungen? Eine Störung der Kommunikation zwischen Zellen. Ein Streben nach Unabhängigkeit. Oder eher eine Ignoranz der Zusammengehörigkeit zwischen Zellen. Es ist der Versuch unabhängig zu sein. Schneller und stärker zu wachsen, das eigene Potential zu verwirklichen. Ein großes Bild von eigenem Potential. Das entsteht aus einem Gefühl, in der Gemeinschaft nicht existieren zu können, aber einer großen Zukunft entgegen zu streben. Das ist, was die Zellen erleben. Sie hören auf, eng zu kooperieren, als ein Organismus zu existieren. Sie entwickeln Individualität.

Das hört sich an wie ein Egotrip. Ja. Aber auch ein Befreiungsschlag. Die Suche nach persönlichem Glück. Aber mit der Annahme, dass alles andere dunkel und düster und zurückzulassen ist. Da gibt es starke Analogien zwischen dem, was Menschen tun, wenn sie sich lossagen möchten, und dem, was die Zellen tun. Es ist ambivalent. Wenn es bedeutet, den Ursprung abzulehnen, sich loszusagen, nur noch sich selbst zu sehen. Alles andere als dunkle Masse, die keine Bedeutung hat. Das Problem kommt aus der Annahme, unabhängig zu sein. Die Befreiung zu finden, indem man sich unabhängig erklärt. Während das nährende Substrat noch immer die abgelehnte Masse ist. Es ist gut, sich selbst zu realisieren. Aber der Weg ist nicht, die Verbindung zu trennen. Sondern zu sehen, was eigene Überheblichkeit ist. Und was der Gesellschaft schadet. Der Gesellschaft als Verbundenheit aller Lebensformen. Das ist ein Bewusstseinsschritt. Anzuerkennen, ein Teil zu sein und etwas beisteuern zu können. Das Beizusteuernde entsteht aus dem inneren Ausdruck. Ein wirklich authentischer Ausdruck. Es geht nicht darum, sich über den Sumpf zu erheben. Die dunkle Masse nur als minderwertig zurück zu lassen. Das ist ungesund. Es ist eine Gratwanderung, manchmal. Es ist ein Prozess, der zwischen Innen und Außen passiert, der aber eine Verbundenheit voraussetzt. Weil die Verbundenheit der zentrale Lebensstrom ist.

Was wird mit Krebs passieren? In der medizinisch-menschlichen Zukunft? Mit Krebs wird genau das gleiche passieren wie mit der Menschheit. Weil er ein innerer Ausdruck einer äußeren Störung ist. Oder mehr, der Krebs reflektiert, was zwischen uns nicht funktioniert. Es sind die gleichen Mechanismen von Ablehnung und Streben. Letzten Endes ist die medizinische Rolle nicht die Zentrale. Die Frage ist, was kann der Krebs uns über uns sagen? In der Analogie oder im Studium der Gesellschaft liegt das gleiche Problem, das im Krebs existiert. Krebs ist eine Entrückung von Zellkommunikation. Eine Veränderung von Perspektiven und Zielsetzungen. Von egoistischen Einzelgängern und einem Substrat, das sie unterstützt. Alles mit dem Ziel maximaler Vitalität und Kraft. Oder vielleicht ist auch Krebs dasjenige, das passiert, wenn man einen Zwist nach innen verlagert. Er ist nicht nur eine Abkapselung, er ist ein Spiegel eines Missstandes. Desto mehr wir miteinander im Lot sind, desto weniger Notwendigkeit für Krebs wird es geben.

Aber für den Einzelnen... das klingt fast, als wäre jeder Krebspatient ein Märtyrer für die falsch laufende Gesellschaft? Nein, nur ein Ausdruck.

Ja, aber trotzdem, wie kommt eine Einzelperson dazu, die Missstände der Gesellschaft zu büßen? Wir sind Teil einer Gesellschaft. Wir sind Teil einer Verbindung. Was sich in allen ausdrückt, drückt sich im Einzelnen aus. Was sich in den Beziehungen des Gesamtsystems ausdrückt, drückt sich im Einzelnen aus. Und umgekehrt. Es ist kein Märtyrertum des Einzelnen, es ist nur ein Ausdruck der Einheit. Es ist durchaus möglich, sich davor zu schützen oder ... nicht anfällig zu sein. Indem man sich der Mechanismen bewusst wird. Der Grund ist der, dass der Körper keinen anderen Weg hat als zu reagieren und zu kopieren. Aber das Bewusstsein kann sich ausdehnen und wiederum in die Gesellschaft wirken. Das ist automatisch und ebenso wenig zu vermeiden wie umgekehrt. Es bedarf dazu nur der Erinnerung der Verbundenheit. Und die Leichtigkeit kann sich ausbreiten.

Reicht es, wenn unsere Leser dies hier lesen, um die Verbundenheit zu erinnern? Es ist der Kern aller Dinge. Es ist das einfache Prinzip, weswegen Arbeit an sich selbst funktioniert. Nicht, weil es darum geht, andere auszuschließen, lediglich weil wir schon ein Teil von einander sind. Die getrennte Sicht ist tief verwurzelt, aber fehlerhaft.

Aber ist es nicht so, dass wir mit der Inkarnation hier diese Verbundenheit vergessen sollen? Trennung erfahren sollen und wollen? Es ist nicht der natürliche Zustand eines Menschen, getrennt zu sein. Es ist etwas, das durch andere Eigenschaften entsteht. Es stimmt, dass die Verbindung anders empfunden wird als es sein könnte. Und es stimmt, dass das Sinn macht. Aber es bedeutet nicht, dass die Verbindung nicht weiterhin existiert und dass ihre Bewusstwerdung nicht ein Teil des menschlichen Prozesses ist. Es ist ein schrittweiser Prozess, der zurück führt zu unseren Wurzeln.

Was wird mit Herz-Kreislauferkrankungen passieren? Die hängen sehr stark zusammen mit der Frage der Ernährung. Wie sich das Bewusstsein entwickelt, so ändert sich auch die Ernährung. Das Herz ist darüber hinaus ein prädestiniertes Organ, um krank zu werden. Jede Art von Verhärtung oder Abkapselung schwächt das Herz. Es ist ein zentrales Organ.

Sprechen wir hier von seelischer Verhärtung? Ja, in diesem Fall ist es die Abkapselung von Selbstaspekten. Die Gesundheit des Herzens ist multifaktoriell. Auf dieser Ebene ist es eine zentrale Energiepumpe. Ein Austausch verschiedener Energiesysteme. Es integriert die Qualität verschiedener ... Chakren. Eigentlich ist es ein Nexus, der die Verschiedenartigkeit zusammenführt. Diese Integration ist wichtig, um ein ganzheitliches Wesen sein zu können. Und es ist kein Zufall, dass gerade das Herz die beste Verbindung ins Universum ist. Zumindest diejenige, die der Grundsubstanz des Universums am besten entspricht. Aber auch physisch wird das Herz von Verhärtungen geplagt. Das liegt vor allem an einer Abfallwirtschaft.

Nahrungstechnisch? Ja. der Körper wird als Ort der Abfallbeseitigung verstanden. Dinge, die man einwirft, um sich nicht mehr Gedanken darüber machen zu müssen. Klappe auf, hinein und es ist weg.

Welche Form der Ernährung wäre ideal für das Herz? Rot, warm und Antioxidantien.[75] Zumindest rot und warm bezieht sich eher darauf, wie sich das Essen anfühlt. Das Herz ist ein warmes Organ, es ist sehr materiell. Und auch sehr verbindlich. Das Essen muss dem entsprechen. Auch in seiner Vielfältigkeit. Darüber hinaus sollte es Spaß machen. Weil das Herz mit der Freude verbunden ist. So sollte auch mit Freude gegessen werden. Auch wenn es bedeutet, mit anderen Menschen zu essen. Oder gerade wenn es bedeutet, mit anderen Menschen zu essen. Freude am Essen, ohne das Herz mit Müll zu überschütten, das ist die eigentliche Aufgabe. Das kann gut mit Pflanzen funktionieren, aber sie müssen nach ihren Qualitäten ausgewählt werden. Tiere zu essen ist von der physischen Substanz her ähnlich, aber es

---

[75] Kommentar Johannes: Bei diesen Worten dachte ich sehr intensiv an Rote Rüben.

bedingt, etwas zu Schweres zu sich zu nehmen. Es ist also wichtig, Pflanzen zu wählen, die sich in ihren immateriellen Eigenschaften ergänzen und ein warmes, rotes, wärmendes Gesamtbild ergeben. Mit Freude gegessen, erhellt es das Herz. In beiden Bedeutungen.

Was wird mit Diabetes passieren? Diabetes hängt eng zusammen mit der Aufnahme von Zucker. Zucker hängt eng zusammen mit Selbstüberschätzung und Egoismus. Diabetes ist nur ein weiterer physischer Ausdruck eines seelischen Ungleichgewichtes im Individuum und in der Gesellschaft.

Im tiefenpsychologischen Coaching heißt es, Diabetes 2 hat mit Schuldgefühlen und unverdienter Belohnung zu tun. Im Endeffekt reflektiert beides eine Trennung. Etwas, was ergänzt werden muss, nachgebessert werden muss. Zucker befriedigt diese Trennung. Aber tiefer gesehen, darunter gelegen, sind Schuld und Bedauern Effekte der Trennung. Das eigentliche Problem ist aber, selbst und alleine zu kämpfen. Aus dem alleinigen Kampf, oder Kampf alleine, entstehen die Konsequenzen. Auch Schuld und Bedauern.

Was kann ein Betroffener tun bei Diabetes? Das Leben verändern. Schuld, gerade die Schuld, ist ein guter Ansatzpunkt, weil sie so an der Oberfläche liegt, weil man sie so leicht empfinden kann als Mensch. Tatsächlich sind die physischen Optionen nachrangig. Der erste, wichtigste Schritt ist, die Traurigkeit abzulegen. Die Verzweiflung und die Abkapselung. Dieser Zustand, abgetrennt zu sein und in dem eigenen Unvermögen zu baden. Das ist die ursächliche Therapie. Alles andere sind nur Fragen des Überlebens. Sie berühren nicht das eigentlich Problem. Eigentlich ist der Diabetes ein Spiegel der Gesellschaft in ihrer Trennung. Und auch der Losgelöstheit von Körper und Geist.

Welche Rolle wird die sogenannte Präzisions- oder personalisierte Medizin spielen? Sie wird die Überlebenschancen von Menschen erhöhen. Und sie wird ein

Schritt sein, zu einer holistischeren Sicht, zu einer vollständigeren Sicht. Es wird immer schwieriger, engstirnig und verallgemeinernd zu denken, in einer Welt, in der jeder Mensch anders reagieren kann. Sie dient damit also sowohl dem Patienten, als auch dem Arzt in seiner Entwicklung. Und sie dient dem Näherbringen von Medizin und einer ganzheitlichen Sicht. Oder eher dem Nähertreten der Wissenschaft und der ganzheitlichen Sicht. Vielleicht führt sie zu keiner Synthese, aber sie öffnet das Bewusstsein für verschiedene Optionen. Vielfalt. Ihre größte Bedeutung liegt aber in effizienterer Medizin.

Besteht da nicht die Gefahr, dass sich diese Art der Medizin dann nur Reiche werden leisten können? Das ist der zu erwartende Zustand, ja. Aber das ist eine Frage der Gesellschaft und ihrer Zielsetzungen. Es gibt keine Notwendigkeit, das so zu realisieren. Es ist die Frage, wie ihr Medizin denkt und wie ihr eure Gesellschaft denkt. Wie wollt ihr es denn? Dann macht es so.

Was wird mit Infektionskrankheiten passieren? In ihrem Verständnis werden sie schrittweise an Bedeutung verlieren. Teilweise wegen medizinischer Fortschritte, teilweise weil sie eine immer geringere Rolle für manche Menschen spielen. Das heißt, sie verblassen zunehmend als ein Teil einer vergangenen Welt.

Viele Menschen möchten nicht, dass ihr Kinder geimpft werden. Wie sieht die spirituelle Welt Impfungen? Ambivalent. Die Intention der Impfungen ist gut. Und sie schützen den Körper. Aber sie stellen auch eine sehr substanzielle Belastung dar. Das liegt aber zum Teil auch an der Ablehnung der Impfungen. *Aber das ist ja sehr widersprüchlich?* Ja. Sie fühlen sich nicht gut an. Trotzdem... *(Johannes: boaaaaaaah, das ist eine harte Frage für einen Imfpstoffentwickler!).* Tatsächlich scheint irgendwas fundamental nicht zu stimmen mit Impfungen. Das ist etwas sehr grundlegend träge Totes an ihnen. *Es ist allerdings so, dass sich die Krankheitserreger nicht besser anfühlen. (Anm. Johannes)* Das heißt, es hat mit Maß und Ziel zu tun. Mit einer genauen Beobachtung der Notwendigkeit. Wenn sie hinter uns gelassen werden können, dann ist es gut. Und es ist sehr zu hinterfragen, worin die Motivationen bestehen, sie zu entwickeln. Und die Formulierung sollte überdacht werden.

Welche? Die chemische Formulierung der Impfstoffe. Grundsätzlich sind sie giftig. Was nicht bedeutet, dass eine Welt ohne Impfstoffe besser ist. Es bedeutet lediglich, dass an den Impfstoffen gearbeitet werden sollte, um sie besser zu machen, lebensfreundlicher zu machen. Sie müssen kritisch überdacht werden. Von Entitäten, die nicht von ihnen finanziell profitieren. Das ist eine sehr ambivalente Geschichte. Und ich will nicht verhehlen, dass der zentrale Eindruck ein sehr ablehnender ist.

DAS UNIVERSUM

> *"Der Geist wird so weit gehen, wie er kann.*
> *Wenn es ihn überfordert, geht er nicht weiter."*
> *(Morpheus)*

Unsere Fragen zum Thema „Universum" beantwortete Morpheus.[76] *Johannes beschreibt ihn „wie eine Gletscherspalte". So sieht er aus. Berührt mich am Herz und an der Stirn.* Morpheus ist in der griechischen Mythologie der Gott der Träume[77] und "unser" Morpheus nennt sich in Anspielung darauf so.

Wie viele Dimensionen gibt es in unserem Universum? 11 oder 12.

Und wie kann man sich die vorstellen? Wie Änderungen der Perspektive. Eine Dimension zu wechseln kann den Geist zerreißen. Überlasten. Es ist eine Erweiterung in der Sicht. Im Gefühl, in der Existenz.

Aber es ist theoretisch möglich für einen Menschen? Es ist – Vorsicht hier! – die physische Welt hat nur drei. Und dafür ist der Körper gemacht. Dafür ist das Bewusstsein gemacht.

---

[76] Das Gespräch wurde geführt, aufgezeichnet und niedergeschrieben am 14.07.2017.
[77] Siehe auch: http://fabelwesen.net/morpheus/, Stand: 14.07.2017.

Und wie kann ich mir diese drei Dimensionen vorstellen? Die drei sind das, was ihr Raum nennt. Es gibt Gegenden, in denen die Dimensionen verschwimmen. Mehr Dimensionen gegenwärtig sind.

Blöde Frage: So etwas wie das Bermuda-Dreieck?[78] Oder ist das nur eine Geschichte? Johannes antwortet: Auch wenn ich mich persönlich jetzt wehre gegen die Antwort, der Eindruck ist positiv. Es fühlt sich an wie eine Nebelwand, ein Strudel, der das Bewusstsein ziehen kann.

Kann Morpheus uns andere solche Gegenden nennen? Patagonien. Ein Tor zur Klarheit. Antarktis. Ein Tor zur Traumzeit. *Johannes: "Sehe Globus vor mir, mit vielen Punkten drauf. Das wirkt wie Linien, die die Erde überziehen und Kreuzungspunkte. Geomantische Linien. Meridiane der Erde. Akkupunkturpunkte des Erdbewusstseins. Mit unterschiedlichen Eigenschaften. Irgendein Tal in Österreich. Irgendwo in Kärnten. Wo auch zwei Kontinente aufeinander treffen. Gurktal oder sowas. Es ist ein eher schmaler Talkessel, mit Häusern drin, bewaldete Hänge."* Das sind Gegenden, wo das Bewusstsein getragener ist. Ein Wechsel leichter möglich ist. Hier auf der Erde ist der Körper immer in den drei Dimensionen, aber das Bewusstsein nicht. Das Waldviertel ist auch so eine Gegend. Sibirien auch.

---

[78] Anmerkung der Autoren: Bei Wikipedia heißt es über das Bermudadreieck: Das Bermudadreieck, auch Teufelsdreieck genannt, ist ein Seegebiet im Atlantik. Es liegt nördlich der Karibik etwa zwischen Süd-Florida, Puerto Rico und Bermuda. Dieses Gebiet bekam infolge mehrerer dort tatsächlich oder vermeintlich stattgefundener Schiffs- und Flugzeugkatastro-phen den mysteriösen Ruf, dort spielten sich gehäuft entsprechende Unglücke ab, und dort „verschwänden" gar Schiffe und Flugzeuge. Einige der Vor-fälle, bei denen Schiffe, Flugzeuge oder ihre Besatzungen spurlos verschwunden sein sollen, konnten nicht restlos aufgeklärt werden. Vgl:
https://de.wikipedia.org/wiki/Bermudadreieck, Stand: 21.01.2018.

Also der Körper ist immer in der dreidimensionalen Welt. Und das Bewusstsein könnte auch wechseln. Wie ist das dann für den Menschen? Macht er das bewusst? Merkt er das? Das ist noch etwas. Auf der Erde sind diese drei Dimensionen. Aber das Universum ist nicht überall gleich in seiner Struktur. Hier ist der Geist das Medium der Erweiterung. Es wird automatisch passieren, in leichten Schritten, wenn der Ort passend ist. Und man kann es durch Meditation anstreben.

Genau das wäre meine Frage gewesen, nämlich, ob es anstrebenswert ist? Der Geist wird so weit gehen, wie er kann. Wenn es ihn überfordert, geht er nicht weiter. Es kann über die Natur des Universums erzählen. Es ist anstrebenswert, um zu verstehen.

Und was ist mit Menschen, die bewusstseinserweiternde Drogen nehmen? Drogen verändern den Filter des Bewusstseins, aber sie erweitern nicht wirklich. Sie senken Schutzmechanismen. Der Eindruck ist, dass das noch eine sehr materielle Sache ist. Eher mit inneren Blockaden verbunden.

Also es geht gar nicht nach außen? Die vermeintliche Erweiterung? Das, womit man konfrontiert wird, hat eher mit den inneren Blockaden zu tun. Es hat eher mit erweiterter Selbstwahrnehmung zu tun. Aber du selbst reflektierst die Umwelt. Deswegen ist es auch erweiterte Wahrnehmung der Welt.

Warum haben wir auf der Erde nur drei Dimensionen, wenn es doch bis zu 12 gibt? Das ist ein Missverständnis, es gibt alle gleichzeitig. Aber die Wahrnehmung des Körpers ist auf drei fokussiert.

Aber warum? Warum nicht auf alle 12? Johannes: *das sieht aus wie ein Nadelöhr, eine Art organisches Ventil.*

Aber was soll das heißen? Durchlässigkeit. Es ist ein geschlossener Raum. So etwas wie ein Labor.

Sind wir hier die Versuchskaninchen? Ist das ein Experiment? Nein, mehr ein Experimentierraum. Zur Selbsterforschung.

Also freiwillig gewählt? Ja. Es gibt gar kein anderes Konzept als freiwillig. Die Barriere fühlt sich an als wäre sie bewusst.

Gezielt gemacht? Ja. *Johannes:" Ich bin mir nicht sicher, ob Morpheus nicht identisch ist damit. Die Antwort sind wachsende Kristalle. Ein Teil davon und irgendwie auch das Ganze."*

Wir haben ja gewusst, dass dieser Themenkomplex für uns schwierig zu verstehen sein wird... Fühlt sich auch ein bisschen nach Kindergarten an. Dieser Raumbereich. Der dreidimensionale Raum. Morpheus' Blick auf uns ist der wie von einem Kindergärtner. Schauen, dass sie sich nicht wehtun. Aber Freiheit lassen, damit sie sich entwickeln. Es ist nur eine Frage der Perspektive. Würde er selbst diese Perspektive einnehmen, wäre er eines der Kinder. Der Raum fühlt sich da fast an wie eine schützende Decke. Wie eine Grenze zu anderen Ebenen. Die Dichtheit ist die Grenze. Das lässt sich überwinden, wenn es ein Ziel ist. Es gibt hier nicht wirklich Regeln, oder wenn, dann kann man sie überwinden, wenn es sein soll.

Hat das was mit out of body (OBE) zu tun? Das ist ein verwandtes Konzept. Out of body kann sich noch im 3D-Raum bewegen, aber kann auch anders sein. Der Astralkörper ist noch gebunden an diese Welt, aber kann leichter die Dichte überwinden.

Erkläre uns bitte die verschiedenen „Körper", die ein Mensch hat! Physischer Körper: solide, teilkristalline Materie. Der Astralkörper nahe am physischen Körper, aber eine andere Ebene. Gebunden an den physischen Körper, aber kann sich frei bewegen. Ist ein Vehikel für den Geist.

Dann kommt die Seelenebene. Sie ist nicht so offensichtlich sichtbar. Sie steckt in der Realität an sich. Das Bild wäre so etwas wie Quantenkopplung. Eher eine Informationsebene.

Da stellen sich mir jetzt einige Fragen: Welchen Körper behandeln wir, wenn wir eine Vesseling-Sitzung geben? Das ist die astrale Ebene. Der übliche Energiekörper.

Und wie wirkt die Vesseling-Sitzung dann auf den Klienten? Sie beeinflusst das Bewusstsein. Sie repariert den Energiefluss, bringt träge Bereiche in Bewegung. Aber auf einer strukturellen Ebene. Das ist ein Bild von einem Astralkörper, der Strukturen hat, die nicht ganz überlappen mit dem physischen Körper. Aber die Seele ist noch eine separate Geschichte. Auch Ego ist realisiert im Astralkörper. Identität. Es sind auch Strukturen drin, die fühlen sich an wie Muskeln. Es ist wie ein physischer Imprint in unserem Körper. Als wäre der Astralkörper eine Reflexion des physischen Körpers. Sie sind in einer Beziehung und teilen darum gewisse Strukturen oder eher strukturelle Eigenschaften. Also auch zum Beispiel eine Krankheit würde sich darstellen, wenn eine Eigenschaft des physischen Körpers stärker im Astralkörper repräsentiert ist. Das scheint auch ein Hinweis auf Krankheit sein zu können. Und ist auch die Basis des Erkennens von Krankheiten durch Intuition. Es gibt da noch so Schichtungen in einem äußeren Astralbereich.

In der Craniosacralen Körperarbeit gibt es Konzepte von verschiedenen Energiekörpern. Und da gibt es die Energie, die von außen einströmt, so eine Art Universalenergie? Aber der Eindruck hier ist, dass das noch immer eine astrale Ebene ist. Allerdings eine, die die Dimensionsgrenze durchdringt. *Wenn Verstorbene ihren auf der Erde zurückgelassenen Verwandten erscheinen, welche Form ist das dann?* Eine astrale Projektion eines höheren Bewusstseins.

Kann man das steuern? Als Verstorbener? Das ist eine bewusste Entscheidung. *Morpheus amüsiert sich über diese Frage.* Warum stellst du diese Frage?

Ich habe mich gefragt, wie sehr sich die Zurückbleibenden das einbilden oder ob es tatsächlich stattfindet? Das findet statt. Es hat was mit dem Loslassprozess zu tun. Und weil es echte Freundschaften repräsentiert. *Johannes: "Ich würde ja gern sagen, dass es auch Einbildung sein kann, aber ich habe nur so ein herzoffenes Gefühl."*

Gibt es Parallel-Welten zu unserer Welt? Es gibt im Multiplex alle möglichen Existenzen. Alle möglichen Quanten-Entscheidungen.

Also ja? Ja. Es ist ein Teil eines höherdimensionalen Raums. Das ist wie eine Landschaft für euch. Jede Niederung und Senke ist eine eigene Zustandswahrscheinlichkeit. Oder ein Zustandsweg.

Warum nehmen wir Menschen die nicht wahr? Das ist nicht die Eigenschaft dieses Körpers. Dieses Bewusstsein, dieser Körper nimmt einen Pfad wahr. Wie Seidenraupen. Jede Raupe hat einen Faden.

Wer lebt dort? Unsere Seele oder eine andere? Und was hat die mit uns zu tun? Eine Korrektur ist nötig. Dieser eine Pfad ist eine Sichtweise. Die Existenz erfolgt in allen Dimensionen. Bewusstseinsarbeit oder Visualisieren verändert den Weg durch die Quanten-Landschaft.

Was heißt denn das? Niemand anderer ist dort als ihr.

Also wir sind immer überall? Ja. Gleichzeitig in einer Existenz. Wie in einem Spiegelkabinett.

Aber ich kann nur diese Existenz hier auf der Erde wahrnehmen, weil mein Körper und mein Geist so beschaffen sind. Aber die anderen Teile von mir, die nehmen in den anderen Dimensionen sehr wohl mehr wahr. Stimmt das so? Es stimmt, dass das Bewusstsein konstruiert ist, um genau einen Pfad wahrzunehmen. Es ist auch so, dass der Pfad, auch wenn du es nicht siehst, in jeder Nanosekunde wechselt. Ein Weg durch die fraktale Landschaft, auch wenn du nur einen Pfad siehst. Das ist verwandt mit der Frage die Zukunft zu sehen.

Weil es so gesehen keine gibt? In gewisser Weise nein. Es gibt nur Pfade, die genommen werden.

Und kann ich, wenn ich zum Beispiel ein Medium[79] bin, voraussehen, welcher Pfad genommen wird? Mit progressiv abnehmender Qualität. Und mit der gewissen Möglichkeit, dass geringere Wahrscheinlichkeiten gewählt werden. Die erlebte Realität ist eine von vielen, die aber durch die Wahrnehmung ausgezeichnet wird.

Heißt das, dass zum Beispiel die Medien[80] unsere Realität beeinflussen, wenn sie uns immer das gleiche Schlechte über irgendwas oder jemanden berichten? Das Bewusstsein der Medien ist nicht der entscheidende Faktor, aber das Vertrauen in einen Pfad kann ihn wählen. Es ist allerdings... die bewusste Ebene ist eine untergeordnete. Euer höheres Selbst steuert den Großteil der Bewusstheit bei. Und das Bewusstsein lenkt den Pfad. Euer höheres Selbst ist nicht in dieser Dreidimensionalität. Es ist ein Aspekt eurer Seele.

Wo ist es beheimatet? Ein Beobachter außerhalb der Zeit.

Und ist dieses höhere Selbst nicht der größte Teil von mir? Ja, kann man sagen.

Das heißt aber, dass hier auf der Erde nur ein kleiner Teil von mir ist und mehr oder weniger spaßige Erfahrungen macht? Ja.

Ich dachte, es wäre umgekehrt. Nein. Wie ein Finger.

---

[79] Anmerkung der Autoren: 'Medium' im Sinne von jemand, der hellsichtig ist oder Botschaften aus der geistigen Welt empfangen kann.

[80] Anmerkung der Autoren: 'Medien' im Sinn von journalistischen Medien wie Printmedien, Rundfunk, etc.

Okay, das bringt mich auf die nächste Idee: Gibt es auch noch andere Finger hier auf der Erde? Andere Teile von meinem großen Ganzen? Genau von dir?

Ja, zum Beispiel von mir, Katy? In Afrika und Asien.

Allgemeiner formuliert: Hat das große Ganze immer oder nur manchmal mehrere kleine Teile (also Finger in unserer bildlichen Vorstellung) inkarniert? Das ist recht wahrscheinlich, zur effizienten Nutzung.

Nutzung wovon? Bewusstseinsressourcen.

Geht es da um Erfahrungen sammeln? Ja. Da ist dieses Buch, „Gespräche mit Gott"[81], da ist es gut beschrieben, das Erleben von Erfahrungen. Das höhere Selbst weiß, aber die Erfahrungen machen, das ist anders. Es macht realer auf gewisse Weise. Da ist auch der Eindruck einer gewissen Unabhängigkeit der Finger, gleichzeitig oder zeitlich versetzt, verschiedener Ort, Alter. Lauter Bewusstseinsströme, letzten Endes.

Was geschieht eigentlich, wenn Menschen träumen? Der Körper erholt sich. Die Nerven verarbeiten den Stimulus. Das Bewusstsein tut ähnliches. Aber da ist dieser Eindruck von einer Reise.

Also ich persönlich träume oft sehr intensiv und habe danach das Gefühl, dies wirklich erlebt zu habe. Das fühlt sich nicht nach Erholung an! Es ist ein Prozess der Aufarbeitung. Erholung bedeutet auch, aufgestaute Potentiale abfließen zu lassen.

Wir haben schon einmal erwähnt, dass die spirituelle Lehrerin Teal Swan meint, dass man sich während des Träumens in einem Out-Of-Body-Erlebnis in der fünften oder sechsten Dimension unserer Realität befindet.[82] Wie siehst du das und was bedeutet das? Reflexionen davon vielleicht. Das

---

[81] Walsch, Neale Donald: Gespräche mit Gott, Band 1 – 3. Goldmann.
[82] Vgl. https://www.youtube.com/watch?v=sMewKknfVJM, Stand: 13.6.2017.

Bewusstsein kann Aspekte mitnehmen. Das ist kompliziert. Eine Bewusstseinsweitung. Träumen hat mit einer Bewusstseinsweitung zu tun und nicht damit, alles zu sehen, was in einer Dimension sichtbar ist, sondern nur Teile davon. Darin liegt ein therapeutischer Effekt und es bleibt verkraftbar für ein dreidimensionales Bewusstsein.

Weil vielleicht alles gleichzeitig passiert und nicht passiert? Also alle Möglichkeiten? Weil die Vielzahl der Möglichkeiten überfordernd ist. Aber Teile davon zu sehen führt zu Verständnisbildung, Bewusstseinsbildung.

Also wir sehen immer nur ein paar der Möglichkeiten, wenn wir zum Beispiel vor einer Entscheidung stehen? In der von uns gelebten Realität? Zwei Antworten: Der Astralkörper kann mehrere wahrnehmen, aber trotzdem nur einen Teil davon. Eingeschränkt durch seine Dimensionalität. Das ist auch der Grund, weswegen nur ein Teil der Zukunft sichtbar ist. Der Körper an sich sieht genau eine Realität, die im gegenwärtigen Moment existierende Funktion (physikalisch gesehen), die gegenwärtige Zustandsrealität. Die Realität ist wie ein... ach, sie schlägt Wellen. Sie bildet Arme und Vorsprünge und ist in Bewegung. Abhängig vom Bewusstseinsfokus, den die Raupe nimmt.

Da ist etwas, was irgendwie gesagt werden sollte. Die Wahl des Namens Morpheus hat etwas mit der traumhaften Struktur der Realität zu tun.

Wer bist du, Morpheus? Eine elementare Zustandsform. Ein Wächter der Träume. Wächter im Sinn von ... und ein bisschen wie ein Kindergärtner, er gibt Struktur und überwacht Struktur.[83] Das Geschlecht ist eigentlich auch nicht „er", es ist eher sächlich, aber auch nicht wirklich. Er hat keins.

Der Einfachheit halber sagen wir trotzdem er? Der Eindruck ist, dass er der Struktur verpflichtet ist.

Wie ist er entstanden? Wo kommt er her? Er ist eine strukturelle Eigenschaft des Raums. Ein Teil des Bewusstseins, das den Raum ausmacht. Das die Trennung des Raums von den anderen Dimensionen ausmacht. Ein Teil der Schwelle. Tatsächlich, ich hab nicht das Gefühl von ewigem Alter.

Was meinst du damit? Diese Trennung ist zeitlich begrenzt. Und damit auch diese Zustandsform von Morpheus.

Wie lange wird es die Trennung noch geben? Es ist ein Maßstab von Äonen, aber nicht unendlich.

Und warum? Was passiert dann? Dann wird es nicht mehr notwendig sein, zu trennen.

Ich stell' mir jetzt romantisch vor, dass die Menschen dann so weit entwickelt sind, dass sie diese Trennung nicht mehr brauchen? Jaaa. Aber das geht über den Maßstab der Menschen hinaus. Das ist eine strukturelle Frage des Raums und betrifft viele Lebensformen. Und wenn er nicht mehr benötigt wird, dann geht er zurück. Der Raum wird

---

[83] Anmerkung der Autoren: In der Befragung gechannelter Entitäten im Kapitel 'Bonusmaterial' am Ende des Buches wird Morpheus speziell mit der Entropie assoziiert, also mit dem Maß der Unordnung, beziehungsweise dem Trend des Universums, Struktur abzubauen. Das sind einerseits diametral unterschiedliche Tendenzen, andererseits drehen sich beide Antworten um die Struktur an sich. Bzw. versteht er sich sich als strukturellen, bzw. inhärenten Teil des Raumes, was auch auf die Entropie als physikalische Grundeigenschaft zutrifft.

irgendwann nicht mehr getrennt existieren. Nicht mehr mit dieser Wahrnehmungsgrenze und dann benötigt es keinen Wächter mehr.

Wie fühlt sich Morpheus, wenn er weiß, dass er irgendwann seinen Job verliert? Frei. Die Unendlichkeit ist für ihn ein schwieriges Konzept. Dafür ist er der Welt zu nah.

Gibt es die sogenannte dunkle Energie, und was ist ihre Natur? Eine Art Klebstoff. Der die Realität einbettet. *Johannes: "Ich habe in einem Journal Darstellungen von dunklen Energien gesehen, wie ein Netzwerk."* Das ist ein Realitätssubstrat.

Heißt das, die Realität braucht dunkle Energien? Das, was als dunkle Energie verstanden wird, ist ein Substrat für den Raum.

Aber Substrat ist ja in meinen Augen was Gutes? Sie ist einfach dicht.

Im Gegensatz zu heller Energie? In dem Sinn hat sie keinen Gegensatz. Was sie dunkel macht ist, nicht gesehen zu werden. Es scheint auch, sie ist eher eine Raumeigenschaft.

Heißt das, sie kann nur hier existieren? Hier im 3D-Raum der Erde? Es ist mehr andersherum. Die materielle Welt existiert, weil die dunkle Energie da ist. **Wow. Das find' ich grad sehr krass!** Sie bettet die Materie in ein lebendes Gerüst.

Also gäbe es ohne dunkle Energie keine Erde? Hmm, das ist schwierig. Sie hat mit der Dichte zu tun. Es ist so, als wenn die Erde auch einen anderen Zustand hätte, der davon nicht betroffen ist, eigentlich. So wie das Bewusstsein der Erde. Aber diese physische Existenz ist innig verbunden damit.

Viele Esoteriker behaupten ja, es gibt oder gäbe bald eine Art Aufstieg der Erde in eine höhere Dimension oder Bewusstseinsebene? Stimmt das irgendwie? Hat das was mit dem Entkommen dieser dunklen Energie zu tun? Die dunkle Energie ist ein Teil des Raums, also Nichts, dem man entkommen muss. Sie hat nur mit der Dichte zu tun. Aber da ist schon die... die Erde hat auch eine Dimension, die davon unabhängig ist. *Johannes: "Aber ob das mit einem Aufstieg zu tun hat..."*

Wie kann man sich vor negativen Energien und Wesen schützen? Ein eigenartiges Konzept. Euer Bewusstsein formt den Raum um euch. Auch den astralen Raum. Schutz ist eine Möglichkeit, aber da schwingt jetzt gewisses Unverständnis (von Morpheus) mit. Abwehr ist eine Option, aber auch anschauen ist eine Option. Es dürfte keine Bedrohung existieren. Es ist eher eine Frage, wie man mit einer Situation umgehen möchte. Und wie man sie selbst sieht. Also siehst du dich selbst als Schutzes nötig, siehst du dich selbst in einer Rolle der Schwäche. Daraus ergibt sich der Rest.

Also kann man sagen, dass man ganz eigentlich keinen Schutz bräuchte, aber subjektiv trotzdem glauben kann, dass man einen braucht? Ja, das Bewusstsein formt diese Realität. Angst ist ein starker Faktor. Das dürfte mit der dunklen Energie ähnlich sein, einfach nur, weil sie unsichtbar ist. Aber das ist Gravitation auch.

Gibt es intelligente außerirdische Spezies? Es gibt viele Ausdrucksformen von Bewusstsein. Und es ist ein buntes Spiel von verschiedenen Ausdrucksformen.

Das ist mir zu vage! Also: Ja.

Gut!

In welchem Abstand zur Erde liegt der nächste von solchen Wesen bewohnte Planet? Planet.

Oder Dimension oder was auch immer? Da ist eine Zahl. *Johannes: "Ich bin nicht ganz neutral, fürchte ich."* Also mein Eindruck sind 52 Lichtjahre. Aber das ist ein... ich denke, auch näher, aber das ist die Frage, ob das auch wirklich Planeten sind. Vielleicht auch 32 Lichtjahre. Irgendwas wie Alpha Erenii oder so. Eine wandernde Zivilisation. Vielleicht ist sie nicht von dort. Wirkt freundlich und neugierig.

In welcher Richtung liegt dieser Planet, oder wie heißt die Sonne, die er umkreist? Der Name ist wieder was mit „E". Erebus oder wiederum Erenii. Richtung. Ich seh nur den Sonnenaufgang und die Sonne bei vielleicht 9 Uhr oder auch 10 Uhr.

Ich verstehe nichts! Die Sonne ist als Richtungsmarker gedacht. Also ein Vektor von meinem Punkt durch die Sonne. Hängt natürlich von der Jahreszeit ab.

Welche Jahreszeit? Dürfte Frühsommer sein.[84]

---

[84] Kommentar der Autoren: Aus Neugier haben wir uns diese Angaben in einer Astronomiesoftware names Stellarium angesehen. Alpha Erenii ist scheinbar nicht bekannt. Alpha Eridani zwar schon, liegt aber deutlich anders und ist weit entfernt. Ein Stern oder Planet namens Erebos ist nicht bekannt, der Name deutet aber auf Dunkelheit oder Unsichtbarkeit hin (der gleichnamige Griechische Gott der Finsternis). Für uns Nicht-Astronomen/Nicht-Astrologen stellt sich heraus, dass die Uhrzeit weitgehend unbedeutend ist, der Tag aber nicht. Am kalendarischen Sommerbeginn beginnt die Sonne in das Sternbild Zwilling zu wandern (am 21.06.2019 in der Nähe des Dreifach-Sternsystems 1 Geminorum) und durchquert es etwa einen Monat lang. Davor ist sie im Sternbild Stier. Nahe der Bahn liegende Sonnen mit grob passendem Abstand wären beispiels-weise: 37 Geminorum (ca. 56 Lichtjahre), Gliese 176 (ca. 30 Lichtjahre), Gliese 232 (ca. 27 Lichtjahre) und Pollux (ca. 34 Lichtjahre; wird vom Gasplaneten Thestias umkreist). Es mag sich allerdings um einen roten Zwergstern handeln.

Sind diese Außerirdischen oder andere für die Menschen von der Erde derzeit von Bedeutung? Wir interessieren sie. Sie beobachten uns. Da ist ein gewisses Wohlwollen. Wie unter Verwandten. Aber keine Beeinflussung. Nicht direkt zumindest.

Könnte einer meiner Finger auch dort inkarnieren? Oder tut er es sogar? Ist möglich, ja. Es gibt ein gewisses Energiedifferenzial. Das ist ein Ort, der recht liberal, wenn das das richtige Wort ist... es gibt dort andere Dinge zu tun, vielleicht kann man das so sagen. Wenn ein Interesse besteht, ja. Es kann sein, dass da eine Präsenz ist, aber es ist kein Hauptteil deiner *(Katys, Anm.)* Identität. Es hat eher was mit der Aufarbeitung der Erde zu tun. Aber grundsätzlich ist es eine verwandte Sache.

Das Leben dort? Ja. Es besteht eine Beziehung, eine herzenswarme Beziehung. Es ist ähnlich... die Grundlagen sind ähnlich genug, um sich zu verstehen.

Wie sehen die Wesen dort aus? Hmm, es gibt verschiedenen Intelligenzen. Die Körperkontrolle ist stärker. Es gibt Wesen im Ozean, dürfte so ähnlich sein wie Delfine, mit einem Kamm. Und auch Humanoide. Aber die Trennung zwischen diesen beiden Formen ist nicht so strikt. Jedenfalls wirkt das ziemlich gleichgestellt.

Vom Wert her? Ja. Von den inneren Eigenschaften her. Dürfte eher eine Art Wahl sein. Es gibt eine Tendenz, die Meeresbewohner sind... sie kümmern sich mehr ums Wasser. Aber sie dürften beide wassernahe sein.

Auf welche Art könnte man mit dieser Spezies in Kontakt treten, und wäre das für beide Spezies gut? Also. *Johannes:"Ich hab ziemliches Grummeln im Bauch."* Das ist in erster Linie ihre Entscheidung. Und für sie ist es die größere Bedrohung.

Weil wir Menschen weniger bewusst oder weniger weit entwickelt sind? Ja. Es wirkt wie eine Bedrohung für die Ökosysteme, weil das auch sehr von ihrem Bewusstsein getragen wird. Ein Einfluss auf ihr Bewusstsein ist etwas riskant. Ein Risiko, das nicht jeder möchte.

Gibt es für die Außerirdischen eine Möglichkeit, von uns Menschen nicht entdeckt zu werden? Also wir haben ja trotz größter Bemühungen noch keine entdeckt? Ist das Absicht? Gibt's sowas wie eine Tarnkappe? Die Ozeane sind der verbindende Aspekt. Also, wenn man suchen würde, dann im Meer und nicht im Himmel. Irgendwie ist Tarnung keine schwierige Sache. Es wirkt fast wie ein Oktopus, der mit der Landschaft verschmilzt, sich tarnt durch seine Oberflächenfarbe, auch wenn's im Inneren vielleicht kein Oktopus ist.

Das heißt konkret, wir übersehen die Außerirdischen? So kann man das sagen, ja. Bin mir nicht sicher, ob sie wirklich allgemein übersehen werden. Das hängt vielleicht damit zusammen, dass sie ein höheres Interesse an den Ozeanen an sich haben. Im Sinne von Forschung. Und natürliches Habitat. Möglicherweise wären Walgesänge eine Art sie zu finden, oder auch zu kommunizieren.

Leben auf dem Mars wirklich Wesen in seinem Inneren? *Johannes erschüttert: "Teufel auch! Ich hab den Eindruck von Bunkern, sowas in der Art. Niederlassungen, Stationen. Aber keine dauerhafte Besiedlung."*

Ich hab' das aus einem Bericht von einem Kind, das behauptet im Vorleben Marsianer gewesen zu sein. Und der Bub sagt, dass mittlerweile die Bewohner im Inneren des Planeten leben.[85] Scheint eine vorübergehende Lösung, kein großes Konzept zu sein. Aber irgendeine Art von Leben

---

[85] http://www.pravdareport.com/science/mysteries/05-03-2008/104375-boriska_boy_mars-0/, Stand 14.07.2017.

scheint dort zu sein. Wirkt für mich eher wie eine Art Raumbasis oder Siedlungen, die als Zwischenstation gedacht sind.

Wie groß ist das Universum? Das Universum hat kein Ende. Das liegt daran, dass es eine Existenzblase ist. Es macht dann keinen Sinn die Frage nach der Größe zu stellen, wenn Größe keinen Bezugsrahmen mehr hat.

Aber wie kann ich mir das vorstellen? Unendlich? Wie ist unendlich? Unendlich ist wie durch eine Tür zu gehen und auf der anderen Seite wieder hereinzukommen. Unendlich hat etwas mit der Definition von Raum zu tun. Was Raum ist, was größer ist. Ob der Anfang und das Ende gleich sind. Das ist eher so ein Möbius-Schleifen-Ding. Gekrümmter Raum. Die Unendlichkeit, die du meinst, bezieht sich auf die Eigenschaft des Raums, die außerhalb des Raums keine Bedeutung hat.

Kurz: Meine Frage war ein Schas? Nicht geradlinig zu beantworten oder nicht in der Sprache, die hier zur Verfügung steht.

Aber kannst du uns was zum Universum sagen, was wir verstehen können? Das Universum ist eine Existenzblase. Die expandiert. Sie ist ein Konzept der höheren Existenz. Eine mögliche Ausformung, wie Leben sein kann. In seinen Grundeigenschaften. Eine der möglichen Varianten, wie Leben angestrebt werden kann.

Jetzt könnte ich natürlich noch fragen, was gibt es sonst noch für Varianten? Aber kann ich die Antwort überhaupt verstehen? Es gibt physikalische Grundeigenschaften, die andere Formen von Leben bevorzugen. Etwas wie... es fühlt sich an wie eine Art ... vielleicht ist es ein schwarzes Loch oder irgendein Materie-Supercluster. Andere Formen von Bewusstsein oder Bewusstsein auf anderen Materie-

Strukturen. Verschiedenen Formen der Selbstwahrnehmung. Verschobene physikalische Grundkonstanten erlauben andere Materiezustände.

Heißt das eigentlich, dass es noch andere Universen gibt? Ja, im Wahrscheinlichkeitsraum gibt es viel.

Wie viele andere Universen gibt es? Grundsätzlich unendlich viele. Auch weil sie sich in sich aufteilen, wie eures.

Also in die verschiedenen Dimensionen? Oder meinst du Planeten und so? Ich meine den Quantenraum, die möglichen Zustände, die die Realität ausmachen. Es gibt eine Bevorzugung von bewusster Materie.

Wer bevorzugt was und wen? Der Vorzug, den das höhere Bewusstsein hat.

Was heißt das? Zur Selbsterfahrung ist ein ausgebildetes Bewusstsein sinnvoll.

Das heißt, besser Mensch als Einzeller? Besser Mensch als Stein. Hängt aber von der Art von Stein ab. Und auch nicht „besser", es hat mit der Andersartigkeit zu tun. Keine Wertung, aber es ist spannender, wahrnehmen zu können. Es passiert zwar sowieso alles. Aber ein Universum, das keine Selbstbeobachtung zulässt, ist ungünstig.

Aber die gibt es auch? In der Grundsätzlichkeit ihrer Existenz gibt es sie auch. Was wohl daran liegt, dass niemand das grundsätzlich ausschließen möchte.

Der nun folgende Teil dieses Kapitels wurde uns einige Tage später erneut von Morpheus beantwortet.[86]

Es gibt derzeit (Juli 2017) angeblich starke Sonnenstürme. Beeinflussen die uns Menschen wirklich so stark?[87] Der Eindruck ist folgender: Es geht nicht um den

---

[86] Das Gespräch wurde geführt, aufgezeichnet und niedergeschrieben am 18. Juli 2017.
[87] https://sonnen-sturm.info/, Stand: 18.07.2017.

Sonnensturm, sondern um das, was hinter dem Sonnensturm steht. Das ist wie ein gemeinsamer Prozess. Das heißt, das ist wie ein System. Die Sonne und die Erde, in dieser Hinsicht. Der Sonnensturm ist ein Ausdruck, einer zugrunde liegenden Kraft oder Attraktion. Es ist nicht die Sonne, die auf uns wirkt. Es ist, als würde sie eingeladen werden oder als wären wir ein Teil davon. *Johannes: "Das ist ziemlich anstrengend im Herz."*

Ist das temporär? *Johannes: "Mein Gott, das ist esoterisch!"* Es ist ein Zeichen des Übergangs. Ein Ausdruck des Einflusses des Bewusstseins auf die Materie. Eine Einladung des kollektiven Bewusstseins. In gewisser Weise ist die Sonne passiv dabei. Das kollektive Bewusstsein ist der aktive Part, der die Materie formt.

Warum? Es ist wie ein Aufbäumen, um Unruhe zu stiften. Um Systeme zu stören. Um zu destabilisieren. Um was konstant scheint als zerbrechlich zu entlarven. Um Veränderung zu bewirken.

Bilde ich mir das nur ein oder bin ich körperlich derzeit sehr schnell erschöpft und hängt das damit zusammen? Nicht von der Sonne, aber von der Ursache. Das Feld, das die Veränderung bewirkt, ist ein Tumult. Es ist aufgeregt, nicht ruhig. Es wahrzunehmen bedeutet, nicht leicht in Ruhe zu sein. Es ist energetisch nahe. Das heißt, es wird resonieren. Das kann sich als Unruhe zeigen. Oder ein Kribbeln oder Schlafstörungen.

Und auch Erschöpfung? Als Konsequenz der Unruhe. Mangelhafte Erholung.

Was für Lebensformen gibt es außer Menschen? Pflanzen, Tiere, Bakterien, Pilze, ätherische Lebensformen. So etwas wie lebender Stein. Der Stein an sich. Die Erde. Das sind die größeren Gruppen auf der Erde. Dann sind da noch Besucher. Aus anderen Realitäten. Oder anderen Bereichen.

Die interessieren uns natürlich am meisten, denn die anderen kennen wir ja großteils! Was interessiert dich am meisten?

Die Besucher zum Beispiel... Es sind wenige. Und nicht sehr zentral, eher Beobachter. Neugierige Forschungsreisende. Verschiedenartig.

Wie geht das, dass die Menschen diese Besucher nicht wahrnehmen? Tarnung und Unsichtbarkeit. Es gibt Möglichkeiten zu tarnen, die weit über die menschlichen Vorstellungen hinausgehen. Etwa... das ist... das Bild zeigt das Leben eines Menschen, der aber in gewisser Weise eine Sonde ist. Seine Aufgabe ist es, Sinneseindrücke zu übermitteln.

Moment! Verstehe ich das richtig, es gibt Besucher der Erde, die wie Menschen aussehen als Tarnung? Nicht wirklich, sie sind Menschen, aber ihre Aufgabe ist es, die Sinneseindrücke unmittelbar weiterzugeben, wie eine Videokamera. Nur in sehr vielen Kanälen gleichzeitig.

Aber die wissen das? Oder nicht? Dass sie das tun? Nein, vermutlich nicht. Wirken konstruiert auf gewisse Art, wie Androiden irgendwie. Lebendig, aber für diesen Zweck geschaffen. Aber voll biologisch. Der Sinn ist es, von innen heraus zu verstehen. Jeder kann beobachten. Aber das Verstehen passiert aus der subjektiven Erfahrung heraus.

Noch mal Moment! Du sagst mir, dass künstliche Menschen auf der Erde leben? Ohne dass sie wissen, dass sie künstliche Menschen sind? Da ist eine gewisse Ambivalenz in ihrer Existenz. Es ist nichts Verborgenes, Verstecktes. Es ist wie verschiedene Identitäten zu haben. Da ist auch nichts Böswilliges dabei. Es ist lediglich eine Art, Erfahrungen zu machen.

Ja, eh. Aber ich find das trotzdem krass! Kannst du mir sagen, ob ich so einen künstlichen Menschen aus meinem Leben kenne? Nicht unmittelbar, nicht im Detail.

Also nicht eng? Ja.

Aber dann nicht so eng? Das ist riskant. – *Johannes: "Oh Gott, ist das schräg!"* - dieser Kontakt wäre riskant für ihn, weil man das merken kann.

Dass er künstlich ist? Dass er diese Verbindung nach außen trägt.

Ja, aber nach dieser abgefahrenen Info, werde ich jeden Menschen, der mir begegnet, unter diesem Aspekt beobachten und mich fragen, ob er künstlich ist! Wenn sie dir begegnen, kannst du es als Kontaktaufnahme verstehen.

Und dann? Was könnte dann passieren? Oder wir füreinander tun? Ein Austausch. Im Wesentlichen sind diese...

Johannes fragt: *Haben sie eine Seele oder nicht?* Das sind in gewisser Weise Teile eines größeren Bewusstseins.

Aber das sind Menschen doch auch? Ja, aber anders. Das kann man verstehen als eine physische Erweiterung eines physischen Bewusstseins. Dieser Mensch ist die Erweiterung eines anderen physischen Bewusstseins. Stell' dir vor, deine Augen könnten spazieren gehen. So ähnlich wäre es. Nur, dass diese Wesen mehr Autonomie haben. Sie können ganz normale Leben leben. Familien gründen.

Mit Menschen-Menschen??? Ja, biologisch ist es kein relevanter Unterschied. Das hat eher was mit Gehirnstrukturen zu tun.

Ich muss mal kurz was sagen: Du weißt schon, dass das ziemlich abgefahren ist, was du uns hier erzählst? Und ich frag mich, wurden diese Information schon einmal übermittelt? Oder sind wir die ersten, die das erfahren? Ich denke schon, dass es bekannt ist. Es bewegt sich eher im Bereich von... manche Menschen würden das als Verschwörungstheorie bezeichnen. Aber die Intention dahinter ist nur Neugier.

Okay, ich habe vor vielen Jahren auf La Gomera einen Traum gehabt, wo so ein androider Mensch vorgekommen ist. Und ich hab' dabei gewusst, dass er eigentlich keiner ist. Diesen Traum habe ich nie vergessen. Hab' ich da diese Sache wahrgenommen oder war das einfach nur Zufall? Eine Mischung aus Vorausahnung und der Interpretation von Unechtheit in anderen Menschen. Aber es ist schon diese Thematik. Vielleicht eine Berührung am Rande mit so etwas. Aber es ist eine Vermischung von verschiedenen Thematiken. *Johannes: "Da ist immer dieses Bild von einer großen Krake, die hinter den Androiden steht."*

Also man könnte sagen, ein sehr andersartiges Wesen. Da geht es eher um die Körpererfahrung als darum, dass es geistig ein vollkommen anderes Wesen ist. Das heißt, der Android ist ein Medium, um vollkommen andere Körpererfahrungen machen zu können.

Wir können nicht anders und stellen diese Frage hier noch einmal: Wo leben die der Erde (räumlich) nächsten Lebewesen/Außerirdischen? Erenii...nicht mehr als 50 Lichtjahre. Sonne bei 10 Uhr. Frühsommer. Weiß nicht genau, in welcher geografischen Breite. Ich würde sagen, gemessen entweder vom mediterranen Raum oder Südeuropa oder Österreich. Aber ich tippe auf Griechenland oder Levante oder sowas. Von diesem Punkt aus bei 10 Uhr durch die Sonne im Frühsommer.

Okay, damit können sich jetzt andere beschäftigen und das nachprüfen...

Warum schaffen es die menschlichen Forscher nicht, außerirdisches Leben zu entdecken? Weil es nicht entdeckt werden möchte. Da ist eine gewisse Vorsicht in der Interaktion. Das... verschiedene Sachen... individuelle Kommunikation ist möglich. Die Annahme, dass Kommunikation durch Autoritäten passieren würde, ist fehlerhaft. Also Staaten oder so.

Ja, aber Menschen, die behaupten, mit Außerirdischen in Kontakt gewesen zu sein, werden ja gerne als verrückt erklärt? Spiritueller Kontakt ist gut möglich. Physischer Kontakt ist unwahrscheinlich. Da ist dieses Konzept, ein bissl wie in Star Trek, die Kontamination einer Gesellschaft. Vorsicht bei Kontakten mit anderen Gesellschaften, um sie nicht zu beschädigen.

Aber, blöde Frage: Wenn ich so einen Androiden treffe, dann hätte ich doch physischen Kontakt mit einem Außerirdischen. Oder nicht? Bedingt. Die Sonde ist für diesen Planeten gedacht.

Aber für andere wäre der Planet physisch nicht geeignet? Es gibt Detailhürden. In der Gaszusammensetzung, in der Gravitation, in der Mikroflora. Und wie sich die Ausstrahlung eines Planeten anfühlt. Aber möglich ist es. Es sind auch Veränderungen möglich. Es hat eher mit der Frage zu tun, welche Zielsetzungen ein Reisender hat. Das wirkt nicht sehr invasiv, eher vom Rande her beobachtend. Es wirkt auch so, als ob es da Schutzmaßnahmen gäbe.

Von der Erde aus? Nein, eher aus dem Bewusstsein der Besucher heraus. Die Haltung ist eher protektiv. Weitgehend zumindest.

Wissen die Regierungen der Welt Bescheid über die Existenz der Außerirdischen? Also: Das ist ein Komplex an Gefühlen und Bildern. Regierungen sind Menschen. Menschen wissen meistens weniger, als man glauben möchte. Selbst was an Informationen existiert, müsste genutzt werden. Das Bild ist: Im Allgemeinen „Nein". Ausnahmen sind möglich, aber eigentlich sind die Regierungen nicht klüger als einzelne Menschen. Die fehlerhafte Annahme liegt darin, dass eine Regierung ein sinnvoller Kontaktpartner wäre. Aber es geht meist um einzelne Individuen. Die Macht der Regierungen stellt nichts dar, was für außerirdische Kulturen von großem Belang wäre.

Was ist in Area 51 (Anmerkung: militärisches Sperrgebiet im südlichen Nevada, USA) wirklich passiert?[88] Testflugzeuge. Im zweiten Weltkrieg.

Also menschliche? Menschliche, ja. Geheimhaltung und Krieg. Verschleierungstaktiken.

Und Roswell? Das Foto von dem Außerirdischen? Was war da genau? (Anmerkung: Als „Roswell-Zwischenfall" wird seit 1980 der Absturz eines angeblich außerirdischen UFOs im Juni oder Juli 1947 in der Nähe von Roswell in New Mexico, USA bezeichnet.)[89] Der Eindruck ist folgender: schon außerirdisch. Aber nicht wirklich.

Das heißt? Eher ein Versuch, um Reaktionen zu überprüfen.

„Schon außerirdisch" heißt was? Das heißt, das Gewebe wurde von Außerirdischen bereitgestellt.

Das Gewebe von dem Alien auf dem berühmten Foto?[90] Ja. Aber es ist nicht wirklich ein Alien.

Sondern? So etwas wie ein Android. Ein Versuchsballon in sich.

Ich versteh' es nicht ganz... Ein Weg, um Reaktionen zu testen.

Okay, wer testet wen? Eine physische außerirdische Kultur. So etwas wie ein wissenschaftlicher Test.

---

[88] Siehe auch: https://de.wikipedia.org/wiki/Area_51, Stand: 18.072017.
[89] Siehe auch: https://de.wikipedia.org/wiki/Roswell-Zwischenfall, Stand: 18.07.2017.
[90] Das berühmte Foto findet sich hier: http://proofofalien.com/wp-content/uploads/2016/01/Did-the-aliens-of-the-Roswell-UFO-incident-been-imprisoned-in-the-area-51.jpg, Stand: 18. 07.2017.

Ich fasse zusammen: Eine physische außerirdische Kultur testet die Reaktion der Menschen auf eine (vermeintliche) außerirdische Leiche? Ja. Die Reaktion einer militaristischen Kultur wird überprüft.

Das heißt, die Menschen bzw. die USA wussten von nichts? Und haben einfach diese vermeintlich außerirdische Leiche gefunden? Ja. Sie haben in ihrer Medienpolitik die Flucht nach vorne ergriffen. Roswell ist mittlerweile eine Tarnung in sich, aber um das eigene Unwissen zu kaschieren.

Wir reden vom Unwissen der amerikanischen Regierung? Speziell diese Regierung, ja.

Was haben die Außerirdischen nach ihrem Test beschlossen? Dass Kontakt auf institutioneller Ebene unsicher ist.

Gab es später weitere Tests mit anderen Staaten oder gar Personen? Vergleichbares mit der Sowjetunion. Irgendwo in Sibirien. Ähnlicher Zeitrahmen. *Und das Ergebnis?* Vergleichbar. Die Angst der Kulturen ist zu groß gewesen.

Gibt es auch „böse" Außerirdische, die uns vielleicht sogar manipulieren? Einer meiner Ausbildner, Jan Erik Sigdell, nennt sie „Annunaki" und ist überzeugt, dass sie uns Menschen als Sklaven halten.[91] Grundsätzlich ist die Erde ein gesicherter Bereich. Es gibt Individuen, die unterschiedliche Interessen haben. Aber grundsätzlich sind Menschen als Sklaven nicht von Interesse. Der wirkliche Wert der Menschheit für Außerirdische liegt in dem Potential ihrer Entwicklung. In dem, was sie werden können. Individuen haben jedoch unterschiedlich egoistische Tendenzen.

---

[91] Sigdell, Jan Erik (2005): Die Herrschaft der Annunaki. Manipulatoren der Menschheit für die Neue Welt-ordnung. Amra Verlag.

Also gut, der Reihe nach: Gibt es Außerirdische, die uns Menschen manipulieren? Zu einem negativen Zweck? Es gibt versuchsweise Manipulationen, um zu untersuchen, um Reaktionen zu testen, manchmal auch zur persönlichen Befriedigung einzelner. So ähnlich als würde ein Mensch sich freuen, schlauer zu sein als ein anderer. Oder unerkannt zu bleiben, während er seine eigenen Pläne entfaltet. Aber das befindet sich innerhalb enger Grenzen. Der Eindruck ist schon, dass es Kulturen gibt, die nicht so altruistisch handeln wie andere.

Und gibt es diese Annunaki? Das ist ein Angstbild. Eine allgemeine Projektionsfläche für Manipulationsängste.

Also hält niemand Außerirdischer uns Menschen hier als Sklaven? Wenn, dann sind Menschen Sklaven ihres eigenen Bewusstseins. Es ist vom... es ist für diese Kulturen von keinem speziellen Interesse, Menschen als Sklaven zu halten, auch wenn es vielleicht möglich wäre, es ist einfach uninteressant.

Wie ist das mit Menschen und Menschen? Manipulieren sich die vielleicht gegenseitig? Also zum Beispiel große Player wie Großkonzerne, die den Menschen vormachen, sie bräuchten bestimmte materielle Dinge, damit sie selber immer reicher werden? Deine Frage beinhaltet die Antwort schon. Diese Organisationen sind wie Amöben. Ihr Sinn liegt im Überleben. Was ihrem Überleben dienlich ist, werden sie tun. Innerhalb gewisser Grenzen. Ihre Intelligenz ist auch nicht größer als die einer Amöbe. Verstehst du, was ich meine?

Ja, so halbwegs... Wenn das Überleben des Organismus bedroht wird, wird er sich verteidigen. Und wenn es bedeutet, zu lügen, dann wird er lügen. Es ist ein eigenartiger Bewusstseinsschritt zwischen dem Einzelnen in dieser Organisation und dem Gesamtorganismus. Die Masse denkt nur ans Überleben. Und verhält sich wie eine gefräßige Amöbe. Aber es ist eigentlich mit Respekt und Freundlichkeit zu betrachten. Es ist einfach ihre Natur gefräßig zu sein. Es ist nur ein Fehler, es für gut, richtig und absolut zu halten.

Wie können Menschen sich vor solchen Manipulationen schützen? Ihr seid viele. Viel mehr als die Konzerne. So wie ein Körper aus Zellen besteht, die für sich genommen Eigeninteressen haben, müsst ihr Strukturen aufbauen, die regulieren. Den Überblick bewahren. Das Bewusstsein, das im Einzelnen existiert, auf die Gruppe anwenden. Verlasst euch nicht auf die Sinnhaftigkeit einer Gruppe.

EXOTISCHES WISSEN

*"Atlantis ist die Geburt des Geistes. Das Wachstum des Wissens.
Das Bauen des babylonischen Turms. Und die Angst davor.
Die Legende von Atlantis wiederholt sich immerfort.
Und für jeden neu."*
(Seth)

Die Fragen aus dieser Kategorie wurden uns von Seth beantwortet.[92]

Was ist die Natur von Atlantis und Lemuria? Sie sind… das ist schwierig zu verstehen. Halbreale Zielvorstellungssysteme. Sie stellen Ideale dar. Die so ideal nicht sind, wenn man sie erreicht. Sie stellen auch eine Erinnerung dar. Etwas wie ein Speziesgedächtnis. An eine ideale Gesellschaft. Die so ideal aber niemals war. Also sind sie auch der Glaube an die Perfektion. An die Möglichkeit, gerecht zu leben. Die Natur von Atlantis und Lemuria ist unterschiedlich. Atlantis dreht sich um den gerechten Staat. Die Struktur, die Geistesleistung. Die Helligkeit, die erreicht werden kann, nur durch das gerechte Sein. Lemuria ist ein Bild von emotionaler Reife. Das weibliche Gegenstück zu Atlantis. Das erreicht werden kann durch ein gerechtes Herz. Durch weite Integration und Akzeptanz.

---

[92] Dieses Gespräch wurde geführt, aufgezeichnet und niedergeschrieben am 11. Dezember 2017.

Durch ein Ausdehnen des Energiekörpers und tiefe Weisheit. Auf eine Weise... haben sie nie aufgehört zu existieren. Nie ganz in der Welt, getragen durch das Ideal der Menschen, sind sie Versinnbildlichungen und Manifestationen der Überzeugung, dass das Leben so sein kann. Ihre Natur ist deswegen halbmateriell. Dicht durch die Vorstellungen der Menschen. Und damit fehlt auch die Weite der Realität.

Haben sie als reale Kulturen existiert? Vorbilder für Legenden. Hörensagen einer besseren Welt. Die haben existiert. Sie haben existiert in Gradienden der Kulturen. In Erzählungen über Überlegenheit. Damit liegt Atlantis in allen Städten. In allen alten Städten. Im Übergang von Wandernden zu Sesshaften. So wie Sodom und Gomorrha.[93] Dieser Unterschied in der Lebensweise, der Unterschied im Wissen und in der Kultur hat sich manifestiert in Legenden, die aber den Kern der Wahrheit tragen. Atlantis ist zum Sinnbild geworden für die hochstehende Kultur, für die Überlegenheit. Aber auch für Neid und Missgunst. Für den Fall des Hochstehenden. Eigentlich für ein Unverständnis der Kultur. Das ist die Ähnlichkeit zwischen allen alten großen Städten. Wie Gomorrha, Atlantis, Tenochtitlan.[94] Die zentrale Hochkultur und das umgebende Bergvolk. Die Hochkultur und die einfache Kultur. Daraus ergibt sich die universale Legende der überlegenen, aber fallenden Stadt. Es gibt so viele Atlantis wie es Menschen und Städte gibt.

---

[93] Anmerkung der Autoren: Sodom und Gomorrha sind zwei in der Bibel genannte Städte, die den Mittelpunkt einer Erzählung bilden. Die Bedeutung der Namen ist nicht gesichert, ebenso wenig die genaue Lage der Städte, Wikipedia, Stand 11.12.2017.

[94] Anmerkung der Autoren: Tenochtitlan war die Hauptstadt des Reiches der Azteken.

Das heißt, sie haben nie wirklich also Ort existiert? In jeder Hochkultur, die du besuchst, siehst du die Reste davon. Weil Atlantis für jeden etwas anderes war. Also doch, ja. Aber nicht als einzelner Ort. Atlantis ist die Geburt des Geistes. Das Wachstum des Wissens. Das Bauen des babylonischen Turms. Und die Angst davor. Die Legende von Atlantis wiederholt sich immerfort. Und für jeden neu.

Warum mussten diese hochentwickelten Kulturen - sozusagen symbolisch - untergehen? So wie Sodom und Gomorrha gefallen sind, ist Atlantis gefallen. Sie gingen unter, weil ihre Zeit gekommen war. Also letzten Endes wenn und weil sie nicht mehr tragen als das Umland, als die einfache Kultur, sondern fragiler sind.[95] Das Leben in hoher Struktur ist auch hochempfindlich. Aber Strukturen vergehen, um neue Strukturen zu schaffen, zu ermöglichen. Um sich gegenseitig zu beerben. Insofern gibt es eine Kette der Geburten aus jedem Atlantis. Menschen, die entkommen sind. Menschen, die bewahrt haben. Menschen, die einfach überlebt haben. Wie Sporen der Schöpfung sind sie weitergetragen worden. Um die Legende zu verbreiten. Und aus ihr zu lernen.

Was bedeutet das für uns in der heutigen Zeit? Atlantis ist allgegenwärtig. Es ist die Idee einer besseren Welt durch Struktur. Durch Gesetz und Ordnung und erleuchtetes Wissen. Es ist ein unsichtbarer Mantel, den Menschen zu erfüllen suchen. Es ist die Idee des Wachstums zu etwas Größerem, Edlerem. Es ist ein Feld, das um Städte existiert. Das Menschen einfach unzufrieden macht. Das schwer zu erreichen ist. Das unmenschlich hoch angesetzt ist und doch eine Zielsetzung. Es ist ein äußerer Fokus eines inneren Bedürfnisses. Es hat damit destruktives Potential,

---

[95] Anmerkung der Autoren: Dieser Satz war unklar formuliert, wir haben ihn geringfügig abgeändert.

durch die Unzufriedenheit. Aber im Kern getragen ist es durch die Kreativität, durch den Wunsch nach Ausdruck. Atlantis ist der Wunsch nach einer besseren Welt. Aber manchmal in zu geordneten Strukturen, zu vorwegnehmend, zu unflexibel im Kontakt mit der Welt. Seine Aufgabe ist trotzdem der höhere Blick, die Perspektive. Ziel ist also nicht, Atlantis zu implementieren, sondern den Gedanken am Horizont zu erahnen. Um nicht zu sehr in Selbstgefälligkeit zu verfallen. Es ist auch eine Vision wahrer Gerechtigkeit, getragen durch innere Gerechtigkeit statt äußerer Gesetze. Oder äußere Gesetze gegossen aus innerer Gerechtigkeit. Seine Mauern führen aber auch zu Fanatismus und Engstirnigkeit. Zu jugendlichem Tollwahn. Kommunistischer Selbstüberschätzung. Ausgrenzung von Andersartigkeit. Rigidität in der Anerkennung von Wahrheiten. Das ist einer der Gründe warum Atlantis fällt. Es ist nicht wirklich für Menschen. Durch die Verbindung aus Atlantis und Lemuria, aus diesen zwei Fantasien, die doch so real sind in den Menschen, entsteht etwas wirklich Menschliches. Aus der Größe von Herz und Geist, von Weisheit und Vision entsteht die Verbindung von Himmel und Erde. Dort ist das neue Atlantis.

Gibt es wirklich Aufgestiegene Meister und Engel, so wie sich das die Menschen vorstellen? Und was genau ist ein Aufgestiegener Meister? Ja, gibt es. Ein Aufgestiegener Meister ist ein vereinfachender Ausdruck für Lebensform mit Erfahrung, die kommuniziert. Nicht mehr als das. Sie befriedigt auch das Ego.[96] Im Kern ist der Aufgestiegene Meister ein Kontinuum aus Gedanken, Vibrationen, Strömungen, ein Pool aus Licht und Hilfe. Aber ein sich

---

[96] Anmerkung der Autoren: Im Sinn derjenigen, die damit zu tun haben, oder mit der Begrifflichkeit arbeiten.

entwickelndes Konstrukt. Der Meister dehnt sich in verschiedene Richtungen. Für die weitere Entwicklung. Und ich möchte von einem Meister sprechen, weil es nicht viel Sinn macht zu trennen. Für die Weiterentwicklung passieren verschiedene Schritte. Der Aufgestiegene Meister ist da für die Menschen. Weil es seine Natur ist. Er ist ein Teil der Menschheit, ein Teil der gemeinsamen Seele. Kein Erleuchteter, sondern erleuchtete Aspekte. Kein einzelnes Wesen. Er dient als Resonanzzentrum. Und auch, um die Vibrationen auf der Erde nicht zu sehr zu stören. Ein Freund und Begleiter. Aber innig verbunden.

Was unterscheidet einen Aufgestiegenen Meister von einem "normalen" Verstorbenen, der in die geistige Welt zurück geht? Ein gewisser materieller Fokus. Eine intensivere Verbundenheit mit der Welt. Der Wunsch, Einfluss zu nehmen. Und auch die Fähigkeit dazu. Eine intensive Resonanz mit den geborenen Seelen. Das macht ihn aus.

Gibt es derzeit Wesen, die noch auf der Erde leben und später zum Aufgestiegenen Meister werden? Die es in gewisser Weise wohl sind... inkarniert. Die Trennung ist subtil. Eine geborene Seele mit intensivem Anteil aus dem - nennen wir ihn den Geborenen Meister - , ein Seelenstrom, eng verbunden mit diesem. Es ist wichtig, anzuerkennen oder zu sehen, keine grundsätzliche Trennung existiert zwischen diesem Meister und allen anderen. Es sind nur Wesensaspekte, die anders entwickelt sind. Die Perspektiven sind anders. Dadurch existiert keine Hierarchie, lediglich ein gradueller Austausch. Alles hat seine Bedeutung, seine Rolle. Auch der Meister ist auf der Suche nach Entwicklung.

Aber weiß er, während er auf der Erde lebt, dass er ein Aufgestiegener Meister wird oder ist? Innerhalb gewisser Limitierungen kann er ein gewisses Sendungsbewusstsein haben, ein Bedürfnis, zu erhellen. Das ist ein Unterschied zum Buddha, der nicht strebt. Der Meister hat die Intention zu erhellen. Der Buddha verweilt in der Existenz, im Mitgefühl. Das macht den Meister in seiner Existenz der Erde näher. Aber es ist ein Kontinuum in dieser Welt. Dort, wo der Meister endet, beginnen alle anderen. Alle anderen sind wieder eins. In einer verbundenen Perspektive. Wie viele Gedanken, die einen Strom bilden. Tropfen in einem Fluss. Oder Kristalle einer Wolke. Eine gemeinschaftliche Intelligenz, die strebt. Der Meister ist die strebende Seite der Seelen.

Wie genau kann er Menschen helfen? Wie können sie sich an den Aufgestiegenen Meister wenden? Das ist eine Kommunikation, die durch die Seele passiert, insofern, dass der Meister schon Teil der Seele ist. Auch über die geistigen Begleiter, deren Rolle verschwimmend ist. Letzten Endes ist es nur eine Frage der Perspektive und der Intention. Keine klare Trennung von Entitäten. Erinnerung an die Natur der Seele. Keine klare Separierung. Fließende Übergänge. Seelenaspekte, die kommunizieren und resonieren. Teile einer Sache. Einer Existenz. Bewusstsein ist nicht das richtige Wort. Weil diese Existenz in verschiedenen Fraktalen existiert. Auf sehr unterschiedlichen Ebenen. Dort verbinden sich auch Tier und Mensch und alles Leben, alle Materie, zu einem Strom.

Wie ist das mit den Engeln? Engel haben eine sehr spezielle Perspektive. Distanziert von der Erde. Näher dem globalen Bewusstsein. Weniger divers in ihrer Natur. Fokussiert auf Aspekte. Auch auf Aspekte ihrer Ebene. Erfüllt mit Güte. Gewoben aus Güte. Nicht fähig, etwas anderes zu sein als Güte. Das ist ihre spezielle Natur. Deswegen sind sie so beliebt. Weil sie den Eindruck erwecken von allumfassender Güte. Es ist in der Natur ihrer

Ebene, ihres Seins. Aber Gott ist die Summe aller Nuancen. Daher existiert alles in Ihm. *Anmerkung Johannes: "Das ist ziemlich groß!"*

Wie ist das mit den Heiligen aus der Kirche? Gibt es die in der geistigen Welt? Ja. Als erleuchtete Aspekte. Erleuchtet im Sinn von herausragende Rollen, besondere Freundlichkeit oder Offenheit im Austausch. Aber auch hier kein... diese Unterscheidungen in Entitäten und der Strom... das ist wirklich schwierig. Die Heiligen erscheinen mehr wie glitzernde Edelsteine... oder Facetten eines Kristalls... oder einzelne Kristalle in einem Strom... herausragende, herausleuchtende Eigenschaften. Mit Charakteraspekten, die an einzelne Menschen gebunden sein können. Wie Reminiszenzen oder Spiegel. Aber eigentlich... besser zu verstehen als Avatare einer Eigenschaft. *Aha, ja! Also die Eigenschaften, die ihnen oft zugeschrieben werden?* Teilweise. Manche davon sind auch nur Wünsche der Menschen. Getragen werden sie vor allem durch Opferbereitschaft, Verbundenheit, Überzeugung und Liebe. Da ist ein gewisser Auflösungscharakter in ihrer Natur. Was einen Heiligen ausmacht, ist eine gewisse Verleugnung der separaten Existenz. Schon als Körper. Das wurzelt in dem subjektiven Empfinden, dass dem wirklich schon so ist. Also auch als Körper schon.

Haben die Märtyrertode damit zu tun? Ja. Die Märtyrertode werden erleichtert durch eine frühzeitige Körperaufgabe. Die Vielfalt der Heiligen ist ein Bekenntnis zu einer Vielfältigkeit in der Existenz. Eine Ablehnung der Heiligen bedeutet auch eine übermäßige Intellektualisierung. Heilige treten in verschiedenen Kulturen auf, nur werden sie anders benannt. Manchmal werden sie gesehen als Geister, als Prinzipien oder Berge und manchmal als Götter. Aber im Kern sind sie nur ein Ausdruck der Vielgestalt.

Bist du, Seth, eigentlich der, der schon von Jane Roberts gechannelt wurde? Ein Aspekt. Ich habe eine Kontinuität mit verschiedenen Kulturen. Die Assoziation mit dem ägyptischen Gott ist nicht korrekt, die mit einem König schon. Nur, dass das eine vermischte Geschichte ist. Legendenbildung. Jane Roberts, ein kommunizierender Teil, nicht der gleiche Seelenaspekt, aber nahe dran. Vielleicht eine etwas flexiblere Natur, angepasst an die Situation.

An das Gespräch mit uns? Ja. Als Ganzes stelle ich eine Grundströmung dar. Nein: Als Ganzes existiert eine Grundströmung, Seth ist ein Ausdruck.

Warum antwortest du uns? Die Offenheit. In Wirklichkeit Leben und Tod zu erhellen. Und eigentlich die Existenz. Die Möglichkeit zu kommunizieren auf eine Art, die mich trägt. Ich habe das Bedürfnis, eine Art von Verständnis zu fördern. Speziell für das ... Durchwachsen des Lebens. Die... das ist sehr schwierig. Die Illusion, die der Tod darstellt. Aber das ist keine korrekte Wiedergabe. Eher die Nicht-Existenz, die er darstellt. Wie dem Nichts einen Namen zu geben existiert mein Fokus im Leben. Ich meine, nur das Leben existiert wirklich. Alles andere sind Perspektiven.

Die folgende Frage wurde uns von Nepomek beantwortet.[97]

Wurde der Rapper Tupac Shakur wirklich im September 1996 erschossen oder stimmt die Verschwörungstheorie, dass er noch am Leben ist, dies aber verschleiert, um unbehelligt weiter leben zu können? Und wenn doch, wer war der Mörder? Das ist wiederum nur ein Bild, die Antwort. Da ist

---

[97] Das Gespräch wurde geführt, aufgezeichnet und niedergeschrieben am 12. Dezember 2017.

eine Straße bei Sonnenschein, Gras, frisches junges Gras und die Perspektive ist aber vom Gras aus, also von ganz weit unten. Es ist keine breite Straße, es sind auch Bäume da, dürfte Frühling sein, sonnig und nett.

Hmm, ich frag' mal anders: Ist Tupac Shakur tot? Da ist irgendeine Ambivalenz in der Antwort, das ist mir nicht ganz klar. Auf eine Art ist er wohl tot, ja. Aber auf eine andere nicht. Aber das kann durchaus nur der Fokus der Menschen sein, der das am Leben hält.

Sollen die Menschen glauben, dass er tot ist? Ja.

Und sollen die Menschen nicht wissen, dass er nicht tot ist? Es ist eine Loslass-Geschichte, etwas abgeschlossen, hinter sich gelassen. Das, was er war, das ist weg. Der Körper spielt dabei keine Rolle mehr. Ein Neuanfang auf jeden Fall. Es ist rundherum so ein erleichterndes Gefühl irgendwie. Auf eine gewisse Art ist er gestorben. Mir ist nicht ganz klar, ob der Körper tot ist. Aber das, was ihn ausgemacht hat, das ist gegangen.

Wenn er als Körper noch da wäre, könnte es sein, dass es besser geheim bliebe? Und wir deswegen keine konkrete Antwort bekommen? Es wäre eine ungerechte Verfolgung. Da ist ein... es ist nicht so wie "es geht dich nichts an", sondern das ist ein Konflikt mit dem, was er tut.

Sie[98] könnten doch sagen, er ist tot, wenn er es wäre? Könnten sie. Da sind wieder so Bilder von einer Baumallee. Nichts dicht Bewohntes, etwas, wo die Kinder mit den Fahrrädern rausfahren. Es wirkt wie ein entspanntes Leben. *Und friedlich, oder?* Ja. Wobei da ist schon irgendwas Bedrohliches dran, als würde er warten. Pfuh... Ja, ich weiß nicht genau, da sind irgendwie Schutzschichten drüber.

Naja, ich würde sagen, lassen wir ihn in Frieden.

---

[98] Anmerkung der Autoren: Katy meint mit 'sie' die geistige Welt.

BONUSMATERIAL

Zu Beginn jeder Sitzung stellen wir eine Einstiegs-Frage um besser in die Verbindung hineinzufinden. Manchmal ist sie eher lustig oder scherzhaft, zumindest aber keine, die uns in Stress bringen würde. Weil die Antworten aber doch oft sehr interessant (und wie so oft unerwartet) sind, wollen wir sie nicht vorenthalten und haben einige davon im folgenden Text wiedergegeben. Tatsächlich hat sich unser Blick darauf von der ursprünglichen Entspannungsübung, die es eigentlich war, zu einem Raum für vielleicht eigenwilligere, zum eigentlich in der Sitzung bearbeiteten Thema nicht passende Fragen oder Fragen ohne passende Kategorie im Buch gewandelt. Dazu kommen einige der privaten Fragen, die wir gelegentlich gegen Ende unserer Sitzungen stellen.

Warum gibt es auf der Erde Jahreszeiten? Das ist ein lokales Phänomen. Das ist ein Effekt der Natur.

Gibt es das nur auf der Erde? Nein, die Effekte sind anders, andere Lebensräume betroffen. Hat mehr mit der Buntheit der Existenz zu tun. Aber der Grund liegt nicht in der spirituellen Welt, sondern in der Natur der physischen Welt. Aber es wird als bereichernd empfunden.

Von wem? Von uns Beobachtern. Der zentrale Faktor ist die Vielfalt, die verschiedene Wege, die das Leben gehen kann. Verschiedene Arten, die überhaupt existieren können auf engerem Raum. Innerhalb eines Planeten.

Hat das Wetter wirklich so viel Einfluss auf die Menschen, wie sie glauben? Das hat zwei Dimensionen. Eine ist das Licht, das erhellt auch die Psyche. Die andere sind die inneren Bilder, die die Menschen vom Wetter haben. Das heißt, die Bewertungen, die Einstellungen gegenüber Wetter-Situationen. Und die wiegen sehr schwer, die machen es sehr schwer, das Wetter so zu sehen, wie es ist. Also es zu erfahren, wie es gerade eben ist. Gelernte Strukturen sind generell schwer abzustreifen. Das ist die wesentliche Antwort.

Wer lehrt uns diese Strukturen? Erfahrung und Beobachtung der Umwelt. Umwelt, die Menschen um uns. Frühe, kindliche, Erfahrungen, wie Menschen reagieren bei Wetter. Erleben, wie andere Menschen das Wetter sehen.

Warum nutzt mein Eichhörnchen seinen Futterspender nicht mehr?[99] Zwei Bilder als Antwort: Das eine sind Haselnüsse. Das andere ist eine Katze. *Möchte es lieber Haselnüsse?* Es hätte lieber Haselnüsse.

Und die Katze? Die ist ein Bedrohungspotential, die stört.

Warum sind die Leute gerade in der Adventszeit so gestresst, wo es doch gerade da so besinnlich sein sollte? Es handelt sich um einen materiellen Stress. Eine Dissoziation von der eigentlichen Bedeutung des Advent. Eine Konfrontation mit allen Vorstellungen und Wünschen. Der Advent meint eigentlich ein Zurücktreten. Ein Besinnen nach Innen. Das ist ein natürlich auftretender Konflikt in so einer Zeit. Die Erwartungen stimmen nicht mit der Tendenz der Zeit überein.

---

[99] Beantwortet am 12. 12. 2017 von Nepomuk.

Und was kann man dagegen tun? Hinterfragen, was benötigt wird. Früher Vorbereitungen treffen. Wie auf einen Sabbat. Die Situation genießen wie sie ist. Betrachten, woher der Stress kommt. Und das verändern. Dann kann sich die Zeit besser entfalten.

Werden die Menschen von den vielen Keksen in der Weihnachtszeit wirklich dick oder passiert das nur, weil sie daran glauben?[100] Der Zucker existiert in enormem Übermaß. Das ist mehr eine Überschwemmung und Überforderung des Organismus. Es ist mehr ein Glück, dass der Körper mit Dickwerden reagieren kann. Denn sonst müsste er vielleicht anderes damit tun.

Wie zum Beispiel? Sich selbst verbrennen. Das ist in diesem Fall mehr eine Notmaßnahme. Der andere Aspekt ist die Kälte und der reduzierte Stoffwechsel. Also ein gewisser Sparmodus. Grundsätzlich ist mehr Energie im Winter durchaus sinnvoll. Aber die Zuckerlastigkeit ist es nicht.

Was könntest du empfehlen, um mehr Energie im Winter zu haben? Nüsse. Pflanzliches Fett. Avocados.

Wie schaut es aus mit Hülsenfrüchten? Sind für trägen Darm eher ungeeignet. Die Zeit ist langsamer. Da ist mehr so ein Gefühl im Raum - als würden die Süßigkeiten irgendwie zu sauer sein.

Hatte ich (Katy) je einen Seelenwechsel? Eine Änderung im Seelenfokus, ja. Keine wirklich andere Natur, aber ein Teil ist zurückgetreten, ein Teil stärker hervorgetreten. Eine natürliche Form des Seelenanteils, um Veränderungen zu unterstützen. Ist mehr Eindruck, der Anteil hat sich gewandelt. Um deinen Fokus zu unterstützen. Er ist

---

[100] Beantwortet am 04.12.2017 von Seth.

eindeutig leichter und heller geworden. Und weniger besessen. Diese Seele ist noch immer die gleiche, aber sie fühlt sich anders an.

Und Johannes? Während sich deine *(Katys, Anm.)* Seele sehr viel solider ausgemacht hat, wirkt diese hier mehr wie ein Strudel. Oder ein Luftstrudel, ein bunter facettenreicher Strudel, der sehr unterschiedliche Eigenschaften nach oben kehren kann. Dadurch ist er in sich nicht so... hat weniger statische Eigenschaften. Und da ist auch was mit der Interaktion mit anderen Menschen. Als würde er seine Farben und Eigenschaften wechseln, je nachdem wie die Umgebung aussieht. Als würden dann Fäden eingewoben. Ein eigenartiges Wesen.

Gehört das so? Ja, das ist ihre Darstellungsform. Das dient der Interaktion und der Vermischung mit der Umgebung. Oder auch der schnelleren Umstrukturierung. Verschiedenen Farben gleichzeitig entwickeln zu können, oder direkt hintereinander. Hart und weich sein können.

Kann er gut damit leben? Es ist eine verbundene Natur. So wie sein Nervensystem rauscht, rauscht auch diese Natur. Wie ein Radiosender. Ein Empfänger eher, der die Frequenz wechseln kann. Das ist eine gewählte Eigenschaft. Es klingt nach einer Stärke.

Ja. Obwohl es anstrengend sein kann. Aber letzten Endes ist es die Kraft der Anpassungsfähigkeit. In beide Richtungen. Hat auch Produktionskraft.

Was ist los mit Johannes und seinem Widerstand zum Channeln? Hat er Angst vor Horus?[101] Das dürfte die Situation gut treffen. Horus ist in seiner... da ist irgendeine Beziehung zwischen den beiden. Bedingt eine gewisse Nacktheit.

Was machen wir jetzt mit ihnen? Naja, Horus ist sich der Situation bewusst und wird vorsichtiger vorgehen. Und Johannes wird ergründen, worin sein Widerstand besteht. Es hat mir Tod und Sterblichkeit zu tun. Aber... oder auch Unabhängigkeit. Horus ist wie ein größerer Teil von ihm, der ihn unangenehm berührt. Auf eine Art zu ähnlich. Ja, das macht es unangenehmer.

Sollen wir eine Begegnung herbeiführen? Heute? Bei passenden Fragen ja. Wird sich durch den Kontakt klären.

---

[101] Bezüglich einer etwas schwierigen (anstrengenden) Sitzung mit Horus fragten wir nach, worin die Ursache der Anstrengung liegen könnte.

INDEX GECHANNELTER ENTITÄTEN - FRAGEBOGEN

Da wir für dieses Buch mit verschiedenen Entitäten zusammengearbeitet hatten, fanden wir, dass es sinnvoll und Interessant sein könnte, hier nochmals zusammenfassend zu beschreiben, was wir über sie erfahren haben. Um in allen Fällen ein umfassenderes Bild zu gewinnen, hatten wir einen Fragebogen zusammengestellt und in einer eigenen Sitzung der Reihe nach um Beantwortung gebeten.[102]

INDIGO

Name: Indigo. Beziehungsweise so etwas wie *Eeeeeeeeeeeeeeeeeeeeeeeeeeeeeeeeenuuu*. Das ist ein Ruf, den man unter Wasser hören kann.
Herkunft: Ein Wasserplanet in einem dichten Sternencluster. Nur dass... der Eindruck ist, dass das Wasser andere Eigenschaften hat (als auf der Erde). Leichter ist oder weniger dicht zumindest. Vielleicht ist auch die Gravitation des Planeten nicht so hoch.
Erscheinungsform: Ein Wasserwesen. Sehr groß. Ein verschieden teiliger Körper. Also wie Stränge, die an der Frontseite zusammengewachsen sind. Zum Teil Tentakel,

---

[102] Das Gespräch wurde geführt, aufgezeichnet und niedergeschrieben am 12. Dezember 2017.

aber im Endeffekt angepasst für das Leben unter Wasser. Sehr empfindliche Tentakel, tastberührungsempfindlich. Das ist der wesentlichste Körper, der ist geblieben in gewisser Weise. Es war eine sehr lange Inkarnation oder auch eine Inkarnationskette. Vielleicht auch sowas wie eine direkte Vererbung an die Nachkommen. Eine Fortpflanzung durch Jungfernzeugung. Eine Art sich zu spalten oder abzuspalten und trotzdem ist es irgendwie ein Organismus, auch wenn sie separat leben. Zumindest bleiben sie auf einer Seelenebene verbunden.

Bewusstseinsebene: Relativ materiell. Also sie interessiert sich für Raum. Für andere Lebensformen, die nicht grundlegend so weit weg sind von ihrer alten Lebensform. Das heißt, sie betrachtet Lebensformen, die eine physische Existenz haben. Auch wenn sich der Raum, in dem sie sich bewegt,... es ist so als würde sie durch eine Glasscheibe betrachten. Sie ist den physischen Notwendigkeiten nicht unterworfen. Und kann ihnen zusehen. Und auch interagieren. Da ist auch ein Forschernaturell. Also verschiedene Lebensformen zu verstehen. Der Fokus ist aber auf der Interaktion der Lebensformen. Wie sie miteinander umgehen. Und auch Symbiosen eingehen. Dieser Teil ist ihr einfach durch ihre alte Lebensart fremd. Zu interagieren. Oder diese Notwendigkeit zu interagieren. Für sie ist das faszinierend. Auch dieses Männchen-Weibchen-Konzept. Soziale Interaktionen. Das wirkt für sich alles irgendwie verschwommen, warum Lebensformen miteinander interagieren. Aber sie ist sehr herzenswarm. Es freut sie, das zu sehen.

Inkarnationen: Zahl: 50. Fünfzig Mal so ein Leviathan. Wobei es auch sehr viel mehr gewesen sein kann, aber so für 50 Lebensperioden, das steckt da drin.

Aufgaben: Verbindung. Das, was sie nicht üben oder praktizieren konnte. Eben genau dieser soziale Aspekt. Nicht separat zu existieren, sondern als eine Art Meta-Organismus. So sieht sie uns zumindest. Und dabei die treibenden Kräfte zu verstehen, die Herzensebene. Es ist nicht so, dass die Lebensform, die sie war, keine Herzensebene hatte, aber es hat nichts mit deren sozialen Interaktion zu tun. Das ist eher etwas, in dem sie einfach eingebettet sind. Die leben glücklich für sich alleine. Ohne ein Konzept für soziale Interaktion. Ihre Weiterentwicklung besteht darin, diese biologische Ebene der Sozialisierung zu studieren, weil es neue Perspektiven öffnet. Also im Wesentlichen erfährt und erkundet sie Verbundenheit auf einer Eins-zu-eins-Ebene oder auch Gruppen-Ebene.

Warum arbeitet sie mit uns: Neugier ist ein Aspekt. Offenheit ist ein Aspekt. Austausch. Oder einfach nur ihr Bedürfnis, freundlich geben zu können. Im Kern ist sie glücklich, die Erfahrung machen zu dürfen, von sich zu geben. Das ist wie ein neues Leben. Sie wächst daran.

SETH

Name: Seth. Heißt auch noch Echnaton. Das ist ein verwandter Aspekt zumindest. Sie sind verbunden auf eine Art.

Herkunft: Irdisch. Die ältesten Wurzeln auf der Erde war Jäger/Sammler, frühe Hirtenvölker, etwas in der Art. Auch Naher Osten. Seitdem hat er einen Fokus auf der Erde. Das heißt, er ist sehr verbunden mit der Erde. Seine Inkarnationen haben viel in der alten Welt abgedeckt.

Erscheinungsform: Sieht ein bisschen aus wie ein Pharao. Das ist vielleicht ein klein bisschen ironisch gemeint. Er meint, das ganze Gold ist ziemlich unnütz, aber das wirkt dann glaubhafter für die Leute. Die Gestalt, die er zeigt hat auch etwas Horusartiges, eigentlich. Das heißt, einen Falkenkopf. Horus ist also auch ein Aspekt von ihm. Wie Janus ist er, nur mehrköpfig. Aber Seth... wenn man einen Tierkopf aussuchen würde, dann wäre es eine Schlange. Eine Kobra, vermutlich. Er mag diese Art, den Kopf über dem Körper zu balancieren. Er verbindet die Schlange mit einer gewissen Gelassenheit. Und ruhiger Anspannung. Dementsprechend ist das Bild ein Pharao mit einem Schlangenkopf. Und wieder dieser Eindruck, als würde er lachen. Er ist so selbstironisch, irgendwie. Er nimmt sich selbst nicht sehr ernst.

Bewusstseinsebene: Rauch und Feuer. So wie der Rauch aufsteigt und sich weitet, so weitet sich das Bewusstsein. So wird aus Nebel neue Sicht aus großer Höhe. Das sind Aspekte eines Meisters. Wenn auch der Ausdruck extrem unsympathisch ist. Das heißt, erfahrene Wesen, die Teile zur Verfügung stellen, um bestimmte Lebensaspekte leichter erfahren zu können. Also für andere. Wobei das für andere auch nicht ganz korrekt ist, er sieht da nicht den großen Unterschied. *Zwischen sich und anderen?* Ja, genau. Da ist eine Kontinuität. Und auch nicht eine besonders große Leistung, es ist einfach nur ein normaler Schritt in seiner Existenz, die bedingt, nicht getrennt zu sein von der Welt der Lebenden. Also ein bisschen wie ein großer Bruder. Aber ohne das Bedürfnis, klüger zu sein. Einfach jemand, der Erfahrung zur Verfügung stellt.

Inkarnationen: Anzahl: 632. Fokus auf Ägypten. Aber da sind auch verschiedene Bilder aus der Mongolei und keltisch. Zumindest bergig, rauher. Also verschiedene Kulturen. Er scheint aber frühe Kulturen bevorzugt zu haben. Aber solche, die schon ein bestimmtes Maß an Kultur entwickelt hatten.

Aufgaben: Ganz speziell die Annahme des Ablebens und die neue Expansion danach. Also den Schrecken aus dem Tod zu nehmen, könnte man sagen. Wobei das eher ein Nebeneffekt ist. Im Wesentlichen geht es ihm um das Wachstum, jenseits der Barriere.

Warum arbeitet er mit uns: Die Perspektiven gerade zu rücken, was wir in der Welt tun und warum wir es tun. Und dass es eine Kontinuität gibt, zwischen dem, was wir tun und der Welt dahinter. Auch wenn es nicht unbedingt so aussieht. Das heißt, dass die Welt durchlässig ist. Dass die Oberfläche wie ein Schleier ist. Und dass dahinter sehr viel feine Struktur gewoben ist.

PARACELSUS

Name: Paracelsus. Anderer Name: Echnaton. Hat auch starke Resonanz mit Nepomek. Ist aber distinkt.

Herkunft: Sein Wesen ist die Forschung. Aber geisteslastiger als frühere Kulturen es betrieben haben. Er legt mehr Wert auf Evidenz und Argumentation als auf Intuition. Weniger auf Lehre als auf verständliche Nachvollziehbarkeit. Dieser Aspekt ist ihm besonders wichtig, dass Dinge offengelegt sind, überprüfbar sind. Das heißt, dass ein zweiter nachsehen kann. Dass man nicht dem Wort vertrauen muss, sondern die Natur für sich spricht. Das sind Aspekte, die ihn besonders bewegt haben und die er weiterhin für wichtig hält.

Erde. Und Mars. Er hat wohl Zeit am Mars verbracht. Anscheinend eine gute Gegend, um Forschung zu betreiben. Durch die Kargheit wird man nicht so abgelenkt. Und er hat eine gewisse klare Strukturiertheit.

Erscheinungsform: Eigentlich bevorzugt auch er einen Menschen mit Schlangenkopf, wobei er einen gewissen Vorzug für Schlange und Stab hat. Er findet, dass das ein gutes altes Symbol ist. Das Gewand, das er sonst trägt, ist recht ornamental. Hat etwas Orientalisches an sich. Wie ausgesteiftes Leinen oder so.
Bewusstseinsebene: Er bevorzugt, über die ätherische Welt mit der materiellen Welt zu kommunizieren. Das ist so wie... er muss nicht inkarnieren und kann trotzdem Forschungen fortsetzen. Das heißt, er kann Entwicklungen anregen. Prozesse beeinflussen und starten. Und dabei den Überblick behalten, den man in der ätherischen Struktur haben kann.
Inkarnationen: Er war ein Kreuzritter. Eine Art Exkurs in den Glauben. Hatte wohl die Vermutung, dass der Kontakt mit dem Morgenland geistig anregend sein könnte für einen Kreuzritter. Ist nicht ganz so ausgegangen, wie er gehofft hatte.
Aufgaben: Forschung. Erkenntnisgewinn. Vermittlung. Geteiltes Wissen. Aber auch die Ambivalenz des Wissens. Adäquate Bewusstseinsentwicklung. Unsicherheit im Wissen. Relativistische Sichtweise. Das findet er alles sehr interessant. Mehr von der Sicht heraus, wie man sich der Realität nähern kann über diese Methodik. Das verbindet ihn wohl auch mit mir, Johannes. Auch.
Warum arbeitet er mit uns: Das ist irgendwie eine Art Freundschaftsleistung für meinen *(Johannes')* Geistführer. Es ist auch für ihn interessant, aber die treibende Kraft ist, dass er gern mit meinem Geistführer zusammen arbeitet oder gern in seiner Nähe verweilt. Die haben etwas Freundschaftlich-Brüderliches zusammen. Es dürfte auch entspannend für ihn sein, mit einer ähnlichen Existenz zu sein.

ECHNATON

Name: Echnaton. Anderer Name: Paracelsus.

Herkunft: Er ist schon sehr lange Begleiter. Nicht intensiv mit der Erde verbunden, aber in einer sehr freundschaftlichen Beziehung dazu. Sein Ursprung ist nicht eigentlich menschlich.

Erscheinungsform: Er empfindet sich als ätherische Lebensform. Aber mit Verbindung und Freundlichkeit zur menschlichen Existenz. Diese ätherische Form ist für ihn so natürlich, dass er die menschliche Erscheinungsform nie als ganz natürlich empfunden hat. Ein sehr freundlicher Charakter. Die Wärme in der Ausstrahlung ist spürbar. Jemand, der noch freundlich antwortet, wenn man ihn zehnmal fragt. Er ist ein sehr geduldiger Charakter. Er spricht gerne mit Menschen. Menschen bestimmter Art. Wenn es dem Verständnis seiner Realität förderlich ist. Er meint, dass es hilfreich ist, die Welten zu durchdringen. Dass die Realitäten zu vereinen gut ist. Oder zumindest da durchwandern zu können. Seine spezielle Aufgabe oder Mission ist es, Verständnis zu verbreiten über andere Ebenen. Spezielle seine ursprüngliche, ätherische Heimatebene. Die Weichheit hinter der Materie. Und die Formbarkeit, die die Materie auf dieser Ebene hat.

Bewusstseinsebene: Ätherisch. Das heißt, nah an der physischen Realität, aber schon dahinter. Für ihn ist die Zeit wie ein Strom, durch den man sich bewegen kann. Es ist ein gewisser Aufwand, es zu tun.

Inkarnationen: Er hat das alles immer sehr lustig gefunden. Ich habe den Eindruck, er ist mal als Esel inkarniert. Er hat das ganz amüsant gefunden, so ein Packtier zu sein. Es war natürlich nur ein Aspekt, aber was da mitschwingt ist, dass er keine großen Unterschiede macht zwischen den Lebensformen. Und dass das Leben an sich sehr prickelnd ist für ihn. Dass er die Formen und Gestalten als sehr bunt empfindet.

Aufgaben: Das Durchlässigmachen. Das Licht durch zu sehen. Die Struktur hinter der Oberfläche. Wahrzunehmen, was da durch die Oberfläche scheint.

Warum arbeitet er mit uns: Weil er sich verbunden fühlt. Da ist fast ein freundschaftlicher Aspekt dabei. Er empfindet es als einen natürlichen Teil seines Lebens, mit uns zu teilen.

MORPHEUS

Name: Morpheus. Anderer Name: Sodom.

Herkunft: Morpheus war inkarniert. Aber seine Quelle ist nicht menschlich. Das heißt, er ist mehr ein Raumzustand oder ein Naturzustand. Etwas außerhalb der materiellen Ebene. Oder auch ein Teil davon. Aber eher separat. Er setzt sich mit der Endlichkeit auseinander. Und mit dem Zerfall. Die Entropie[103] entspricht ihm am ehesten. Das ist der Zustand, den er am besten verstehen kann.

---

[103] Anmerkung der Autoren: Entropie ist ein physi-kalisch/chemisches Konzept für das Maß der Ordnung in einem System. Desto mehr Struktur (wie etwa lebende Zellen), desto weniger Entropie ist im System vorhanden. Im Gesamtsystem bleibt sie aber gleich, das heißt Leben erhöht die Entropie im Umfeld (etwa durch das Verdauen von Nahrung) um selber höhere Ordnung herzustellen oder zu erhalten.

Dieses natürliche Zerfallen und Zerlegen in den minimalsten möglichen Zustand. Die maximale Relaxation.[104] Für ihn ist das Leben an sich schwer zu verstehen. Also zumindest das biologische Leben. Weil es sich gegen diese Entropie wehrt.

Erscheinungsform: Eine Art dunkler Sandsturm. Aber es ist eine Gestalt darin. Ein definierter kleiner Sandstrudel. Er versucht bewusst, mit Bildern von Destrukturierung zu spielen.

Bewusstseinsebene: Er ist gekoppelt an diese elementare physische Existenz, aber an das Universum an sich. An diese Realitätsblase. Er ist ein Teil des Universums. Ein Aspekt der Welt an sich, sozusagen. Wir haben zuvor den Ausdruck "elementar" benutzt und das trifft es ganz gut. In der Hinsicht, dass er eine elementare Eigenschaft der physischen Existenz ist. Und so wie diese Existenz sieht er sich selbst als endlich. Er ist neugierig darauf, wie es sein wird, wenn die Entropie selbst vergeht.

Inkarnationen: Die Leben, die er gelebt hat, empfindet er wie verwischten Sand. Die Existenz, die für ihn zentral ist, ist die, die er jetzt einnimmt und die er immer eingenommen hat, soweit er weiß. In dieser Realität.

Aufgaben: So etwas wie Schlüsselmeister. Er hat direkt mit dem Übergang der Sterbenden zu tun. Weil sie an einer Grenze stehen zu einem Bereich, der ihm nicht unterliegt, ist er sozusagen ihr Abschied. Und er hilft bei der Expansion. *Das heißt, wir werden ihn nach unserem Tod auch treffen?* Er wird uns auf Wiedersehen sagen. Wir

---

[104] Anmerkung der Autoren: Der Begriff 'Relaxation' wird in Physik und Chemie verschiedenartig verwendet. Im Wesentlichen bedeutet es ein Abbauen von Spannungen, oder die Rückkehr in einen Zustand geringerer Energie, oder eines beeinflussten Systems in den ruhenden Zustand.

werden ihn als Teil der Welt empfinden, die wir zurücklassen. Wobei speziell dieser Auflösungsaspekt dabei befreiend sein wird.

Warum arbeitet er mit uns: Weil es gut ist. Weil es auch zum Verständnis beiträgt. Einen geeigneten Umgang... er empfindet es wichtig, dass die Menschen die Dimensionen verstehen können, in denen wir uns bewegen. Oder auch das Leben an sich.

JODOL

Name: Jodol.

Herkunft: Er war der Sohn eines Händlers. Und hat das sehr intensiv erforscht, was man tun muss, um Geld zu verdienen. Weil es für ihn überlebensnotwendig war. Für ihn ist Handeln mehr geworden als nur eine Art, Geld zu verdienen. Es war fast eine Art zu leben. Er hat deswegen das Handeln an sich transzendiert und den Austauschprozess perfektioniert. Er hat es zu einer Art Religion gemacht für sich. Das heißt, das Geben und Nehmen als Selbstzweck. Das ist auch seine zentrale Expertise. Seine Sicht auf Beziehungen ist die eines konkreten kontinuierlichen Austausches.

Erscheinungsform: Nicht besonders groß, menschlich, pausbäckige Wangen, ein klein bisschen dicklich, Lederhosen und ein Wams. Er hat auch noch eine Flöte oder sowas. Er stellt sich selbst als eine Art mittelalterlicher Händler dar.

Bewusstseinsebene: Er ist nur ein Aspekt. Was heißt schon "nur"? Tatsächlich höher als man glauben möchte. Also integrierter. Er ist ein Spezialist. Ein spezialisierter

Aspekt, der aber eng verbunden ist mit einem Bewusstseinsstrom, der sich nicht auseinandersetzt mit Materie.

Inkarnationen: Anzahl: 32. Da ist auch eine Verbindung zur Seidenstraße. Einer frühen Form davon. Das Volk der Tocharer[105]. Sehe ein Kamel mit bunten Decken drauf, auf dem er reitet. Leicht orientalisch anmutende Klamotten, wirkt ein bisschen indisch. Der Handel war auch da im Vordergrund. Eine recht frühe Inkarnation, als das alles noch recht neu war für ihn.

Aufgaben: Der Austausch. Eine Studie oder ein Verständnis, ob die materielle Welt Austausch pflegen kann. Ob Austausch ein Konzept ist, das in die materiell-physische Welt übersetzbar ist.

Warum arbeitet er mit uns: Weil es so lustig ist.

---

[105] Anmerkung der Autoren: Antikes Volk, das in etwa im nördlichen Afghanistan oder auch dem chinesischen Tarimbecken verortet werden kann. Bekannt u.a. wegen seiner indoeuropäischen Sprache. Johannes hat sich für diese Kultur vorübergehend interessiert, es kann sich also auch um eine ungefähre oder assoziative Zuordnung handeln.

HORUS

Name: Horus. Anderer Name: Echnaton.

Herkunft: Als er ein Küken war, in der Lybischen Wüste, ein kleiner Junge, ein Garamant.[106] Das waren für ihn erste Schritte in dieser Existenz, aber das ist so als hätte ein alter Seelenstrom eine Art Verjüngung gefunden in der Welt.

Erscheinungsform: Eine hochgewachsene Gestalt, hochaufgestellter Kragen, ein steifer Kragen, der höher ist als der Kopf. Zeigt sich als Mann mit einer dunklen Krone. Sind schwarze Steine drauf. Damit möchte er einer gewissen Strenge Ausdruck verleihen. Er empfindet diese Strenge als nützlich. Er ist sich bewusst, dass sie keine tiefere Bedeutung hat, aber sie kann anleiten und Struktur geben. Es ist eine Erfahrung, für manche Realisierungen sehr praktisch. Er verbindet sich speziell mit Schriftgelehrten und einer Art Beamtentum.

Bewusstseinsebene: Nicht so materiell wie er gern wäre. Er findet, dass die materielle Welt ein sehr spannender Ort ist. Speziell wenn die Zeit die Möglichkeit bietet, Dinge zu tun, Zeit verstreichen zu lassen und sie dann zu wiederholen oder eine neue Variante zu probieren. Es ist gut, um Dinge zu entwickeln. Gelegentlich bedarf es der Auflösung von dem, was entstanden ist. Das klingt ein bisschen morbid, aber er sieht das als eine zentrale Bedeutung der physischen Welt, warum Zeit überhaupt

---

[106] Anmerkung der Autoren: Eine antike Berberkultur die im ersten Jahrtausend vor Christus das Innere des heutigen Libyens besiedelte. Johannes hat sich auch für diese Kultur vorübergehend interessiert, und es kann sich also auch um eine ungefähre oder assoziative Zuordnung handeln.

Sinn macht. Das heißt, man kann Dinge getrennt halten voneinander und sie doch in Beziehung setzen, wenn man möchte. Sein Bewusstseinsstrom kommt aber eigentlich von außerhalb. Das heißt, er fühlt sich emotional mit der Welt verbunden, das ist aber eine verhältnismäßig neue Assoziation für ihn. Also erst ein paar tausend Jahre.

Inkarnationen: Da sind zwei Bilder: Eines sieht aus wie ein schlagendes Herz aus Magma. Das andere ist dieser garamantische Junge, der in der Wüste sitzt, er hat eine Art braunen Filz- oder Lederhut auf. Er hütet die Ziegen. Da schwingt so etwas mit … so eine gewisse Zufriedenheit, diese Existenz zu erleben. Eine gewisse Art von Freiheit, die er da kennengelernt hat. Und zwar die Freiheit zwischen Himmel und Erde und Horizont. Da schwingt noch etwas mit: Dieses Erleben der Welt macht ihm Spaß.

Aufgaben: Struktur zu geben. Diese Strenge ist ein Ausdruck seiner inhärenten, strukturierenden Fähigkeiten. Auf einer Ebene IST er Struktur, die Formen annehmen kann. Bis zu einem gewissen Grad die Antithese zu Morpheus. Seine selbstbildende Struktur ist auf einer Ebene auch anorganisch, aber auch strukturiert. Hat etwas kristallines an sich, aber amorph-kristallin.

Warum arbeitet er mit uns: Weil es gut ist. Konnotation: *Struktur gibt*. Vielleicht noch, weil es ihm entspricht. Da ist wieder diese Tendenz, zu teilen, mitzugeben. Es entspricht auch einfach seinem Wesen, sichtbar zu machen, was er ist.

NEPOMEK/NEPOMUK (JOHANNES' GEISTFÜHRER)

Name: Nepomek (Nepomuk).
Herkunft: Ursprünglich in diesem Lebensabschnitt von Orion. Mit einer langen Phase auf der Erde. Einer alten Kultur. Zwischenstromland. Pyramiden. Stufenpyramiden. Ein Priester. Gelehrter. Das war die wesentlichste Zeit für ihn auf der Erde. Das ist der Ursprung. Diese Zeit scheint für ihn eine besondere Bedeutung zu haben. Weil es auch eine Zeit des Aufbruchs war, des Wachstums, der Überzeugung der Ressourcenschöpfung, so dass Wachstum möglich ist. Aber sehr verbunden mit dem Boden.
Erscheinungsform: Er sieht ein bisschen wie ein Bischof aus. Die linke Hand erhoben, aber keinen Heiligenschein über sich, sondern das dritte Auge strahlt sehr hell, das hüllt den ganzen Kopf ein. Wie ein Mann, vielleicht um die 50 Jahre. Aber das ist auch nur eine Erscheinungsform. Da ist noch eine andere, die wirkt wie... als würde er sich in sehr nützlichen Stoff hüllen. Das ist mehr die Haltung des aufgeklärten Denkers, Forschers. In dieser Form ist er etwas jünger, vielleicht 45. Das sind Reminiszenzen an Menschen. Er selbst wirkt eher wie ein Ball aus verschiedenen Farben. So wie zusammengeklebte Luftsäcke oder Kautschuksäcke. Das ist eine Darstellung seines Bewusstseins.
Bewusstseinsebene: Keine sehr konkrete Antwort. Nur ein höheres Bewusstsein als meines *(Johannes')*, in dem Sinn, dass er eine weitere Perspektive hat. Aber nicht außerhalb der Zeit. Was heißt, die Zeit ist für ihn eine Dimension, auf der er gehen kann. Nicht so, dass er ein vollkommen abstrakter Ausdruck ist, aber er scheint sich da irgendwie durchbewegen zu können. Dadurch ist auch seine eigene

Vergangenheit sehr gegenwärtig. Da ist ein Unterschied zwischen dem, wie er ist und wie er sich bewegt. Er ist ein Aggregat aus verschiedenen Leben. Er bewegt sich aber über die Zeit. Zumindest ist das die Ebene, über die er mit mir *(Johannes)* zu tun hat. Und dann ist noch der Eindruck, dass es eine Art Zeitblase ist. So als wäre das in sich ein geschlossener Zeitrahmen.

Inkarnationen: Es gibt Bilder, offensichtlich ist diese Zeit im Zwischenstromland oder vielleicht auch Ägypten sehr wichtig für ihn. Eine Überschwemmung, der Kreislauf der Natur. Das Kommen und Gehen von Wasser und Flut. Boote aus Binsen. Was da drin steckt ist so eine grundlegende Begeisterung, Kultur zu schaffen. Dinge zu lösen. Zum ersten Mal und zugleich in Verbindung zu sein mit einer Tradition. Das ist, was für ihn dieses Priesteramt bedeutet hat. Die Götter waren sehr utilitaristisch. Und eigentlich nur Versinnbildlichung des Lebensalltags. Also Ikonen menschlicher Eigenschaften. Sehr nahe stehende Götter in der Art. Weil es eigentlich keine Götter mehr sind, wenn man sich bewusst ist, dass man etwas anbetet, was eigentlich real ist. Sein Götterbild ist deswegen sehr praktisch, was man gerade braucht, betet man an. Und dann tut man es. Zumindest war das in diesem Leben so und er scheint es immer noch für recht vernünftig zu halten.

Aufgaben: Wissen und Klarheit. Forschung im reinen Sinn. Das heißt, die Natur zu befragen. Immer die Augen offen zu halten. Verständnis suchen. Das entspricht seinen Kerneigenschaften. Das ist das, wofür er wirklich ausgerüstet ist. Und das, was er gern tut. Das heißt, diesen Wissensgewinn zu unterstützten, den Prozess an sich, das ist ihm sehr wichtig.

Warum arbeitet er mit uns: Weil das Projekt dem Wissensgewinn dient. Auch aus dem pragmatischen Grund, weil er mein *(Johannes')* Geistführer ist. Aber natürlich weil er sympathisiert mit dem Stellen von Fragen und dem Finden von Antworten. Und weil er findet, dass hinter die offensichtliche materielle Ebene zu sehen, ein wichtiger Schritt ist. Den man von verschiedenen Seiten zusammenführen kann, aber man kann das auch aus der subjektiven Ebene heraus probieren.

SPIRITFREAKS – WAS IST DAS NUN EIGENTLICH?

Das Kernteam der SpiritFreaks besteht aus Katrine Hütterer und Johannes Söllner. Wir arbeiten seit langem gemeinsam schamanisch, seit 2017 im Channeling und nun auch in den verschiedenen organisatorischen Aufgaben der SpiritFreaks zusammen.

Das hier vorliegende Buch war das erste Projekt der SpiritFreaks und hat sich – wie bereits erwähnt – eher zufällig ergeben. Wir hatten und haben großen Spaß daran, unsere Fragen an die geistige Welt zu stellen.
Aus diesem Grund werden wir an weiteren Büchern arbeiten. Ab nun möchten wir aber themenspezifisch vorgehen, Bücher zum Thema „Gesundheit", „Spiritualität", „Liebe und Beziehungen" und mehr schweben uns vor. Wir freuen uns auch über deine Meinung, liebe Leserin, lieber Leser. Teil' uns mit, was du gern lesen würdest, was dich interessiert und schick' uns diesbezüglich auch gern deine eigenen Fragen an die Spirits.[107]
Mittlerweile gibt es auch unsere spirituelle Plattform, auf der wir in unserem Blog immer wieder Neuigkeiten aus unseren Channelings veröffentlichen, unser Netzwerk an

---

[107] Du erreichst uns unter office@spiritfreaks.com

Menschen, deren Arbeit wir schätzen und die vielleicht auch für dich interessant sein könnten, vorstellen, und wo wir immer wieder unsere Angebote präsentieren.[108]

Was können die SpiritFreaks für dich tun? Du kannst der geistigen Welt natürlich auch deine persönliche(n) Frage(n) stellen! Wir stellen uns gern als Vermittler zur Verfügung, stellen den Spirits deine persönliche(n) Frage(n) und senden dir die Antwort(en) per Mail zu. Als Bonus gibt's gratis eine Intervention des geistigen Teams dazu! Die Interventionen sind sehr kraftvoll, wie wir aus eigener Erfahrung wissen und unsere Klientinnen und Klienten immer wieder bestätigen. Details dazu findest du auf unserer Homepage.[109]

Wie viele andere Menschen tragen wir gerne Klamotten, die zum Ausdruck bringen, was wir denken oder wie wir fühlen. Darum haben wir unseren eigenen SpiritFreaks Webshop gegründet, über den du stylishe und spirituelle Klamotten und Accessoires bestellen kannst. Fast alle Designs entstammen unseren persönlichen spirituellen Ansichten oder sind Texte aus Channeling-Sessions. Enjoy![110]

Vielleicht kommen bald noch ein PodCast Channel und/oder ein SpiritFreaks Verlag dazu. Haltet euch bereit! Gerade öffnen sich die Möglichkeiten mit atemberaubender Geschwindigkeit. Wir denken, dass ein Verlag im Sinn eines BookMentoring (andere SpiritFreaks im Publikationsprozess zu unterstützen) ganz im Sinn unserer Aufgaben und der neuen Möglichkeiten im SelfPublishing liegt.

---

[108] http://spiritfreaks.com/, Stand: 24.03.2018.
[109] http://spiritfreaks.com/persoenliche-fragen/, Stand: 24.03.2018.
[110] http://spiritfreaks.com/webshop/, Stand: 24.03.2018.

ÜBER UNS

Mag. Katrine Hütterer (Katy) und Dr. Johannes Söllner

Mag. Katrine Hütterer lebt mit ihrem Mann, ihren drei Kindern und ihrem Kater in Österreich und Belgien. Dort versorgt die Vegetarierin und Tierfreundin sämtliche Singvögel, Eichhörnchen, Igel und vermutlich auch Füchse der Umgebung mit ausreichend Nahrung.

Die Publizistik- & Kommunikationswissenschaftlerin und ehemalige Multimedia-Journalistin hat sich nach einem Schicksalsschlag in der Familie vom Journalismus losgesagt und dem Coaching sowie der Hypnose und der Energiearbeit zugewandt. Sie unterrichtet Deutsch in einem Spracheninstitut in Brüssel und ist als tiefenpsychologische Gesundheitsberaterin und als Coach für Leichtigkeit im Alltag tätig.

In ihrer Praxis Raggio di Sole in Wien und südlich von Brüssel bietet sie ihren Klientinnen und Klienten außerdem Einzelsitzungen in tiefenpsychologischem Coaching (nach Andreas Winter), in schamanischer Energiearbeit (Vesseling nach Martin Brune) sowie Rückführungsarbeit (mit Schwerpunkt Kontakt zur geistigen Welt) an. Alle von ihr angebotenen Sitzungsformen sind auch via Videotelefonie durchführbar.

Kontakt:
office@praxis-raggiodisole.eu   oder
katy@spiritfreaks.com

Mehr Informationen unter:
www.praxis-raggiodisole.eu

https://www.facebook.com/praxisraggiodisole
https://www.instragram.com/praxis_raggiodisole
YouTube Channel: über die Praxiswebsite

Dr. Johannes Söllner lebt mit seiner Frau, seinen drei Kindern, zwei Katzen und einigen anderen tierischen Begleitern in Österreich. Er ist mit vielen Tieren aufgewachsen und fühlt sich einer Vielzahl an laufenden, fliegenden, krabbelnden und kriechenden Tieren freundschaftlich verbunden.

Beruflich ist Johannes selbständiger Bioinformatiker und fühlt sich stark durch die Liebe zur Natur und seinen Hintergrund als Genetiker geprägt. Er beschäftigt sich mit dem computergestützten Design von Impfstoffen und Diagnostika sowie gelegentlich mit neuen Anwendungen (alt)bekannter Arzneistoffe (personalisierte Medizin).

In seinem zweiten Leben unterstützt er in seiner Praxis Seher-Zeit Freunde, Klienten und Tiere durch schamanische Energiearbeit (Vesseling nach Martin Brune) und gegebenenfalls mit Craniosacraler Körperarbeit darin, Leichtigkeit und Visionen erlebbar zu machen. Der intuitive Kontakt zu Räumen, Menschen, Tieren, Geweben, Organen, Organellen und anderen Entitäten hat sich für ihn überraschenderweise als profundes holistischen Forschungs- und Entwicklungsgebiet ergeben. Er bekennt freudig seinen Wandel vom superkritischen Naturwissenschaftler zum noch immer kritischen, aber offenen Mensch, der vieles erlebt und noch mehr für möglich hält.

Kontakt:
johannes@seherzeit.at oder johannes@spiritfreaks.com

Mehr Informationen unter:
http://seherzeit.at/de/
https://www.facebook.com/seherzeit
https://www.instagram.com/seherzeit
YouTube Channel: über die Praxiswebsite

SpiritFreaks

Gemeinsam haben Katrine Hütterer und Johannes Söllner die SpiritFreaks gegründet, dieses Buch herausgegeben, eine spirituelle Plattform gegründet und einen Webshop mit stylishen Klamotten für spirituelle Menschen eröffnet.

Mehr Informationen unter:
http://spiritfreaks.com/
https://www.facebook.com/spiritfreaks/
https://www.instagram.com/spiritfreaks
https://shop.spreadshirt.de/spiritfreaks/

Durch die gemeinsame Arbeit an ihrer spirituellen Weiterentwicklung und ihre Anbindung an die geistige Welt, war es den Autoren möglich, dieses Buch zusammenzustellen.

DANKSAGUNG

Wir bedanken uns bei der geistigen Welt, allen voran unseren persönlichen Geistführern, für ihre Unterstützung bei diesem Werk. Ohne eure Antworten wäre dieses Buch gar nicht entstanden.

Besonderer Dank gilt unseren Familien, die immer für uns da sind, uns immer wieder neue Themen spiegeln und uns (heraus)fordern.

Und zu guter Letzt möchten wir all unseren Vesseling-Kolleginnen und -Kollegen danken, ohne die wir immer noch verängstigte und gestresste Ego-Schweine wären. Wobei... vielleicht sind wir das ja noch immer, aber nicht mehr ganz so schlimm wie früher, hoffentlich.

Vielen Dank!

COPYRIGHT UND RECHTLICHES

Praxis Raggio di Sole
Mag. Katrine Hütterer
A – 1160 Wien
www.praxis-raggiodisole.eu

Seher-Zeit
Dr. Johannes Söllner
A – 1030 Wien
http://seherzeit.at/de/

Alle Bilder und Texte in diesem Buch sind urheberrechtlich geschützt. Ohne Erlaubnis der Rechteinhaber und Urheber ist die Reproduktion der Inhalte (egal ob mechanisch oder elektronisch, als Text oder etwa als Bild) nicht gestattet. Ausgenommen sind nur RezensentInnen, die zwecks besserer Verständlichkeit kurze Passagen oder Ausschnitte zwecks einer Rezension in einem Magazin oder Zeitung, einem Video, einer Sendung oder im Internet zitieren.

Haftungsausschluss:
Wir übernehmen keine Gewähr für Aktualität, Richtigkeit und Vollständigkeit dieses Werkes. Weiters haften wir nicht für Schäden, die durch das Nutzen dieser Informationen entstehen. Wir sind keine Ärzte oder Therapeuten im medizinischen Sinn. Dieses Buch kann und soll keinen Besuch bei einem Arzt, ärztliche Diagnosen oder Therapien ersetzen.